Facebook "슬기로운 광고생활"

이 책 내용에 대한 반론과 의견,

광고와 마케팅에 대한 궁금증을 토론합시다!

"슬기로운 1시간"

누구나 광고와 마케팅에 대한 고민을

커피 한 잔만 사면 저자와 직접 만나서 상담할 수 있습니다.

(contact@trophyidea.com)

지은이 **강준구** I contact@trophyidea.com

서강대학교에서 경영학과 신문방송학을 공부했지만
대학생 연합광고동아리 애드컬리지에서 대학생활의 대부분을 보냈습니다.

외환위기로 취업이 어려웠던 1998년에
운 좋게 다이아몬드베이츠코리아에서 AE (광고기획영업)로 광고를 시작해서
베이츠코리아, 금강기획, 웰콤, ISMG 등 종합광고대행사에서
현대자동차, KT, 현대그룹, 신한카드, AIG, 교보생명, 르노삼성자동차, 오비맥주 등
다양한 광고주를 서비스했습니다.

마지막에는 AE직군 뿐 아니라 제작, 매체 및 인사, 재무까지 모두 총괄하는
COO가 되어 광고대행사 비즈니스도 운영하고 신사업 개발도 경험해 봤습니다.

지금은 행복한 광고인이 행복한 광고를 만든다는 것을 입증하기 위해
Trophy Marketing Communications를 2015년 세우고
좌우명인 '무리하지 않고 남을 도우면서 발길 닿는 대로 산다'를 실천하고 있습니다.

이 책의 대상

이 책은 특히 규모는 작지만 책임과 아이디어가 큰
빅 스몰 브랜드 (Big Small Brand)를 위해 썼습니다.

- 연 광고비 20억원 미만
- 광고나 B2C 마케팅을 해본 적이 없고
- 대기업 계열이 아닌 일반 중소기업 혹은 스타트업 브랜드
- 아이디어와 열정은 크지만, 자원과 경험이 작은 브랜드
- 그래서 어떤 규모의 광고 캠페인이더라도 반드시 성공해야 하는 브랜드
- 하지만 광고비가 적어서 종합광고대행사에서 거절당하는 브랜드

이 책을 쓴 이유

이제 광고를 시작한지 21년이 되었습니다.
대학교 때 광고동아리를 시작한 것부터 치면 27년째입니다.

광고를 시작하면서 처음 삼은 목표는 전 세계 모든 마케팅 교과서에 실릴 만한 성공캠페인을
하는 것이었는데 뭐, 아직 못했습니다. 두 번째 목표는 남들보다 더 빨리 승진하고 더 많은 연봉을
받는 것이었는데 언제나 저보다 더 훌륭하고 유명한 광고인은 주위에 넘쳐났습니다. 세 번째 삼은
목표가 지금껏 유일하게 잘 아는 지식과 경험인 '광고'로 다른 브랜드를 돕는 것, 그래서 세상을
보다 좋게 바꾸는 것입니다. 그래서 제 개인적으로는 세 번째 창업 경험인
Trophy Marketing Communications를 설립했습니다.

광고라면 소비하게 하는 것, 광고회사가 돈을 벌려고 하는 건데 어떻게 다른 회사를 돕고 세상을
보다 좋게 바꾼다는 것일까요?

우리나라 고용의 88%를 차지하는 99%의 중소기업과 스타트업 들은 한정된 자원에서 준비한
제품과 서비스의 개발이 매번 반드시 성공해야 하는 중요한 일입니다. 자원이 풍부한 대기업과

달리 한 번 실패하면 그 기업에 딸린 직원과 가족들의 생계까지 걱정을 해야 하기 때문입니다. 이런 중소기업과 스타트업들이야 말로 숙련된 광고 마케팅 전문가들이 도와주는 아이디어의 힘이 필요하지만 정작 그런 도움을 찾는 것은 쉽지 않습니다.

제가 Trophy를 세우고 만난 곳 중에는 시민 단체, 지방자치단체와 같은 공공영역이 있습니다. 이런 공공영역이 중요한 이유는 국민의 세금으로 운영되거나 그 세금이 쓰이는 곳을 결정하는 중요한 역할을 하기 때문인데 이런 곳도 공익 광고 캠페인에서 볼 수 있다시피 광고 마케팅의 도움이 있다면 좀 더 세금을 효율적으로 쓸 수 있습니다.

정치권도 만나봤는데 정치하면 늘 혐오의 부정적인 메시지와 이미지를 떠올리는 경우가 많을 것입니다. 저는 이런 메시지들을 좀 더 품격 있는 언어와 긍정적인 커뮤니케이션 프로그램으로 바꾸는 것을 제안했습니다. 공공재 (公共財)인 정치의 메시지가 이렇게 바뀐다면 정치를 바라보는 국민들의 스트레스가 좀 더 줄어들고 정치 자체도 좀 더 나아질 수 있지 않을까요?

저는 이렇게 자원은 부족하지만 책임과 아이디어가 큰 브랜드를 '빅 스몰 브랜드 (Big Small Brand)' 라고 부릅니다. Trophy를 만들고 이런 빅 스몰 브랜드들을 많이 만나면서 대부분 몇 번의 간단한 대화만으로 전문가의 도움 없이 자체적으로 준비하던 광고 마케팅 계획을 다시 돌아볼 수 있는 새로운 시각을 제시할 수 있었습니다. (대부분 진행하려던 광고 계획을 중단하거나 다시 준비를 하기로 했다는 뜻입니다)

하지만 그런 빅 스몰 브랜드 모두를 만날 수도, 다 도움을 드릴 수도 없기 때문에 이 책을 썼습니다.

그간 제가 광고를 하면서 보았던 수많은 광고 관련 서적들은 대부분 1위 브랜드의 성공 사례를 분석하는 마케팅 서적이나, 좋은 광고와 크리에이티브를 만드는 방법 같이 광고인들을 위한 책이 대부분이었습니다. 하지만 정작 이렇게 광고 마케팅에 경험이 없지만 꼭 해야 되기 때문에 고민하는 광고주들을 위해 광고대행사 입장에서 쓴 책은 없었던 것 같습니다.

이 책은 광고 마케팅을 통해 어떻게 훌륭한 브랜드가 될 것인가와 같은 거대 담론에 관한 심도 깊은 책이 아닙니다. 그런 단계의 고민을 하기 전, 광고 마케팅에 처음 입문하는 광고주들이 각 고민의 단계에 따라 생각할 수 있는 질문 6개를 중심으로 실제 진행 과정에서 유용하게 써먹을 수 있는 21개의 '이렇게 하면 됩니다'는 해결책을 담았습니다.

볼품없는 제 경험과 지식의 한계를 최대한 만회하기 위해 각 부분의 전문가들로부터 감수를 받았지만, 그래도 이 책에 있는 내용이 실제 광고 마케팅을 진행하면서 경험할 내용과 다를 수도 있습니다. 또 시시각각 변화하는 광고 마케팅 산업의 특성상, 이 책이 만들어지고 나오는 동안 변경된 내용이 있을 수도 있다는 점도 미리 양해의 말씀을 드립니다. 이 책의 모든 내용과 숫자 등을 금과옥조처럼 생각하지는 마시고 그저 '이럴 수도 있다'는 가이드라인 정도로 감안하시면서 실제 전문가들로부터 변화된 추세와 상황에 맞는 조언을 들으시기 바랍니다.

부족한 제가 21년 동안 광고인 생활을 할 수 있었던 것은 그저 주변에서 도와주신 소중한 인연들 덕분이었는데, 이제서야 지면을 통해서 감사의 말씀을 드립니다. DBK, 금강기획, 베이츠코리아, 웰콤, ISMG를 거치는 동안 만난 선후배 분들과 광고주께 감사드립니다.

모자라고 모난 사람 견디고 참느라 고생하셨습니다. 아무 인연 없이 Trophy를 세우고 같이 만들어 가고 있는 동료, 협력사, 광고주 분들께 감사드립니다. 소홀함에는 질책을, 용감한 아이디어에는 애정을 변함없이 주시옵소서. 인연의 경중을 따지기 싫어서 성함을 따로 올리지 않았으나, 보시고 님 향한 마음 느끼시리라 믿습니다.

결혼 생활 20년 동안 이틀 이상 휴가를 한 번도 내보지 못한
못난 남편을 참고 견뎌준 아내 홍수진과 사랑하는 두 딸 서윤과 규빈,
사업하는 자식을 두고 걱정 어린 마음으로 매일 기도하시는 장인어른, 장모님,
그리고 저희 부모님께 가장 큰 사랑과 고마움을 전합니다.

목차

지은이 강준구 2

이 책의 대상 3

이 책을 쓴 이유 4

1 광고를 꼭 해야 합니까? 15

1-1 광고는 브랜딩의 수단입니다. 18

1-2 직접반응광고에도 시간이 걸립니다. 20

【슬기로운 이야기】 광고 기대 효과에 대한 차이 22

1-3 '차라리 광고하지 마시지요' 24

【슬기로운 이야기】 휴롬의 혜안 28

2 광고 예산은 얼마나 있어야 합니까? 31

2-1 광고비를 책정하는 방법 – 매출 기준 35

2-2	광고비를 책정하는 방법 - 매체별 최소 집행 필요 금액	36
2-2-1	지상파 TV	36
	【슬기로운 이야기】 TV 광고할 때 매체 용어 정리	39
2-2-2	케이블TV PP 광고	43
2-2-3	온라인 동영상 광고	44
	【슬기로운 이야기】 온라인 매체 제안서 읽는 법	47
	【슬기로운 이야기】 대행사가 먼저 말해주지 않는 유튜브 광고의 팁	50
2-2-4	라디오 광고	53
	【슬기로운 이야기】 광고 심의	55
2-2-5	신문 광고	58
2-2-6	옥외 광고	59
2-2-7	SNS / 온라인 바이럴 마케팅	60

3 광고대행사를 꼭 써야 합니까? 65

3-1	직접 비용	69
3-2	대리비용	72
3-2-1	광고대행사 이익충돌 - '전담팀'	73

3-2-2	광고대행사 이익충돌 - 매체 수수료	74
	【슬기로운 이야기】 위수탁 거래	77
3-2-3	광고대행사 이익충돌 - 투여 인원 및 시간	79
3-2-4	광고대행사 이익충돌 - 매체 직거래	81
	【슬기로운 이야기】 'Bundled'와 'Unbundled'	84
	【슬기로운 이야기】 한국방송광고진흥공사 '중소기업 지원 사업'	86
3-3	이렇게 해결하십시오 - 직접 하려면	88

4 그러면 광고하는 회사는 어디랑 일하면 됩니까? 91

4-1	브랜드 이름, 로고가 필요하다면 - BI회사	94
	【슬기로운 이야기】 'Love Card'와 'Drive Your Way'	96
4-2	잘 모르겠다면 - 종합광고대행사	98
4-3	매체만 필요하다면 - 매체대행사와 미디어렙	101
4-4	아무래도 온라인이 중요하다면 - 온라인 광고대행사	104
4-5	온라인 중에서도 SNS 위주라면 - 바이럴 마케팅 대행사	106
4-6	녹색창이 핵심이라면 - 네이버 검색 광고대행사	109
	【슬기로운 이야기】 '온라인 광고해야 되는데'	113

4-7	동영상 제작물이 필요하다면 - 프러덕션과 부티크	115
	【슬기로운 이야기】 동영상 광고 만드는데 얼마나 드나요?	118
4-8	그러면 어떤 대행사를 써야 합니까?	121

5 광고 회사 어떻게 정하면 됩니까? — 123

5-1	경쟁입찰을 생각하시나요?	126
5-1-1	경쟁입찰, 우선 흥행이 문제입니다.	127
5-1-2	경쟁입찰, 부른다고 다 오지 않습니다.	128
5-1-3	경쟁입찰에 시안과 매체안이 꼭 필요할까?	130
5-1-4	경쟁입찰과 Rejection Fee?	133
	【슬기로운 이야기】 썸네일 시안, 스토리보드와 동영상 시안	136
5-2	경쟁입찰 말고 빅 스몰 광고주에 맞는 방법은?	140
	【슬기로운 이야기】 경쟁입찰용 아이디어	142
5-2-1	중립적인 컨설팅을 찾으십시오	144
	【슬기로운 이야기】 실제 종합광고대행사 전화 사례	146
5-2-2	Agency Interview - 대행사 면접	148
	【슬기로운 이야기】 브랜드 소개 및 대행사 요청 사항	150

5-2-3	면접 후 – 대행사 질의서 (Agency Questionnaires)	152
	【슬기로운 이야기】 빅 스몰 광고주를 위한 대행사 질의서 (Agency Questionnaires)	154

5-3 심사 및 결정, 그리고 그 이후   156

5-3-1	심사	157
	【슬기로운 이야기】 경쟁입찰 심사 노트	160
5-3-2	결과의 통보와 관리	162
5-3-3	광고 대행 계약	164
	【슬기로운 이야기】 대행사 계약서	169
	【슬기로운 이야기】 공공기관 입찰 개선점	172

6 자! 이제, 광고는 어떻게 고르면 됩니까?   185

6-1 아이디어를 만들 때 광고주는 무엇을 해야 하나?   188

6-1-1	브리프를 써보세요	189
6-1-2	빅 스몰 광고주 브리프	192
6-1-3	시안 준비 기간	199

6-2 좋은 아이디어를 고르는 방법   201

6-2-1	우선 '살아남을' 아이디어를 골라라	203

6-2-2	위험한 게 안전하다	**206**
	【슬기로운 이야기】 좋은부탄 IMC 캠페인 편	208
6-2-3	KISS, 심플한 광고가 낫다	**216**
	【슬기로운 이야기】 현대그룹 무언 (無言)편	219
6-2-4	Best 말고 Different 라고 말한 광고를 골라라	**222**
	【슬기로운 이야기】 Different 로 성공한 브랜드들	225
6-2-5	반응 말고 자극을 골라라	**229**
	【슬기로운 이야기】 광고는 Hi-Fi Audio 다?	231
6-2-6	일관된 상징을 만들어라	**238**
	【슬기로운 이야기】 일관된 상징: KT와 하이마트의 사례	241
6-2-7	결정을 잘하는 법: 영업에 맡기지 말고 혼자 결정하지 말고 대행사의 추천을 존중하라	**243**

글을 마치면서 　　　　246

1

광고를

꼭

해야 합니까?

<u>광고를</u>

<u>꼭</u>

<u>해야 합니까?</u>

제가 보통 광고를 의뢰하는 고객과 처음 만나서 하는 질문입니다. 보통은 바로 '광고대행사가 왜 저런 질문을 하지?' 하는 의아한 표정과 맞닥뜨리게 됩니다.

광고를 하지 않으면 당연히 광고대행사의 수익은 없겠지만, 그래도 이 질문부터 해야 하는 이유는 광고에 대한 경험이 없는 경우 기대치가 실제 예상되는 결과보다 턱없이 높은 경우가 많기 때문입니다. 동시에 효과적인 광고 마케팅을 꾸준히 집행하기에는 예산이나 자원이 너무 부족한 경우도 많이 있어서 자칫 한 번 광고 집행을 하고 바로 그 투자가 매몰비용으로 낭비되는 경우가 많이 있기 때문입니다.

물론 아무리 작은 기업이라도 광고대행사를 만나는 단계까지 왔을 때에는 절실한 상황에 대한 심각한 고민을 한 경우가 대부분입니다. B2B[1]를 주로 했던 기업들의 경우에는 가격과 인맥 위주의 경쟁에 지쳐 브랜딩의 필요성을 절감한 나머지 광고를 결심한 경우가 많이 있습니다. B2C[2]를 했더라도 네이버 블로그 마케팅 혹은 오픈마켓 위주로 영업을 해온 회사들의 경우에도 변화무쌍한 네이버의 검색 정책과 아무리 영업을 해도 자기 고객으로 남지 않는 오픈 마켓의 특성에 지쳐 역시 브랜딩을 하기 위해 광고를 하는 경우가 많이 있습니다.

하지만 광고를 했다고 바로 기대만큼의 수익이 발생하는 경우는 단언컨대 거의 없습니다. 그 이유는 판매를 위해 광고를 하지만, 대부분의 광고는 그 자체가 바로 판매 자체를 하기 위한 목적이 아니기 때문입니다. 이게 무슨 뜻일까요?

---

1 Business to Business의 준말로 기업 간 거래를 의미합니다.
2 Business to Consumer의 준말로 기업에서 소비자를 대상으로 하는 거래를 의미합니다.

1-1
광고는 브랜딩의 수단입니다.

제품을 만들어서 유통 채널에 공급했다고 해서 바로 소비자가 우리 제품을 구매하는 경우는 거의 없습니다. 기존 경쟁 제품이 있는 시장이라면 인지도와 선호도에서 앞서야 하고, 기존 제품이 없는 시장이라면 소비자들을 자극해서 새로운 수요를 만들어야 합니다.

광고를 하는 이유는 이런 문제를 해결해서 판매를 이루기 위한 것입니다. 하지만, 그 문제를 해결하는 방법에 있어서 직접반응광고[3] 혹은 온라인상에서 '퍼포먼스 마케팅 광고'[4]처럼 광고 노출과 동시에 직접 판매를 목적으로 하는 광고들도 있지만 대부분의 광고는 소비자 인식 상에 '브랜드'의 인지도와 원하는 이미지의 조성을 통해 문제를 해결합니다. 그리고 이렇게 광고를 통해 다른 제품 혹은 없었던 수요와 경쟁하면서 소비자 인식 상에서 우리 제품을 브랜드로 만드는 데에는 당연히 시간과 비용이 소요됩니다.

브랜드(Brand)라는 단어가 가축에 낙인을 찍어서 소유주를 명시하던 사례에서 나왔다고 하지요. 광고업계에서 브랜딩을 설명할 때 제가 알기로 과거 가장 많이 들었던 사례는 바로 김춘수 시인의 유명한 시 '꽃'에 나오는 다음 구절입니다.

---

[3] Direct Response라고 하며 영업 사원 없이 광고를 보고 소비자가 직접 전화 등을 하여 판매를 하는 직접 마케팅에 동원되는 광고로 보통 대출, 보험 등에 많이 활용됩니다.

[4] Performance Marketing은 보통 배너를 클릭하면 앱을 설치하게 하거나 직접 예약을 하게 하는 등 직접적인 소비자 반응을 유도하는 광고를 광범위하게 의미합니다.

'내가 그의 이름을 불러 주기 전에는 그는 다만 하나의 몸짓에 지나지 않았다. 내가 그의 이름을 불러주었을 때, 그는 나에게로 와서 꽃이 되었다.'

브랜드에 대한 정의는 여러 책과 전문가로부터 다양하게 나오지만 저는 쉽게 브랜드를 '소비자들이 인식하는 차별적인 혜택 (Benefits)' 라고 정의합니다. 위 시에서 이름을 불러준다는 것이 바로 '차별적인 혜택이 비로소 인식되어 소비자 행동이 이루어진다'로 해석할 수 있을 것입니다.

여기에서도 '소비자 행동'이라는 것이 반드시 구매를 의도하지 않습니다. 광고는 마케팅의 4P 라고 하는 제품 (Product), 가격 (Price), 유통 (Place), 판매촉진 (Promotion) 중 판매촉진의 여러 프로그램 중 하나에 불과하고, 동시에 소비자가 구매를 결정할 때에는 위의 다양한 요소를 모두 고려한 후에 결정하기 때문입니다. 이미 1950년대 미국 마케팅협회에서는 이미 광고 효과는 구매가 아닌 도달율, 인지도 등 측정 가능한 효과를 측정되어야 한다는 점을 설명한 'DAGMA' (Defining Advertising Goal for Measured Advertising Results) 이론을 발표한 바 있습니다.

소비자 인식 상에서 경쟁사 혹은 소비자의 무관심과 경쟁하면서 차별적인 혜택을 심어주는 브랜드 이미지 구축은 몇 개월 동안 집행하는 한 번의 광고 캠페인으로 달성할 수 없습니다. 만일 광고 한 번 잘 만들어서 그게 가능하다면 이 세상 소비자들은 광고 한 번 보여주면 모두 암기하고 받아들여서 바로 매장으로 뛰어나가서 제품을 구매하는 게 맞거나, 그걸 가만히 보고 있는 경쟁사들이 모두 바보이거나, 아무나 새로운 사업에 뛰어들어서 광고만 하면 성공하는 세상이 되겠지요.

대신 이 세상에 아직 확실하게 알려진 사실 하나는 성공적인 브랜드 구축을 위해서는 소비자들에게 제품부터, 유통, 가격, 프로모션 등 모든 마케팅의 요소에서 차별화된 혜택을 꾸준히 일관되게 전달해서 인식과 경험이 쌓여야 한다는 점입니다.

하지만 당장 매출이 고민되는 회사 입장에서 이렇게 광고하면 매출 증대까지 시간이 오래 걸린다는 점은 정말 믿고 싶지 않은 진실일 것입니다. 정말 이게 사실일까요?

1-2
직접반응광고에도 시간이 걸립니다.

광고 중에서 이런 브랜딩이 목적이 아니라 직접 판매를 목적으로 하는 직접반응광고 (Direct Response) 도 있습니다. 보통 TV를 보다 보면 전화번호와 함께 나오는 보험광고나 대출광고가 대표적인 사례입니다.

개인적으로 1999년 국내 광고대행사에 Direct Response라는 말 자체를 아는 사람이 없던 시절, 미국 DR 마케팅 협회 부회장까지 지낸 광고주 Eugene Raitt 당시 AIG 부사장님과 Bates Japan의 Mariko Sekine-san을 사부처럼 모시고, 못하는 영어로 배워가면서 AIG 생명보험과 손해보험의 국내 런칭을 담당하고 이후에는 저축은행 대출 광고까지 하면서 경험을 많이 했던 종목입니다.

이런 DR 광고들은 중간에 영업사원이나 유통망 없이 광고가 직접 영업사원의 역할을 하기 때문에 광고효과의 기준을 브랜드 인지도나 선호도가 아니라 매회마다 콜 (Call, 전화)로 측정합니다. TV 광고는 광고를 시작해서 보통 10여초 후부터 끝나고 길게는 3~4분까지, 신문 광고의 경우에는 게재 후 2~3일 후까지 전화(Call)이 오지만 광고 집행이 없으면 콜도 전혀 없습니다. 그야말로 매출 증대만이 목적인 광고지요.

예를 들어 매월 1억원의 광고비를 동일한 매체계획과 광고소재를 갖고 10개월 동안 집행한다고 가정하겠습니다. 만일 광고를 하는 대로 바로 매출과 연결이 된다면 첫 달에 오는 콜의 숫자와 마지막 10번째 달에 오는 콜의 숫자가 동일하겠지요. 그런데 과연 그럴까요?

아닙니다.

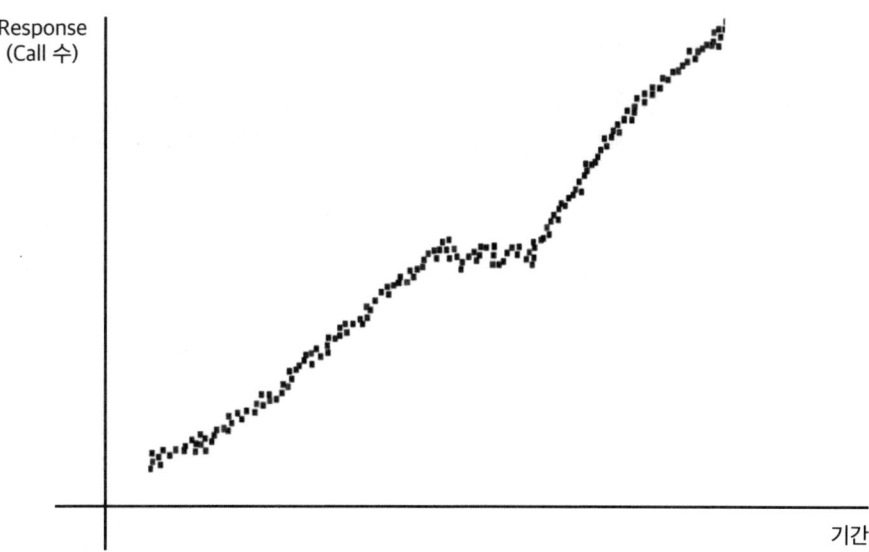

그림 1 직접반응광고의 투여 광고비 대비 콜의 숫자 그래프

광고 매체와 소재 등 자극은 매월 같아도 실제로 콜의 숫자는 위와 같은 곡선을 그리면서 올라갑니다. 즉 소비자들이 같은 자극을 몇 번은 접해서 익숙해져야 비로소 관심을 갖게 된다는 증거입니다. 이걸 각 광고 소재별로 쪼개 봐도 역시 처음에는 콜이 저조하다가 나중에 익숙해지면서 콜이 올라갑니다. 그리고 너무 익숙해져서 자극에 무디어지면 콜이 내려가게 되고, 이번 소재로 끌어낼 수 있는 반응이 고갈되었다는 판단 하에 광고 소재를 교체하게 됩니다.

즉 매출을 목적으로 하는 직접반응 광고를 한다고 해서 바로 만족할 만한 매출의 증대가 이루어지지 않습니다. 하물며 브랜드 인지도와 선호도의 개선을 통해 매출 증대를 목표로 하는 일반 브랜드 광고를 처음 하면서, 라면이나 아이스크림 같은 저관여 선호식품도 아니라면 투여한 광고비를 해당 캠페인으로 바로 만회할 만큼의 매출의 증대가 이루어질 것으로 기대하지 않는 것이 맞습니다.

슬기로운 이야기 — 광고 기대 효과에 대한 차이

FMCG (Fast Moving Consumer Goods)는 샴푸, 세재, 라면 청량음료 등 일상적으로 반복 구매가 발생하는 소비재를 뜻하는 말로 보통 P&G나 유니레버, LG생활건강, 아모레퍼시픽과 같은 그야말로 기라성 같은 국내외 마케팅의 거인들이 규모의 경제를 두고 경쟁하는 시장입니다. 워낙 시장 규모가 크기 때문에 차별화된 제품만 있으면 온라인이나 홈쇼핑 등으로 진입하기도 쉽지만 볼륨마켓인 할인점 등에서는 그런 마케팅의 거인들과 경쟁하기 매우 버거운 시장이기도 합니다.

저희가 맡았던 브랜드는 외국에서 들여온 제품으로 국내 최초의 기술이 들어간 차별화된 특장점을 갖고 있었고 주변에서 써본 평가 역시 바로 차이를 느낄 정도라는 호평 일색이었습니다. 이미 온라인과 할인점 유통을 개척한 상황이어서 이제는 B2C 마케팅을 통해 브랜드의 인지도를 높이는 일이 남아 있었습니다.

문제는 그 회사가 지금까지 한 번도 B2C 마케팅을 해보지 않아 그런 쪽에 대한 경험과 컨센서스, 준비 등이 없는 상황에서 신사업에 대한 필요성에 의해서만 이런 마케팅이 진행되었다는 점이었습니다. 그래서 처음 하는 사업에 한꺼번에 큰 비용을 지출할 수는 없어서 우선은 최소한의 비용으로 우선 3개월간 광고 집행을 하고 추후 계속 예산을 확보해서 진행하기로 했습니다. 그 때 저희는 모든 의사 결정자들이 모인 자리에서 '저희가 알고 있는 가장 효율적인 방법으로 광고를 하겠지만 불과 몇 억원의 예산으로 한 번 광고해서 성공한다면 누구나 다 아파트 담보 대출 받아서 사업하지 않겠습니까? 이건 시작이고 향후 몇 년간 꾸준히 일관되게 집행을 해야 합니다'라고 말씀드렸고 당시에는 모두 다 수긍하던 분위기였습니다.

비싼 모델과 제작비를 들여서 만든 TVC를 타겟인 주부층에 가장 효율적인 IPTV 큐톤 광고로 매월 1억원씩 집행을 하기로 했습니다. 광고 집행을 하자 1주일 이 지나지 않아 할인점에서 일매출이 늘어나기 시작했고, 2개월째 되니 광고 전 대비 약 5~6배까지 매출이 올랐고 주변에서 광고 봤다는 이야기와 긍정적인 피드백들을 들을 수 있었습니다. 개인적으로 '이렇게 적은 비용을 투여했는데 이런 반응이 나오면 앞으로 한두 번 정도 진행을 하면 어느정도 브랜드의 기반은 갖출 수 있겠구나' 하는 희망 섞인 전망을 하던 차에 정기 인사에 따라 광고주 회사의 임원진이 교체되면서 문제가 생겼습니다.

역시 B2C 마케팅에 대한 경험이 없으면서 전체 경영 실적을 챙기게 된 신규 임원진에서는 향후 이렇게 계속 투자가 되어야 한다는 점에 대해 고민이 생겼습니다. 매출이 올랐다고 하지만 아직은 미약한 수준이었기 때문에 상승한 매출로 인한 이익으로도 광고비를 충당하는 것은 당연히 어려운 상황이었는데 신규 임원진에서는 '광고를 많이 하는 계열 회사에 물어보니 광고 판촉비가 5%를 넘어가면 안된다는데, 그러면 지금 투여하는 광고비의 20배는 매출을 올려야 진행이 당연한 거 아니냐?' 라는 새로운 기준을 제시했습니다.

그 광고를 많이 한다는 계열 회사는 사실 역사가 몇 십 년 되는 누구나 아는 국내 최고 규모의 회사였는데 그런 회사의 브랜드들과 이제 막 시작한지 2개월 된 브랜드를 비교하는 건 불합리하다는 담당팀의 호소는 결국 받아들여지지 않고, 그 브랜드는 2개월 만에 광고 운영을 중단했습니다.

신규 임원진에서는 향후 지출될 비용을 억제한 것이 오히려 나은 판단이라고 믿었지만, 바로 몇 달 전 임원진에서 역시 합리적인 의사 결정 과정을 통해 집행한 매체비 외에 모델료와 제작비까지 그대로 매몰 비용이 되고 말았습니다. 광고하는 입장에서 보면 광고비를 '비용'으로 보느냐 '투자'로 보느냐의 차이에 따른 극명한 결과입니다. '무리한 사업을 추진했다'는 이유로 담당팀은 신규 임원진으로부터 심한 질책을 받았지만 정작 비용 집행을 결정한 전임 임원진에 책임을 묻지는 않더군요.

1-3
'차라리 광고하지 마시지요'

빅 스몰 광고주로 시작해서 지금은 성공한 배달의 민족 김봉진 대표는 2018년 7월 18일 자신의 페이스북에 올린 '배민 브랜딩 8년의 회고' 라는 자신의 체험담에서 '재무적 성과와 브랜딩의 평가 시차를 인정하세요'라고 썼습니다.

'사업하시는 분들이 가장 어려워하는 부분인데요, '그래서 매출에 도움이 돼?'라는 질문입니다. 전 도움이 된다고, 그것도 아주 많이 된다고 생각하는 사람 중에 하나입니다. (중략)

브랜딩이 평가를 잘 받기 어려운 부분은 분기, 반기, 년 실적 평가에 브랜딩 비용이 고스란히 녹여 해당 기간의 ROI로 계산되어 버립니다. 한 예로 우리가 만든 한나체는 6년전 1천만원 정도로 만들었습니다. 당연히 지금 이 폰트의 가치는 수십 억원 이상일 거라는 것에 많은 분들이 동의하실 겁니다. 그럼 이 폰트의 가치 평가는 2012년 하반기 실적과 연동해야 할까요, 2018년 상반기 실적과 연동해야 할까요? 답은 없습니다. 브랜드는 최소 3~5년 동일한 행동을 했을 때 효과가 서서히 나타납니다. 하지만 한번 잘 구축된 브랜드는 매 분기마다 돈이 크게 들어가지 않습니다. 반기로 보면 비싸지만 5년으로 보면 엄청 저렴한 마케팅비용이라고 생각합니다.

어렵습니다. 때문에 훌륭한 마케터, 경영자가 되고 싶다면 이 시차를 이해하고 인정해야합니다.'
즉 브랜딩이 궁극적으로는 매출에 매우 큰 도움이 되지만 최소 3~5년 동일한 행동을 했을 때 효과가 서서히 나타난다는 거죠.

그러면 그렇게 바로 재무적인 가치와 연결되지 않는 브랜드 투자를 성공적으로 하는 방법은 무엇일까요? 역시 빅 스몰 광고주로서 똑 같은 고민을 했던 김봉진 대표는 같은 페이스북 포스팅에서 '작게, 꾸준하게, 그리고 실패를 경험하고 실패에서 배워보세요' 라고 했습니다. 배달의 민족이 다양한 마케팅 실험을 해서 그 중 20% 밖에 성공하지 못했지만 수용가능한 작은 예산으로 꾸준히 했기 때문에 실패를 거울삼아 계속 성장할 수 있다는 것이었습니다.[5]

앞서 설명한 FMCG 광고주 같이 광고를 시작했다가 아직 충분히 브랜드 인식이 구축되지도 않은 상황에서 성급히 중단하는 바람에 그간의 투자를 매몰비용으로 만드는 경우를 사실 너무 자주 만납니다. 그리고 그 이유를 광고비 집행을 하고 수익으로 돌아올 때까지 기다리지 못한다고 볼 수도 있지만, 처음부터 앞으로 일관된 투자를 할 수 있는 만큼의 금액보다 훨씬 더 많은 금액을 투자하는 바람에 체력이 고갈나는 경우도 많이 있습니다.

그래서 저는 광고를 처음 하는 빅 스몰 광고주를 만날 때마다 '그 예산이면 광고를 할 것인지에 대해 고민을 해보시죠. 광고 안 하면 그만큼 영업이익으로 남는 건데, 그만큼을 영업이익으로 남기려면 제품을 얼마나 팔아야 합니까? 그렇게 파는 게 또 얼마나 어렵습니까?' 라는 이야기를 반드시 합니다. 매년 몇 십억원에서 몇 백억원의 광고를 하는 큰 기업들이라고 쉽게 광고 예산을 책정하지 않습니다. 제 경험으로는 큰 회사는 큰 회사대로 그 예산을 책정하면서 정말 많은 고민과 내부 의사 결정 과정을 거치게 됩니다. 하지만 대부분의 빅 스몰 광고주가 집행할 수 있는 광고비인 연 10억원 미

---

5 https://www.facebook.com/imgum/posts/18304313703333331

만의 금액도 '창사 이래 처음 이렇게 큰 돈을 써봤다'는 말씀을 종종 들을 정도로 큰 금액입니다. 그만큼 절실한 이유에서 하는 투자이고 반드시 성공해야 하는 부담이 있는 금액이지만 저희 같이 광고를 많이 해 본 입장에서는 그 큰 금액도 같은 소비자를 두고 경쟁하는 다른 산업의 경쟁자들 대비 바로 효과를 볼 정도의 충분한 금액은 절대 아닙니다.

그러면 돈이 없으면 아예 시작도 하지 말라는 말이냐 라는 건 아닙니다. 배달의 민족 김봉진 대표만큼이나 저도 광고는 브랜드를 만드는 투자이며 현명하게 운영되면 반드시 더 큰 수익으로 돌아온다는 것을 21년 동안 광고인으로 살아오면 직접 보았고 만들어온 사람입니다. 다만 시작하려면 단 한 번의 광고 캠페인이 아닌 적어도 몇 년간 꾸준하고 일관된 투자를 할 각오를 하고 시작해야 한다는 것입니다.

그렇다면 그 금액이 크고 작음은 그렇게 중요하지 않습니다. 빅 스몰 광고주라면 작은 금액이라도 브랜드에 투자하면서 '광고대행사가 전문가이니 알아서 해주겠지'라고 맡기지 말고 광고와 브랜드 마케팅을 수행할 내부 역량을 같이 키우는데 주력해야 합니다. 어느 B2C 기업에게나 광고 마케팅은 완전히 외주처에 책임을 맡겨도 될 만큼 비즈니스에서 중요도가 떨어지는 일이 아닙니다. 하물며 작은 금액도 전체 회사 경영에서 큰 부담이 되는 빅 스몰 광고주라면, 그 금액이 자칫 매몰비용이 되지 않도록 내부 역량을 키워서 외부 전문가들과 함께 같이 수행해 나가야 일관되고 꾸준한 브랜드 구축이 비로소 가능해집니다. 그리고 그런 내부 역량도 단 한 번의 광고 캠페인으로 성장하는 게 아니라 역시 시간과 비용이 소요되기 때문에 장기전의 각오로 광고를 시작해야 한다는 것입니다. 그렇게 본다면 한 해에 투자하는 광고 비용이 적을 지라도 마치 내부 교육처럼 꾸준히 시작하는데 의미가 있다고도 볼 수 있습니다.

저는 광고를 고민하는 모든 빅 스몰 광고주들이 앞서 설명한 FMCG 브랜드의 사례를 진지하게 고려해 볼 것을 추천 드립니다. 광고를 하려면 끝까지 몇 년간 일관되게 투자해서 성과를 보겠다는 자세로 시작해야 하고 그러기 위해 가장 확실한 방법은 (바뀔 수 있는) 월급 받는 임원이 아닌 기업의 오너가 결심하고 직접 관여해서 진행하는 것이 가장 바람직합니다. 그럴 자신이 없다면 차라리 그 금액을 영업이익으로 남기고 다른 투자를 하는 것이 훨씬 현명한 방법일지 모릅니다.

슬기로운 이야기 — 휴롬의 혜안

그럼에도 불구하고 브랜딩을 하기 위해 광고가 필요하다면 제가 직접 체험한 사례를 소개합니다.

2011년 홈쇼핑에서 가장 큰 히트를 친 제품은 GS홈쇼핑에서 330억원의 매출로 1위를 기록한 휴롬 원액기였습니다. 저는 이렇게 홈쇼핑에서 성공을 하고 있던 휴롬의 첫번째 런칭 TV캠페인 의뢰를 받고 2011년 봄 경남 김해의 공장에서 만난 (주)휴롬의 김영기 회장을 만나서 '왜 광고를 하려고 하십니까?'라고 물어봤습니다.

김회장은 사실 발명가로 불리기를 원할 정도로 제품 기술에만 정열을 쏟은 공학도 출신의 기업가였습니다. 그리고 그간의 전기산업 노하우를 바탕으로 과거 녹즙기로 처음 상업적인 성공을 거두었습니다. 하지만 기쁨도 잠시, 잇따라 비슷한 미투 제품[6]이 쏟아지고 엎친데 덮친 격으로 자사 제품도 아닌 경쟁 녹즙기에서 쇳가루가 나오는 '쇳가루 파동' 때문에 사업을 접게 되었습니다. 이 때 제품이 아무리 훌륭해도 브랜드로 차별화되지 않으면 사업을 지속하기 어렵다는 점을 뼈저리게 느꼈다고 합니다.

이런 경험 때문에 김영기 회장은 녹즙기와 달리 채소를 갈지 않고 지긋이 눌러 짜는 휴롬 원액기를 새롭게 개발해서 홈쇼핑에서 성공을 거두자 바로 광고 캠페인을 준비했습니다. 그리고 의뢰를 받은 저희에게 당시 가장 비싼 모델료를 받았던 이영애씨를 모델로 쓰자는 제안을 했습니다.

---

[6] Me Too 제품은 성공한 기존 제품과 유사하게 만든 제품입니다.

당시 런칭 캠페인으로 생각했던 예산은 20~30억원 정도였는데 전체 예산의 1/3이 넘는 금액을 모델료로 쓰겠다고 생각한 것입니다. 보통 공중파TVC를 할 때에는 매체비와 제작비의 비율을 보통 10:1 정도로 생각하는데 모델료로 그 돈을 쓰겠다고 하니, 차라리 그 돈으로 매체를 더 하는게 낫지 않을까 하는 생각에 당시 저희 쪽에서는 기획팀, 제작팀 할 것 없이 모두 반대를 했습니다.

하지만 김영기 회장은 이미 휴롬이 인기를 끌고 있던 TV 홈쇼핑 자체가 공중파 TV 광고 매체의 역할을 하고 있기 때문에 이보다는 모델에 투자하겠다고 결정을 했는데 결론적으로는 그 생각이 옳았습니다. 매체비가 충분하지는 않았지만 광고를 한 번만 보더라도 '이 제품이 얼마나 좋길래 이영애가 광고를 해?' 라는 신뢰도를 당시 무명이었던 휴롬 브랜드에 심어주었고 주요 유통 채널이었던 홈쇼핑에서도 이영애가 모델이라는 점이 높이 부각이 되었습니다.

광고대행사가 취급하는 매체만을 광고매체로 보는 대행사의 편협한 시각을 뛰어넘는 혜안이 있었던 겁니다.

광고 예산은 얼마나 있어야 합니까?

2

<u>광고 예산은</u>

<u>얼마나</u>

<u>있어야 합니까?</u>

가장 많이 듣는 질문이지만 가장 조심스러운 질문이기도 하고 돈을 벌어야 하는 대행사라면 가장 신경 쓰이는 순간이기도 합니다.

제 경험상 브랜드의 인지도는 정직하게 예산에 정비례합니다. 1억원을 쓰면 1억원만큼, 10억원을 쓰면 10억원만큼의 인지도가 나온다는 것입니다. 그런데 1억원과 10억원의 효과 차이는 10배가 아니라 그보다 훨씬 더 많이 납니다. 10억원의 예산이면 당연히 규모의 경제도 발생하고, 1억원으로 못하는 여러 가지 효율을 나게 하는 장치를 쓸 수 있기 때문입니다.

대행사에서 광고 예산을 늘리도록 제안하는 이유에는 자신들이 돈을 벌기 위한 목적이 제일 큽니다만, 기왕이면 광고하고 잘 했다는 이야기를 듣기 위해 제안하는 이유도 있습니다. 그래서 대행사에서는 흔히 '경쟁사가 얼마를 쓰니 소비자 인식상의 Share of Voice에서 지지 않으려면 이정도는 써야 합니다' 라는 제안을 많이 합니다.[7]

하지만 어느 기업이나 쓸 수 있는 재원이 한정되어 있는데 어떻게 하겠습니까? 저는 '최적의 광고 예산은 쓸 수 있는 만큼의 광고 예산이다' 라고 주장합니다. '쓸 수 있는 만큼' 이라는 말에는 기업이 매년 일관되게 꾸준히 집행할 수 있는 정도의 예산에 브랜드 관리를 위해 투자하는 경영진의 비전과 의지만큼의 금액이 추가됩니다.

---

[7] Share of Voice 란 해당 업종에서 소비자가 들을 수 있는 목소리인 시청률, 광고 집행 횟수 등에서 모든 경쟁자들의 몫을 더해서 비중을 낸 것입니다. 가령 어느 한 업종의 TV 시청률의 합이 500 GRP 고 그 중 우리가 50 GRP를 차지한다면 Share of Voice를 10%로 보는 식입니다. "Share of Voice"를 계산하는 이유는 소비자 인식상에서 경쟁하는 다른 브랜드보다 "목소리"를 높여야 우리 브랜드의 존재감이 생긴다고 생각하기 때문입니다. 광고비 금액으로 각 경쟁자별 비중을 따질 때에는 Share of Spending 이라는 개념을 씁니다.

그런데 처음 광고하는 빅 스몰 광고주들을 만나보면 과거 히트했던 광고 사례를 들면서 '임팩트 있고 기발한 아이디어로 이런 예산의 한계를 뛰어넘는 광고를 해주세요' 라는 요청을 듣는 경우도 있습니다. 물론 그런 성공 사례들도 있습니다만 그 광고를 만든 사람들도 그런 성공을 매번 하겠습니까? 혹은 그런 성공을 가능하게 했던 상황들을 다른 시간, 다른 광고주의 제품으로 그대로 재현할 수 있을까요? 그리고 그런 성공 사례를 계속 해온 대행사나 사람이 과연 빅 스몰 광고주과 함께 제한된 예산으로 일을 하자고 할까요?

광고를 예전에는 과학과 예술의 만남이라고 많이 이야기했습니다.
Creative 한 전략과 아이디어, 매체의 선택으로 어느 정도의 효율은 더 높일 수 있겠습니다만, 결국 자본주의의 예측 가능한 과학이 적용되는 것이 바로 광고 이기도 합니다. 특히 광고 예산을 편성하면서 이런 요행수를 바라고 금액을 정할 수는 없는 일입니다.

성공적인 대행사와의 관계를 통해 Creative 한 아이디어로 1억원 이상의 효율을 내는 방법에 대해서는 이 책의 나중에 설명해 두었습니다. 그래도 만일 처음 와서 '광고 예산 1억원을 써도 10억원만큼의 효과를 내주겠다'고 하는 광고대행사가 있다면 단언컨대 저는 그 회사는 사기꾼이라고 생각합니다.

여기서는 처음 광고를 시작할 때 광고 예산을 가늠할 수 있는 방법인 매출 대비 광고비의 비중과 필요한 매체를 진행하는 최소 비용을 설명하도록 하겠습니다.

2-1
광고비를 책정하는 방법 - 매출 기준

광고를 처음 하는 기업들의 경우 보통 흔히 가장 많은 질문이 '매출 기준 얼마나 광고비를 쓰는 게 맞습니까?' 입니다. 판관비에 들어가는 광고 예산 규모를 정해서 비용 통제를 통해 수익을 관리하려는 목적입니다. 매년 꾸준히 쓸 수 있는 만큼이 적정 광고비라고 보면 일견 타당한 방법입니다. 문제는 각 업종과 기업마다 매출의 규모와 영업 이익 비율이 모두 다르기 때문에 다른 기업의 사례를 참고하는 게 쉽지 않다는 점입니다. 제가 봤던 B2C 제조업 중에서도 영업이익율이 10%가 안되지만 꾸준히 광고를 하는 회사도 있었고 반대로 40%를 넘어가는 경우도 있었으니까요.

대표적으로 부동산 분양 광고의 경우 오피스텔이냐 혹은 아파트냐에 따라 다르긴 합니다만 대략 전체 예상 매출의 2~5% 수준을 광고비로 지출합니다. 이 비용에는 광고 소재의 제작비 및 매체비를 포함해서 영업사원들이 나누어 주는 판촉물 및 홍보관 Signage 비용 등이 포함되어 일반적인 브랜드 광고에 비해 매체비의 비중이 매우 낮습니다.

또한 중간에 유통 채널이 없는 직접반응광고 혹은 온라인 쇼핑몰 등의 경우에는 광고가 영업 사원의 역할을 하기 때문에 예상 매출의 30~40% 수준까지 광고비를 집행하기도 합니다.

일반 제조업 기반의 소비재 기업의 경우 보통 영업 이익률 자체가 10~20% 수준인 경우가 많기 때문에 여기에 맞추어 생각해보면 보통 매출의 2~5% 수준 정도를 책정하는 게 적당하지 않을까 하는 권고를 많이 드립니다. 하지만 앞서 전제한대로 각 기업의 상황이 모두 다르기 때문에 매년 꾸준히 할 수 있는 수준의 광고비가 얼마인지, 거기에 브랜딩을 촉진할 수 있는 추가적인 예산의 배분은 얼마나 할 수 있을지에 대해서는 각 기업에서 판단하실 수밖에 없습니다.

그래서 매출을 기준으로 삼는 것보다 현실적인 방법은 바로 우리 회사가 염두에 둔 광고 매체별 최소한의 집행 예산을 파악해서 과연 그 매체를 집행하는 것이 가능한지를 판단하는 것입니다.

2-2
광고비를 책정하는 방법 - 매체별 최소 집행 필요 금액

사실 이 책의 다른 부분에서도 말씀을 드리겠지만, 저는 어떤 매체를 할 것인가를 먼저 고민하는 것보다 어떤 메시지와 경쟁 전략을 수립할 것인가가 우선되어야 한다고 생각합니다. 다만 연 광고예산 10억원 미만의 기업들의 경우, 실제 집행할 수 있는 매체 자체가 제한되어 있기 때문에 예산 자체를 세우기 위해서는 매체별로 이만큼은 최소한 있어야 집행이 가능한 수준을 파악하는 것은 의미가 있는 일입니다.

또 실제로 광고비가 많이 있는 광고주들도 새로운 매체를 집행할 때 당연히 어느 정도 있어야 집행이 가능한지를 우선으로 예산을 편성하기 때문에 실제로는 가장 실용적인 방법입니다.

2-2-1 지상파 TV

누구나 광고한다고 하면 여전히 제일 먼저 떠올리는 것이 지상파TV 광고입니다. 이 매체는 아직까지 알려진 중에 가장 넓게 가장 노출당 가격은 저렴하게 메시지를 전달할 수 있는 장점이 있습니다.

또한 지상파TV라는 매체 자체가 주는 신뢰성의 이미지가 있기 때문에 전국적으로 유통되는 신제품 런칭처럼 '빨리, 넓게' 광고를 할 필요가 있을 때에 적합합니다. 그래서 광고를 시작할 때 주변에서 '너네 광고 봤다' 라는 피드백이 가장 빨리 나오는 매체 중 하나이기도 합니다.

하지만 지상파TV를 진행할 때 문제는 들어가는 최소 비용도 제일 비싸다는 점입니다.
요즘에는 다양한 판매 프로그램들이 있지만 일반적인 경우에는 '패키지'라고 해서 인기 프로그램 시간대에 다른 비인기 프로그램 시간대를 섞어서 판매하는 방식이 통용됩니다. 2018년 11월 기준 MBC 나 KBS의 경우 제일 비싼 패키지는 주말 예능과 드라마 프로그램 1회가 포함되어 3.5억원에 판매되고 있습니다.[8]

거기에 '연계'라고 해서 광고 판매가 잘 이루어지지 않는 종교방송이나 교육방송, 지방방송에 광고가 나가기 위해 패키지 금액의 20%를 추가로 지불해야 합니다. 이 연계 금액은 원칙적으로 광고주가 선택할 수 없고 장기간 큰 광고비를 진행하는 광고주의 경우에는 원하는 시간대 등을 요청할 수 있는 경우도 있지만 꼭 거기에 맞춰 진행된다는 보장도 없습니다.

또한 효율을 높이기 위한 '순서지정'도 필요합니다. 시청율은 분단위로 조사가 되는데, 인기 프로그램의 경우 프로그램 바로 직전 혹은 끝나고 바로 측정한 시청율은 여러 광고들 중간에 나오는 시청율에 비하여 2배 정도 높습니다. 이 '순서지정'을 하지 않으면 신청한 광고는 순서지정을 하지 않은

---

[8] 실제 각 매체별 판매조건은 늘 변경되기 때문에 집행전 각 매체사나 대행사에 문의하시기 바랍니다.

다른 광고들과 함께 돌아가면서 순서대로 나오게 됩니다. '순서지정'은 일종의 경매 형식으로 진행되어 가장 높은 금액을 내는 광고주가 프로그램 직전 혹은 직후 등 원하는 시간대를 가져가는 식으로 진행되는데 매체팀에서는 보통 전체 예산의 10% 정도를 여기에 배정해서 투여한 비용 10% 이상의 시청률이 나오는 순서를 지정하게 됩니다.

자 이렇게 보면 공중파 Top 패키지 3.5억원 X 연계 12% X 순서지정 10% = 1개월에 4.3억원이 필요합니다. 그런데 공중파 3채널 중 하나만 그것도 한 달만 할 수 있을까요? 그리고 케이블TV는 빼놓을 수 있을까요? 보통은 여유가 있으면 2~3개월 간 공중파 채널 2개 이상, 거기에 케이블TV 채널을 일부 포함시킨 예산안을 추천하게 됩니다. 여기에 제작비와 모델료까지 포함하면 보통 25~30억원 정도는 있어야 공중파TV를 할 만하게 됩니다.

제가 아는 어느 빅 스몰 광고주분도 처음 광고를 시작할 때 어떻게 해야 하는지를 몰라서 매년 수백 억원의 광고비를 집행하는 계열사의 광고담당자에게 저녁에 밥을 사고 돈이 얼마나 있어야 광고를 할 수 있느냐고 물어본 적이 있었답니다. 그랬더니 계열사 광고담당이자 왈, '30억원은 있어야 한 두 달 하니까 그 정도도 없으면 아예 시작하지를 마쇼'라고 했답니다.

슬기로운 이야기　　TV 광고할 때 매체 용어 정리

아래 개념은 지상파TV 뿐 아니라 사실상의 모든 매체에서 매체 집행의 결과를 확인하기 위해 사용하는 개념입니다. 쉽게 설명하면, '얼마나 많은 사람이 보았는가?', '본 사람은 얼마나 반복해서 보았는가?', '얼마나 더 보여줘야 하는가?' 라고 하는 가장 기본적인 질문에 대답하기 위한 용어들입니다.

사실 실제 진행을 해보면 이번 장에서 소개하는 바와 같이 매체에 따라 실제 청약 패키지 등 판매 프로그램에 맞추어 진행하는 경우가 많습니다만, 최근에는 CPRP보장제나 하는 다른 상품들도 있고 여러 매체를 진행할 때 매체간 효율 비교를 위해서도 반드시 알아 두어야 할 필요가 있습니다.

1. Reach (도달율)

Reach는 우리 광고를 얼마나 보았는지, 즉 도달율을 의미합니다. Reach 다음에 숫자가 붙을 수록 그 숫자만큼 본 사람을 의미하는데 Reach 1+는 1회 이상, 2+는 2회 이상, 이런 식입니다. 하지만 온라인 광고를 제외하면 실제 시청자 숫자를 세는게 아니라 시청율 조사와 같이 샘플을 추출해서 그 비율에 따라 전체적인 추세를 추정하기 때문에 Reach의 단위는 전체 모수 중 몇 %가 보았는지를 의미하는 % 입니다. 그래서 Reach 1+ = 80% 라면 우리 광고를 1회 이상 본 사람의 비율이 그 매체 접촉 모집단의 80% 라는 의미입니다.

집행 예산별로 Reach를 측정하면 일정 수준에 이르면 증가세가 둔화되는 커브로 나옵니다. 가령 TV를 본다고 해도 모든 사람이 열심히 보는 것은 아니기 때문에 TV를 많이 보는 사람보다 TV를 거의 안보는 사람까지 광고를 보여주려면 상대적으로 더 많은 광고를 집행해야 하기 때문입니다. 보통 어느 매체나 Reach 1+가 80%가 거의 한계치로 보면 됩니다. 이렇게 일정 수준을 넘어가면 광고의 효율이 떨어지게 되기 때문에 그 시점을 잘 파악하고 소재 교체 혹은 예산을 조정하는 것이 필요합니다.

특히 Reach 3+를 유효 도달이라고 하는데 광고를 세 번은 봐야 비로소 내용을 기억할 수 있다는 개념입니다. 만일 광고를 중간에 하다가 멈추면 Reach 1+ 수치가 올라가도 유효 도달인 Reach 3+ 수치가 제대로 올라가지 않아서, 결국 우리 광고를 시청자들이 보긴 봤는데 어떤 광고인지 제대로 기억될 정도는 아닌 수준에서 광고가 중단되는 낭비가 발생하는 것을 수치적으로 확인할 수 있습니다.

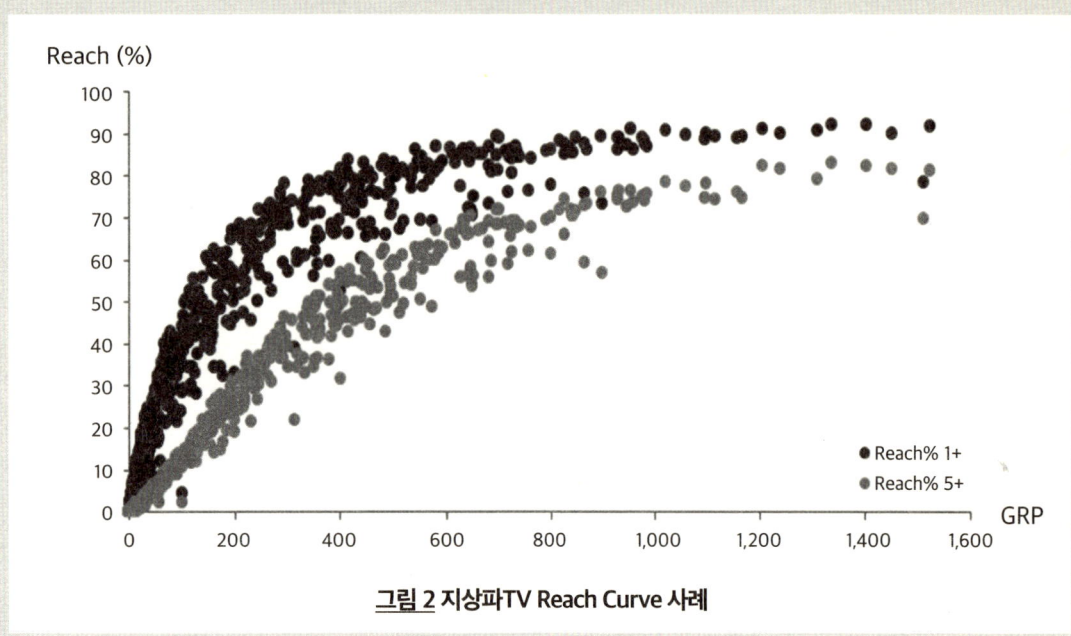

그림 2 지상파TV Reach Curve 사례

2. Frequency (중복 노출)

Frequency는 우리 광고를 본 사람들은 몇 번을 반복해서 봤는지를 측정하는 개념입니다. 가령 Average Frequency가 4.5 라면 우리 광고를 본 사람들은 평균 4.5회를 반복해서 봤다는 개념입니다. Frequency 역시 3 이상이 되면 유효 빈도가 이루어졌다고 보고 16 이상이 되면 과도하게 노출되어 역효과가 난다고 하는데, 이 이론이 미국에서 70년대에 정립된 거라 제 생각에 지금 시대에는 좀 안 맞는 부분들이 있습니다. 저는 가령 한 번을 보더라도 자신이 보고 싶은 동영상 앞에 나오는 유튜브 프리롤[9] 같은 경우는 TV 광고에 비해서 좀더 몰입해서 볼 가능성이 높다고 생각합니다.

Frequency는 Reach와 같이 봐야 하는데 예를 들어 매체에 따라 Reach가 늘어나는 속도에 비해 Frequency가 늘어나는 속도가 너무 빠른 경우들이 있습니다. 대표적으로 유튜브가 그런데 이 경우에는 지금까지 안 본 사람들에게만 선별적으로 보여줄 수 있는 타겟팅 등을 고려해야 합니다. 또한 캠페인 목표가 신제품의 인지도 상승일 경우에는 Frequency는 좀 낮더라도 Reach 1+를 높일 필요가 있는데, 반면 반복 노출에 의한 설득에 있다면 반대로 생각할 수도 있습니다.

3. GRP (Gross Rating Point)와 CPRP (Cost Per Rating Point)

지난 2019년 2월에 방송된 JTBC의 스카이캐슬의 최고 시청률은 2월 1일 23.8%였습니다. 그런데 광고 시청률은 훨씬 낮게 나옵니다. 그 이유는 프로그램 시청률과 광고 시청율은 기준이 달라서 그런데, 1분마다 체크하는 People Meter 로 재는 건 동일하지만 프로그램 시청률은 가구 기준이고 광고 시청률은 사람 기준이라서 그렇습니다.

이런 광고 시청율을 Rating Point라고 합니다. 그리고 캠페인 기간 중 획득한 광고시청율의 합이 GRP (Gross Rating Point) 입니다. 가령 광고시청율 1%, 2%, 3%짜리 세 개 시간대를 운영했다면 GRP는 그 합인 6 GRP가 됩니다.

---

[9] Pre-roll은 유튜브 등에서 보고 싶은 동영상을 클릭했을 대 그 동영상 이전에 나오는 광고 상품을 모두 총칭합니다.

GRP는 우선 각 캠페인 매체 기획별의 Impact를 평가하기 위해서 활용됩니다. 같은 예산이면 GRP가 높은 편이 도달이 잘 된다고 볼 수 있는 겁니다. 예전에는 신제품의 성공적인 런칭을 위해 1개월에 최소 250~300 GRP 정도가 필요하다는 '체험적인' 숫자들이 있었습니다.

동시에 매체예산을 GRP로 나누면 1 Rating Point를 구하는데 필요한 광고 예산, 즉 CPRP (Cost Per Rating Point)가 나오는데 각 캠페인 매체 기획별 예산 효율을 비교하는데 매우 중요하게 쓰입니다. 예를 들어 이전 캠페인의 CPRP가 500만원이었는데 같은 예산에 새로운 매체 믹스로 CPRP를 450만원으로 낮추면 10%의 비용 효율을 달성한 셈입니다.

CPRP를 개선하는 방법으로는 지상파TV를 할 때에는 CPRP가 좋은 시간대를 가거나 (아침시간대 등) 수도권 SB (지방에만 나가는 방송시간대) 을 넣거나 순서지정 등을 하는 방법 등을 씁니다. 여기에 지상파TV 대비 CPRP가 저렴한 케이블TV를 넣어도 역시 효율이 좋아집니다.

당연히 케이블TV보다 더 저렴한 유튜브 등 온라인 광고 매체를 믹스하면 역시 비용 효율이 좋아집니다. 다만 지금까지는 이렇게 서로 조사 방법이 다른 매체간 통합 매체 효율을 측정하는 방법이 없었는데, 미디어오늘의 보도에 다르면 미국에서는 2017년에 닐슨이 스트리밍 방식의 온라인 서비스를 통합하기로 했고 국내에서는 아직 연구중입니다.[10]

---

10 미디어오늘 2017년 8월 7일 "미국은 유튜브도 시청률 합산? 절반만 맞다"
http://www.mediatoday.co.kr/?mod=news&act=articleView&idxno=138272

2-2-2 케이블TV PP 광고

공중파TV 다음으로 떠올리는 것이 케이블TV 광고일 것입니다. 광고대행사 직원들도 예전에는 매월 나오는 한국방송광고진흥공사의 지상파TV 판매정책만 주목을 했는데, 요즘에는 JTBC와 CJ E&M 계열 채널들의 판매정책을 먼저 살펴보고 그 다음에 공중파TV 정책을 볼 정도로 이제는 TV 광고의 주역이 되었습니다.

케이블TV도 간판 프로그램 하나에 여러 프로그램 광고 시간을 섞는 패키지 형식으로 많이 구매를 하는데 tvN이나 OCN 등 다양한 채널을 갖고 있는 CJ E&M의 경우에는 계열 채널들에 모두 들어가는 패키지도 있습니다. 2018년 11월 기준으로 케이블TV 패키지 중 최고가는 월 간판 드라마 본방 1회 + 다른 프로그램 99회를 합쳐서 5억원에 판매되고, 채널별로 그 외 2천만원 수준까지 다양한 패키지들이 판매되고 있습니다.

이런 패키지 구매 외의 방법으로는 CPRP 보장제라고 해서 주어진 예산 대비 광고 시청율을 보장하는 판매 정책과 가용한 예산대로 채널별로 청약을 하는 방법도 많이 사용하는데 이 경우 보통 채널별로 몇천만원씩 섞는 식으로 운용합니다.

케이블TV는 공중파TV 광고가 부담스러운 경우 대안으로 가장 많이 선택되는데 그 이유는 같은 가정내 TV에 송출이 되지만 동일한 시청율을 확보하는데 20%가량 저렴한 반면 공중파TV 패키지 금액보다 저렴하게 타겟에 맞는 채널의 시간대를 구매하는 것이 가능하기 때문입니다.

하지만 실제 집행을 해보면 그래도 월 5억원 이상은 집행을 해야 '보인다'는 반응이 나오는 경우가 많아서 2~3개월 정도 집행하고 여기에 제작비 등을 포함하면 그래도 15~20억원 수준은 되어야 광고 집행을 고려할만 합니다.

2-2-3 온라인 동영상 광고

온라인 광고의 경우에는 워낙 범위가 넓어서 공중파TV와 동일한 광고 소재를 활용하는 동영상 광고 부분과 배너 광고 부분으로 나누어 보겠습니다. 온라인 동영상광고를 Pre-roll이라고 부르는데, 유튜브 등에서 보고 싶은 동영상을 클릭하면 그 동영상 바로 전에 나오는 광고라는 뜻입니다.

온라인 광고가 왜 중요한지에 대해서는 더 이상 설명이 필요 없을 것 같습니다. 다만 일반적인 생각과 다른 점은 '온라인 광고가 굉장히 저렴하다'는 인식입니다.

집행에 필요한 최소 비용 자체가 적은 것은 맞습니다. 그리고 온라인 동영상 광고 중 유튜브나 페이스북 광고의 경우에는 단순하게 노출만 하는게 아니라 동영상을 일정 시간 이상 보았을 때에만 회당 비용을 청구하는 합리적인 비용 체계를 갖고 있습니다.

비용은 과거에 비해 인기가 늘어나면서 유저 숫자와 광고 게제가 늘어남에 따라 많이 상승했는데 2018년 6월에 국내 유수의 미디어렙으로부터 받은 자료를 보니 타겟의 연령 등에 따라 차이가 나지만 유튜브 트루뷰 인스트림과 페이스북 동영상 광고가 대략 시청 1회당 비용(CPV, Cost Per View)을 150~200원 수준으로 예상하고 있습니다. (대행사 수수료 20%, 미디어렙 수수료 10% 포함)

유튜브와 페이스북의 CPV는 사전에 정해진 것이 아니라 광고를 세팅할 때 입력하는 타겟과 조건에 따라 마치 증권의 HTS (Home Trading Service)처럼 실시간으로 입찰하여 높은 입찰가를 입력한 순서대로 노출하는 식으로 이루어지기 때문에 광고 집행 시점과 타겟에 따라 유동적입니다.

자 그러면 몇 명이나 시청을 해야 효과를 얻을 수 있을까요?

2017년 초에 구글 담당 직원분에게 유튜브로 몇 명정도 보면 마켓에서 반응이 있는지를 물어본 적이 있었는데, 그 분 개인적인 경험을 전제로 답변 주신 내용을 위와 같이 대행사 수수료를 포함한 평균 CPV를 160원으로 환산해서 말씀드리겠습니다. (앞서 설명한대로 시기와 타겟에 따라 유동적이니 참고만 하시기 바랍니다.)

- 1개월 기준 광고 계좌당 집행 평균 값이 약 8천5백만원
- 18~24세를 타겟할 경우 1개월 기준 2.2억원은 집행해야 어느 정도 Visibility가 있음
- 25~34세의 경우가 가장 경쟁이 치열해서 여기에 마스트헤드 1구좌 정도 추가하는 것이 추세임
- 단순히 1백만 조회수 (약 1.6억원 소요)를 기록한 영상은 '광고하긴 했구나'의 수준, 조회수가 2백만 (약 3.2억원 소요)은 되어야 '광고가 좀 보인다' 수준

여기서 한가지 주의할 점은 '100만 조회수 = 100만명 조회'가 아니라는 점입니다.

가령 당신의 제품이 25~34세의 미혼 여성을 겨냥한다면 이 타겟에 해당하는 총인구는 약 320만명인데 유튜브에서는 약 260만명이 시청을 한다고 주장합니다. CPV가 160원이라면 4억원의 예산을 투여하면 250만회를 확보할 수 있으니 어쩌면 대부분 보여줄 수 있다고 생각할 수도 있겠지만, 문제는 사람들이 광고를 꼭 한 번만 보는 건 아니라는 점입니다.

앞서 설명한 Frequency (중복 노출)는 우리 광고를 본 사람들은 평균 얼마나 반복해서 봤는지를 측정하는 수치인데요, 이게 유튜브가 TV 매체 대비 '상당히' 높은 편입니다. 여기서 Frequency를 저의 경험상 보수적으로 잡아서 4라고 보면 250만 조회수 = 해당 유튜브 총 유저 중 25%인 62만5천

명 조회가 됩니다.[11]

유튜브는 우리나라 총 인구의 대략 80%가 시청을 한다고 주장합니다. 그리고 CPRP (광고 시청율 1%를 얻기 위해 지불하는 비용)이 60만원 이내로 지상파 대비 ¼ 수준이라고 설명하기 때문에 분명 저렴한 것은 맞습니다만, 4억원을 투자해서 62만명을 얻고 여기서 다시 매출이 얼마나 일어날 것인가를 고려해보면 온라인 광고를 모든 것이 이루어지는 도깨비 방망이처럼 여길 일은 아니라고 생각됩니다.

---

[11] 유튜브는 기본적으로 구글 로그인 기반이기지만 로그인 하지 않고 보는 시청수는 IP등을 통해 인식한다고 합니다. 따라서 여기서도 정확히 이 숫자는 구글 ID의 개수와 추정한 IP의 숫자를 포함한 것이지만 판단의 편의를 위해 "명"으로 봐도 크게 무리가 없어 보입니다.

슬기로운 이야기 | 온라인 매체 제안서 읽는 법

검색만 해도 알 수 있는 제안서에 나오는 기본적인 용어 말고, 제안서를 받았을 때 주의 깊게 고려해야하는 사항들은 아래와 같습니다.

1. Impression과 CPM (Cost Per Mile)

일부 대행사에서는 투여한 예산 대비 매우 높은 수백만에서 수천만회에 이르는 Impression을 설명하면서 '노출'이라고 설명합니다. 하지만 이건 소비자가 우리 광고를 봤다는 의미보다는 유튜브나 페이스북 같은 매체사에서 우리 광고 신호를 쏜 횟수에 불과하며 실제로 우리 광고를 '시청'한 숫자는 View 라는 개념으로 따로 나옵니다.

미디어렙과 매체사에서 단지 신호에 불과한 Impression을 강조하는 것은 우선 숫자가 크기 때문에 효과가 좋다는 인상을 주고, 매체사 입장에서 광고 예산을 놓고 책임져야 하는 숫자이기 때문입니다.

그래서 광고주 입장에서는 Impression을 매체별 비용 대비 노출이 얼마나 다른지를 비교하기 위한 개념인 CPM (Cost Per Mile, 1000 노출 당 비용)을 계산하기 위한 용도로 이해하는 것이 맞습니다. 즉 'A매체는 CPM이 1만 5천원인데 B매체는 1만 2천원이니 B매체가 저렴하다' 이렇게 이해하는 용도라는 뜻입니다.

2. Click / CTR(Click Through Rate)

CTR은 전체 Impression에서 몇 번 클릭이 이루어지는지를 계산하는 클릭률입니다. 광고에서 클릭을 통해 자세한 상품 정보 혹은 구매와 설치 등의 Interaction 이 필요한 경우에 중요한 기준입니다. 유튜브 광고보다는 네이버나 페이스북 같은 경우가 유저들이 보고 클릭하는 비율이 높긴 하지만, 이 부분은 사실 광고의 Creative와 밀접하게 관계가 있습니다. 보통 제안서에서 보는 클릭율은 크리에이티브[12]를 보지 않고 미디어렙에서 일반적인 평균치를 낸 것이며 저 개인적으로는 재미있는 Creative로 예상 평균 클릭율의 70배까지 기록한 경우도 있습니다.

3. View / VTR (View Through Rate)

동영상 광고의 경우 광고 시청을 끝까지 혹은 30초 이상 했을 경우에 광고 시청이 완료된 것으로 간주하는데 이때 비로소 1회의 View(시청)이 이루어진 것입니다. 실제 우리 광고를 본 시청자의 숫자는 당연히 Impression이 아닌 View 숫자에서 중복을 제외한 숫자로 보아야 합니다. VTR은 전체 Impression 중에서 이렇게 중간에 Skip 혹은 백스페이스를 누르고 시청을 중단하지 않은 경우의 비율입니다. VTR 역시 Creative와 밀접한 관계가 있으며 업종, 타겟 연령층에 따라서 차이가 좀 큰 편인데 가령 패션과 코스메틱 같은 경우, 그리고 나이가 젊을 수록 광고를 VTR이 높습니다.

중복 비율인 Frequency를 계산하는 방법은 유튜브의 경우에는 광고를 관리 설정하는 애드워즈 화면에서 '쿠키당 평균 조회 빈도'를 보면 되는데 요 수치는 View가 아닌 Impression 기준 빈도수 이기 때문에 근사치로 해석해야 합니다. 거기에 구글에서 매월을 캠페인 기준으로 삼는데 3개월을 했다고 해서 3개월 통합의 자료를 제공해주지 않는 점도 한계가 있습니다.

---

12 Creative는 광고 업계에서는 매체에 전달할 광고 소재인 광고표현물을 의미하고 다른 경우에는 광고 제작팀을 뜻합니다.

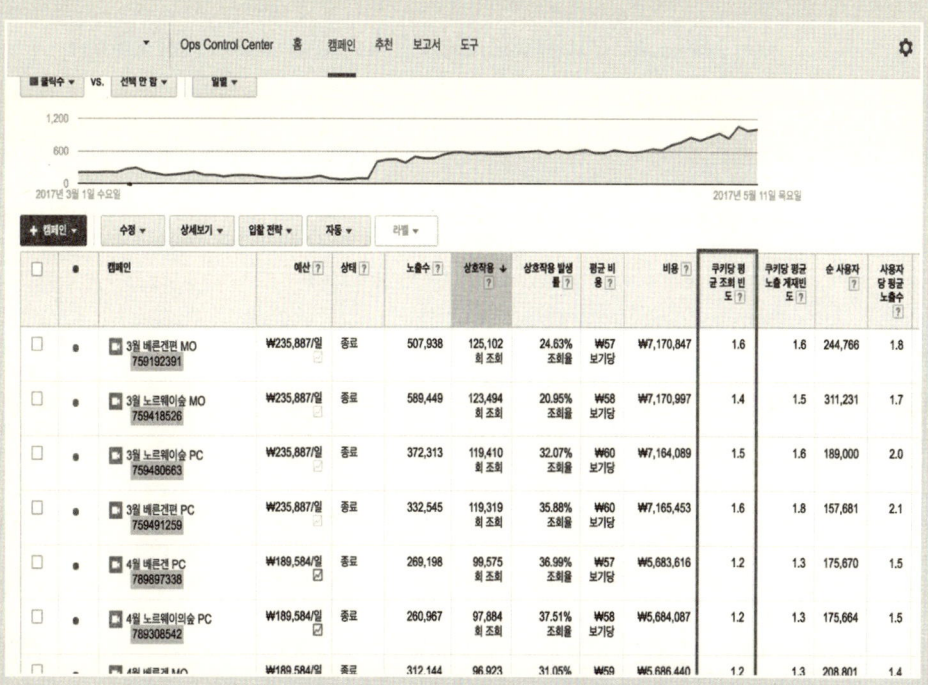

그림 3 유튜브 애드워즈 리포트 계정 사례 - 쿠키당 평균 조회 빈도

집행 후에 좀더 정확하게 보는 방법은 Unique Reach Report를 요청해서 계산해보는 건데 이 부분은 이후에 설명하겠습니다.

참고로 지상파TV를 집행하면 우리 광고를 본 사람이 얼마나 반복해서 보았는지를 나타내는 Frequency를 제공하는 데 온라인 광고의 집행 후 리포트를 보면 그런 데이터가 거의 없습니다. 그 이유는 로그인 베이스로 하지 않는 매체들의 경우에는 신호를 쏠 뿐 어떤 ID나 IP가 얼마나 자주 보았는지를 추적할 수 있는 방법이 없기 때문입니다. 온라인 광고가 과학적이긴 하지만, 실제로는 꼭 그렇게 타겟팅이 정확하거나 모든 경우에 측정이 가능한 건 아닌 셈입니다.

슬기로운 이야기 — 대행사가 먼저 말해주지 않는 유튜브 광고의 팁

많은 경우 광고주 내부에서 '얼마나 싸게 했는지'만을 강조하기 때문에 대부분의 매체대행사는 CPV(Cost Per View)를 가장 신경 씁니다. 그래서 상대적으로 다른 부분에 소홀할 수 있는데 다음 세 가지는 구글에서 공짜로 제공해주지만 대부분의 매체대행사에 이야기 안 하면 잘 안해주는 것들입니다.

1. 'Cap'을 씌워주세요!

캡이란 유튜브에서 Impression과 View를 한 데이타베이스를 축적하는 것을 의미합니다.

보통 매체대행사에서는 이야기하지 않으면 안 하는데, 캠페인을 시작하면서 캡을 씌우게 되면 매달 우리 광고에 노출된 타겟의 정보를 갖게 됩니다. 이렇게 축적된 정보를 갖고 할 수 있는 중요한 일은 바로 아래처럼 다음 달에 노출될 타겟 중에 이미 노출된 타겟을 제외할 수 있다는 점입니다.

2. 중복 노출을 제외해 주세요

유튜브와 페이스북은 매체의 특성상 다른 매체에 비해 Frequency가 높습니다. 중복 노출이 높다는 것은 '본 사람만 계속 볼' 가능성이 높다는 것입니다. 만일 당신의 캠페인이 2개월 이상 집행된다면, 첫 달 첫 시작부터 Cap을 씌우면 그 다음 달부터는 첫째 달에 노출된 사람들을 제외한 나머지 새로운 타겟에게만 노출을 진행할 수 있습니다. 같은 예산을 쓰더라도 본 사람만 보는게 아니라 새로운 사람에게 좀더 우리 광고를 노출해서 광고 도달율을 높일 수 있는 방법입니다.

3. 브랜드 리프트 (Brand Lift)를 설정해 주세요

유튜브를 보다가 가끔 소비자 조사를 하는 화면이 뜨는 것을 보신 적이 있을 겁니다. 그게 브랜드 리프트라는 건데, 일정 금액 이상 유튜브 광고를 하면 무료로 제공합니다. 여러 개를 질문할 수 있는 건 아닙니다만 이 조사의 장점은 무료로 상당히 많은 샘플에 조사를 진행할 수 있다는 점입니다. 예를 들어 브랜드 인지도나 광고 인지도 같이 단순한 지표의 경우에는 상당히 시사점이 있는 숫자를 얻을 수 있고 무엇보다 무료니까 시작하기 전에 반드시 조사가 가능한지 확인해 보세요.

4. 예상 Reach와 Frequency를 주세요

만일 같은 동영상 광고 소재로 공중파TV를 한다면 대행사 매체팀에서는 기본적으로는 예상 Reach와 Frequency, GRP와 CPRP의 4가지를 제공합니다. 하지만 온라인 매체대행사들의 경우에는 GRP에 해당하는 예상 View와 CPRP에 해당하는 예상 CPV만 제공합니다.

앞서 설명한대로 Reach와 Frequency를 알아야 유튜브에 투자한 금액이 부족한지 아니면 충분한지를 알 수 있고 유튜브 외 다른 매체와 비교가 가능합니다. 그런데 유튜브의 경우에는 구글에 직접 문의하면 예상 Reach와 Frequency 데이타를 제공합니다. 월별로만 되어 있고 통합적으로 나오지 않지만 이 부분은 통합 금액으로 한 번 더 문의하면 대략의 추정치라도 알 수 있습니다.

5. 집행 후 Unique Reach Report를 주세요

구글에 요청을 하면 Unique Reach Report 라는 것도 받아볼 수 있습니다.

이 건 Skip 버튼을 누르기 전 (5초전까지) Impression 기준으로 중복을 제외하고 얼마나 신호가 나갔는지에 대한 Report입니다. 이 리포트를 만들면서 구글에 요청하면 Reach 1+ 숫자도 파악할 수 있습니다. 과거 스코노 브랜드 광고를 하면서 구글에서 받은 자료입니다.

Unique reach report
Campaign dates: 2/1/17 to 4/18/17

You reached 2,775,754 unique users with an average frequency of 3.9 with your investment of ₩79,648,960.
2,026,400 people were reached exclusively on mobile (mobile+tablet) devices, which is 73% of your overall reach.

Overview

	Unique reach		Ad delivery			Cost
	Users reached	Freq	Impressions	Interaction Type	Interactions	Cost
Trueview Discovery ads	1,064,027	5.1	5,402,608	Views	138,551	KRW5,101,179.00
Trueview in-stream ads	1,828,334	3.0	5,547,588	Views	1,352,514	KRW74,547,781.00
All ad formats	**2,775,754**	**3.9**	**10,950,196**	**N/A**	**N/A**	**KRW79,648,960.00**

그림 4 구글에서 받은 Unique Reach Report 사례

위 리포트를 보면 Impression 기준으로 2,775,754 명에 광고가 도달된 것으로 나타납니다. 여기에 해당 기간 중 평균 VTR을 넣으면 대략으로나마 우리 광고를 30초 이상 본 타겟의 숫자가 나오겠지요.

2-2-4 라디오 광고

지상파TV나 케이블TV의 경우 매체비도 비싸지만 특히 동영상 광고 소재를 만드는 제작비가 비싸서 엄두를 못 내는 경우가 많이 있습니다. 이럴 때 타겟이 경제활동을 하는 직장인인 경우, 대안으로 추천하는 매체가 라디오 매체입니다.

라디오를 듣는 사람은 예전에 비해 많이 줄어들었지만, 여전히 차량으로 출퇴근을 하거나 낮에 버스나 택시를 타면서 청취하는 경우가 많고, 무엇보다도 제작비가 동영상 광고 대비 저렴하면서 전국적인 Coverage가 가능한 매체이기 때문입니다.

라디오도 역시 인기 프로그램에 비인기 시간대를 섞어서 판매하는 패키지 판매를 하는데, 청취율이 높은 출퇴근 시간대가 6~7천만원대로 제일 비싸고 낮시간대 인기 프로그램들이 3천~5천만원 정도에 판매됩니다.

라디오는 습관적인 청취를 하기 때문에 듣던 채널을 잘 안 바꾸는 경향이 있습니다. 예전에는 전통의 강자 MBC 표준FM이 가장 청취율이 높았는데 요즘에는 주춤하면서 SBS나 CBS 라디오가 두각을 나타내고 있습니다.

이렇게 라디오 광고를 진행한다면 월 1~3천만원 수준으로도 전국권으로 진행할 수 있으며 2~3개월 운행한다고 하면 1억원미만의 금액으로도 집행이 가능합니다. 라디오의 또다른 장점은 '너네 광고 들었다'는 피드백이 경제활동을 하는 남성 30대 이상층이라면 매우 빠르다는 점인데 MBC 라디오의 출퇴근 시간대 광고를 2개월, 낮시간대를 1~2개월 집행할 경우 라디오 청취층을 대상으로 가장 빨리 가장 넓게 집행이 가능한 경우라고 볼 수 있습니다.

다만 이 경우에도 라디오의 매체 접촉률 자체가 낮기 때문에 한정된 청취자 외에는 넓은 인지도를 얻을 수 없고 Visual 없이 Audio 로만 광고의 자극이 이루어지기 때문에 제품에 따라 적합하지 않을 수 있다는 약점이 있습니다.

참고로 공중파TV 뿐 아니라 라디오도 Spot 혹은 Station Break 라는 광고 시간대가 있는데 전국에 방송되는 프로그램의 광고 시간대를 사면 제공 자막과 함께 전국에 방송이 되는데 이런 전국권 시간대 사이에 각 지역에만 나가는 지역 광고 시간대입니다. 미디어 랩사들이 정확하게 광고 시간대의 원가를 공개하지는 않지만 청취율/시청율을 기반으로 광고 원가를 제시하는데, 라디오의 경우 전국민의 절반이 듣는 수도권의 Spot 광고가 가성비가 높아서 매우 인기가 있습니다.

슬기로운 이야기 광고 심의

광고 매체와 산업에 따라 집행전에 사전 심의가 필요한 경우가 있습니다.

우선 매체로 보면 지상파TV와 라디오의 경우에는 한국방송협회 심의실에서 사전 심의를 받아야 합니다. 궁금한 점이나 걱정되는 부분들에 대해 사전에 물어볼 수는 있지만 기본적으로는 제작을 모두 마친 후에 파일을 올리고 그 제작물을 대상으로 심의를 받을 수 있습니다. 만일 이 심의실에서 '방송가' 심의 결과를 내리지 않으면 지상파에서는 광고를 내보낼 수 없습니다.

사실 전세계적으로 이런 방송 전 사전 광고심의를 하는 곳은 거의 없는 것으로 알고 있습니다. 실제 제가 과거 현대자동차의 외국대상 수출 광고를 진행했을 때 담당지역이 중동과 동유럽이었는데 그 어떤 나라에서도 사전에 별도의 심의를 받는 경우는 없었고 각 매체사가 판단해서 광고를 받을지 말 지를 결정했습니다.

제가 광고를 처음 시작했을 때에는 '한국방송광고자율심의기구'가 독립된 기구로 따로 있었는데 2008년에 헌법재판소로부터 헌법이 금지하는 사전검열에 해당한다는 이유로 위헌판결을 받았습니다. 그 이후 잠시 방송국이 자체 심의를 받는 등 잠시 혼란기가 있다가 한국방송협회에 방송 3사가 심의를 위탁하는 형식으로 심의실이 다시 만들어졌습니다.

우리나라에서 이런 사전 심의를 받아야 하는 이유는 우리나라는 지상파와 종편 방송국이 방송통신위원회로부터 일정 기간마다 재허가를 받아야 하는데 심사 과정에서는 방송국에서 제작한 프로그램이나 뉴스뿐 아니라 허위나 과장 광고가 문제가 될 경우에도 감점 요소로 작용하기 때문입니다. 공중파방송 뿐 아니라, 다른 매체에서도 기본적으로 잘못된 광고 등이 나갈 경우에는 광고를 만든 광고주만 문제가 되는 것이 아니라 그 광고를 내보낸 매체사도 책임을 지게 되어 있습니다.

광고대행사에서는 이런 심의를 많이 경험했기 때문에 처음 시안을 제시할 때부터 '이 부분은 심의실에서 문제를 삼을 수도 있으니 그 경우 대안은 이렇습니다' 라고 이야기를 해줄 것입니다. 우리나라의 사전 심의에 익숙하지 않은 외국 광고주가 저에게 '만일 심의 때문에 새로 촬영을 해야 한다면 그 비용은 누가 내냐?' 라고 물어본 적이 있었는데 실제로 TV 광고에서 재촬영까지 하는 경우는 거의 없고 대부분 나레이션과 자막을 수정하는 정도에서 진행이 됩니다.

다만 모든 심의 규정이 명확한 것은 아니고 심의실에서도 실제 제작하지 않은 시안을 갖고 최종적인 의견을 줄 수는 없기 때문에 결국 제작 후 심의가 문제가 되는 경우가 종종 발생하는데 이렇게 문제가 되는 경우는 결국 광고대행사에서 좀더 크리에이티브 하고 재미있는 광고를 만들기 위해 고민하다가 발생하는 문제입니다. 아예 그런 욕심이 없으면 그냥 심의에 문제가 없는 안전한 시안을 만들면 되니까요.

가령 '최고', '1위', '더 나은'과 같은 최상급 혹은 비교급의 표현은 당연히 광고 효과가 있으니 광고대행사나 광고주 입장에서는 쓰고 싶어하지만 심의실에서도 매우 엄격하게 객관적인 증거를 요구합니다. 저는 이런 경우 입증 자료를 광고주와 같이 외국에 요청을 해서 받은 적도 있고, 아예 돈을 들여서 사전에 전문 기관에서 실험 증명서를 받자고 설득한 적도 있습니다.

반면 제가 아직까지 심의 결과를 잘 이해하지 못하는 사례도 있습니다. 어린이를 상업 광고에 등장시키는 경우에는 심의 규정상 상업적으로 사용되지 않도록 그 어린이가 '상업문'을 읽으면 안됩니다. 문제는 '상업문' 이라고 모호하게 규정이 되어 있어서 보통은 브랜드명이나 제품의 특장점, '사주세요' 등을 이야기하면 안되는 것으로 이해를 합니다.

그런데 저희가 만든 라디오 광고에서 브랜드명이 아닌 일반 명사를 말했는데도 심의실에서는 전체 심의까지 올라가서 결국 '상업적 이용으로 방송 불가' 라는 결과가 나왔습니다. '모 보일러 광고에서 어린이가 '콘덴싱' 이라는 브랜드명 혹은 일반 명사를 이야기하는 건 되고 왜 우리는 안되냐?' 라고 항의했지만 소용이 없더군요. 결국 그 라디오 광고는 어린이 목소리를 기가 막히게 잘 내는 성인 성우를 통해 녹음하고 그 성우의 신분증을 제출해서 원래 카피대로 진행이 되었습니다. (이것도 좀 이상하죠)

이렇게 심의규정이나 심의실의 결정이 항상 명확하게 예측 가능한 것은 아니기 때문에 광고주 입장에서는 보다 나은 광고 효과를 위해 노력하는 광고대행사를 믿고 같이 입증 자료 등을 만들기 위해 노력하고 만일 심의에 걸릴 경우에는 다른 대안을 찾는 게 가장 좋은 방법입니다.

이렇게 까다롭긴 하지만 그래도 방송협회의 심의필증을 받으면 지상파 외 케이블TV나 종편 등 다른 매체에서도 아무런 문제없이 방송이 가능하기 때문에 기왕이면 방송협회 심의를 받는 것을 권장합니다.

그 외 증권업이나 의료 기기, 저축은행 등 일부 산업에서는 업계 자율 결의의 형식으로 각 업계 협회에서 광고 심의를 받아야 광고 집행이 가능한 경우들이 꽤 있습니다. 제 경험상으로는 이런 협회 심의가 방송협회 심의기준보다 까다로운 경우가 많이 있기 때문에 이런 심의를 거쳐야할 경우에는 제작 전 카피와 스토리 보드 등으로 먼저 심의실의 의견을 구하는 것이 바람직 합니다.

그리고 종종 유튜브 등의 목적으로 찍은 동영상을 TV광고 소재로 쓸 수 없느냐는 문의도 받는데요, 우선 광고로서의 효과는 둘째 치더라도 TV광고 영상으로 쓰려면 지금 설명한 대로 방송협회 심의를 받아야 합니다. 동시에 TV 소재로 쓸 수 있는 포맷과 퀄러티, 편집 녹음 등이 되어 있어야 하는데, 이게 생각보다 잘 되지 않는 경우가 많아서 진행이 어려운 경우가 대부분입니다.[13]

---

13 방송광고 소재 규격은 방송협회 심의실의 자료실에 "KODEX_CM_PRODUCT GUIDE"라는 제목의 PDF 파일이 올라와 있으니 참고하시기 바랍니다.

2-2-5 신문 광고

제가 광고를 처음 시작하던 20세기 말에 우스개 소리로 '대한민국은 '조선공화국'이다'라는 말을 매체 바이어 선배로부터 들은 적이 있습니다. 그만큼 조선일보 광고의 영향력이 막강했다는 거죠. 정치적으로는 모르겠지만 광고 매체로서 신문과 잡지의 영향력은 20년 사이에 매우 낮아져서 광고대행사에서 인쇄 광고 만드는 경우도 매우 줄어들었습니다.

하지만 여전히 부동산이나 기업PR, 건강식품 등 신문 광고를 활용하는 업종들이 있습니다. 대부분 타겟이 고연령층이거나 경제적으로 부유하거나 혹은 매체의 신뢰성이 필요하고 정보 전달이 필요한 경우입니다. 또다른 신문 매체의 장점은 동영상 광고 제작비 대비 저렴한 제작비로 전국적인 Coverage의 광고를 바로 필요할 때마다 집행할 수 있다는 점입니다.

신문 광고 쪽은 솔직히 단가가 어느 쪽하고 일을 하느냐에 따라 천차만별입니다. 매체사에서는 영향력은 줄었지만 과거의 단가를 기준으로 줄이고 싶어하지 않고, 대행사 역시 매체사와의 관계를 고려해서 적극적으로 할인하지 않습니다.

제가 아는 바로 가장 저렴하게 하는 방법은 신문 지국의 영업사원들을 통하는 방법입니다. 신문사 전단 광고를 만드는 곳에서 광고 영업을 하는 경우도 봤습니다. 이 경우 분명 좀더 저렴하게 광고를 할 수 있지만 경우에 따라 광고대행사 커미션을 주지 않는 조건 혹은 선지급 조건인 경우들이 많이 있으니 이를 알아보고 청약을 해야 합니다.

가장 최근 제 경험으로는 2018년에 기존 집행 기준 단가가 없는 신규 광고주라면 내지 컬러 9단 21cm 기준으로 메이저 신문들의 경우 1천만원 내외로, 경제신문들은 5백만원 내외로 집행을 해봤습니다. 신문 광고의 가격은 단가 X cm X 단수 로 계산합니다. 가령 3만원 단가의 9단 21cm 광고를 하면 30,000원 X 9 X 21 = 5,670,000원입니다.

앞서 이야기 한대로 신문 매체의 장점이 필요한 일부 경우를 제외하고 사실상 인쇄 매체로 특히 신규 브랜드의 인지도를 높이는 점은 가능성이 낮다고 봐야할 겁니다. 그리고 일부 매체 진행을 할 경우 진행에서 빠진 다른 신문 매체에서 영업사원의 방문 혹은 부정적인 기사 노출 등 매우 적극적인 영업 공세가 들어올 가능성이 높다는 점도 집행에서 고려해야할 사항입니다.

2-2-6 옥외 광고

옥외 광고는 흔히 거리에서 볼 수 있는 큰 건물의 옥상에 있는 옥탑 광고, LED 전광판 광고부터, 버스 정거장이나 버스 외부 광고, 지하철 역사 광고나 스크린 도어 광고 등의 광고 등 매우 광범위한 광고를 의미합니다.

간혹 부족한 예산을 쪼개서 처음 광고를 하면서 옥외 광고를 선택하는 경우를 종종 봅니다. 광고주 자신의 경험을 너무 일반화해서 다른 사람들도 그럴 거라고 확대하거나, 옥외 광고를 하는 지인의 추천을 받고 진행하는 경우입니다.

저는 Coverage가 일정 지역에 한정된 음식점이나 유통 채널이 아니라면 옥외 광고는 전국적인 Coverage가 필요한 브랜드에게는 보조적인 매체라고 말씀드립니다. 공중파TV 혹은 온라인 광고 등을 통한 보다 저렴하고 빠르고 넓은 브랜드 인지도의 확대가 주력이고, 옥외 매체는 거기에 좀더 경험을 풍부하게 해주는 보조적인 역할 혹은 초기 Booming Up을 위한 바람잡이 매체의 역할을 한다는 의미입니다. 물론 성형외과나 주류, 담배 광고처럼 매체의 선택 자체가 제한적인 경우에는 옥외 광고를 그 대안으로 고려할 수 있습니다.

최근에는 스마트폰 때문에 지하철 내부나 버스 내부 광고, 그리고 일부 옥외 광고까지 인기가 떨어지고 있는 반면, 야구장 광고와 버스 정거장, 지하철 스크린도어 광고 등은 여전히 인기가 높습니다.

옥외 광고를 진행할 때에는 대부분 최소 수량 혹은 최소 계약 기간이 존재하는 경우가 많고 추가적인 제작비가 발생하는 경우가 많다는 점에 유의해야 합니다. 가령 옥탑 광고들은 보통 연단위 계약을 하는 경우들이 많고, 이마트 등 할인점 내부 와이드칼라 광고들은 보통 2~3개월을 최소 계약 기간으로, 쇼핑카드 광고는 최소 계약 대수가 100대 이상입니다.

또다른 옥외광고의 유의 사항은 매체 특성상 실제 집행이 잘 되고 있는지 모니터링 하는 것이 어렵다는 점입니다. 예를 들어 버스 외부 광고를 하면 계약 대로 광고 부착이 되었다는 '게첨보고서'를 받지만 이후 운행 과정에서 사고나 관리상의 실수가 발생했던 사례들이 종종 있었습니다.

옥외광고는 워낙 광범위해서 여기서 따로 설명 드리기는 어렵고 검색을 통해서 지하철이나 버스 외부 광고나 영화 광고 등은 쉽게 파악이 되지만 옥외 LED 나 공항 매체 같은 경우는 검색을 통해서 파악하기 보다는 광고대행사의 추천을 받아서 진행하는 것이 좀더 유리할 것입니다.

이러한 옥외 광고의 특성 때문에 저는 제한된 예산으로 브랜드 인지도를 높여야 하는 광고주들에게 옥외광고를 선뜻 추천하는 경우는 거의 없습니다. 하더라도 온라인과 연계한 IMC 캠페인의 일환으로 진행하는 것을 추천하는 편입니다.

2-2-7 SNS / 온라인 바이럴 마케팅

사실 SNS 운영과 온라인 바이럴 (Viral) 마케팅이야말로 가장 많은 광고주들이 가장 먼저 해야 할 광고로 손꼽는 영역이 아닐까 싶습니다. 신문 기사를 조금만 찾아봐도 SNS에서 마케팅 비용 없이 입소문으로 인기를 끌어서 성공한 브랜드의 소식을 쉽게 찾을 수 있습니다.

하지만 이 광고 영역 역시 맨 처음 제가 말씀드린 '브랜드의 인지도가 투자 비용에 정직하게 정비례 한다'는 경험칙에서 전혀 벗어나지 않는다고 자신 있게 말씀드릴 수 있습니다. 저렴해서 아무나 할 수 있는데 아무나 성공할 수 있는 게 어디 있겠습니까?

그래도 시작할 수 있는 최소 비용이 가장 적어서 진입장벽이 낮은 점, 그리고 역시 제한된 예산으로 최소 예산 없이 마케팅과 광고를 진행할 수 있으며, 대부분의 온라인 광고에서 반드시 있어야 하는 플랫폼 역할을 한다는 점에서 분명 SNS와 온라인 바이럴 마케팅은 이 책에서는 제일 마지막에 소개하지만 대부분의 광고주들에게 제일 먼저 고려해야할 매체임에는 분명합니다.

SNS 운영은 인스타그램과 페이스북에서 컨텐츠를 만들어 업로드 하고 이벤트 등을 하면서 팔로워(Follower) 등을 모으는 마케팅입니다. 대행사를 고용하면 이런 일련의 운영을 모두 대행해주면서 '월 몇 회' 기준으로 컨텐츠를 올리는 업무량에 따라 월 500~1500만원 사이의 비용을 청구합니다. 여기에 추가되는 비용에는 우선 컨텐츠 제작 비용이 있습니다. 페이스북만 하더라도 단순한 텍스트보다는 웹툰이나 그래픽 컨텐츠가 좀더 주목도가 높고, 몇 해전부터는 반응이 좋은 동영상 컨텐츠도 활용을 하는데, 이런 경우에는 비용이 당연히 올라갑니다. 특히 인스타그램의 경우에는 '사진빨'이 제일 중요한데, 음식 사진 등을 찍어서 올리는 경우에는 이런 컨텐츠 제작 비용에만 역시 업무량과 외주 인력 구성에 따라 월 300~1,000만원까지 투자해야 합니다.

그리고 컨텐츠만 잘 만들었다고 페이스북과 인스타그램에 팔로워들이 오는 건 아닙니다. 기업 페이지들은 특히 올린 컨텐츠를 바탕으로 광고를 해야 노출이 원활해지고 팔로워가 증가합니다. 이런 경우 보통 월 100~200만원 사이를 광고비로 책정하는데, 당연히 팔로워를 빨리 올리고 싶으면 광고비를 올리면 됩니다.

추가로 팔로워를 빨리 늘리는 방법은 바로 선물을 나눠주는 이벤트 프로모션을 하는 겁니다. 사실 SNS 운영과 바이럴 마케팅의 기본 매커니즘은 이런 이벤트 프로모션과 유명 Influencer 활용 마케팅입니다. 스타벅스 아메리카노나 바나나우유 기프티콘, 모바일 문화 상품권, 모바일 편의점 상품권 같은 경품들이 반응도 좋고 실제 당첨 후 전달에도 용이하기 때문에 많이 쓰입니다. 역시 이런 경품 비용도 월 100~200만원 정도 추가됩니다.

유명 Influencer 활용 마케팅은 네이버 블로그나 인스타그램, 페이스북에서 팔로워가 많은 Influencer에게 우리 제품을 제공하고 후기 등을 올리게 하는 것입니다. 꼭 SNS 채널이나 홈페이지가 없어도 진행은 가능하지만 인플루언서의 SNS에서 제품 후기를 확인하고 해당 SNS에서 추가적인 정보를 확인하는 경우가 많기 때문에, 그 때 관련한 컨텐츠들이 잘 준비된 SNS 채널을 보여줄 수 있도록 이런 인플루언서 마케팅 전에 SNS 채널과 홈페이지 등을 준비하는 것이 바람직합니다. 인플루언서 마케팅의 비용은 팔로워가 얼마나 있는지에 따라서 다른데, 인스타그램에서 팔로워 3만명 이상인 인플루언서 섭외 비용은 대략 회당 30~ 40만원 수준입니다. 여기에는 인플루언서에게 직접 지급하는 비용 외에 바이럴 대행사에 섭외와 제품 발송, 컨텐츠 제작 시 협의하고 비용 정산 등을 관리하는 비용까지 포함되어 있습니다.

네이버 블로그 마케팅은 위에 설명한 대로 인플루언서인 파워 블로거를 통해 후기 등을 포스팅하는 것 외에 일반 소비자가 네이버에서 관련 검색어로 검색했을 때 광고주가 만든 컨텐츠가 네이버의 검색 알고리즘을 통해 상위에 노출되도록 파악하고 진행하는 마케팅과, 노출을 원하는 키워드를 선정하여 인위적인 작업을 통해 네이버 검색시 상위에 노출을 고정시키는 마케팅까지 크게 세 종류로 나뉩니다.[14]

네이버 공식 기업 블로그 운영시에는 보통 월 800~1500만원 정도 소요되고 여기에는 블로그 컨텐츠를 월별로 정한 횟수만큼 만들고 업로드하며 블로그가 검색에 최적화되도록 관리하는 비용까지 모두 포함됩니다.

SNS 운영을 대행사에 맡긴다면 1~2개월 하는게 아니라 적어도 1년 이상 연간 계약을 맺고 진행하는 것이 바람직하고 실제 그렇게 많이 운영됩니다. 따라서 위에 이야기 한 SNS 운영 비용에 컨텐츠 제작비, 광고비, 경품비, 인플루언서 마케팅 비용까지 포함한 연간 예산을 염두에 두고 운영을 해야 합니다.

---

14 네이버는 인위적으로 검색 결과를 조작하는 행위를 어뷰징 (Abusing) 혹은 저품질 블로그로 지정하고 매우 엄격하게 단속하고 있습니다.

<u>광고대행사를</u>

<u>꼭</u>

<u>써야 합니까?</u>

3

광고대행사를

꼭

써야 합니까?

앞에 설명한 것처럼 사실 가장 중요한 것은 어떤 매체를 쓸 것인가가 아니라 어떻게 경쟁할 것인가 하는 경쟁 전략입니다.

제가 생각하는 경쟁 전략이라는 건 쉽게 말해서 차별화된 우리의 메시지를 결정해서 현재의 자원으로 그 메시지가 가장 잘 먹힐 세분 시장 (Segmentation)을 고르는 것입니다. 그리고 그렇게 세분 시장에 접근하는 우리의 노력을 일관성 있게 느껴지도록 해서 소비자 인식 상의 존재감을 만드는 것이 브랜딩 입니다.

저는 이런 설명에 광고라는 말을 쓰지 않았습니다. 광고가 경쟁 전략을 수립하고 브랜딩으로 수행하는 과정에 반드시 필요한 필요충분 조건이 아니라고 믿기 때문입니다. 사실 전통적인 형식의 광고에 의존하지 않고도 브랜딩에 성공하는 사례들이 과거에도 있었고 지금은 더 많아지고 있습니다.

또한 광고와 소비자 커뮤니케이션을 하더라도 반드시 광고대행사를 고용해야 하는 것은 아닙니다. 가령 미국에서는 광고주 회사 내에 광고 조직을 만드는 인하우스 대행사가 2010년대 들어 다시 늘어나고 있는 추세이기도 합니다. 미국의 경제잡지 포브스는 2018년 9월 기사에서는 '미국내 기업 중 인하우스 대행사를 갖고 있는 비율이 10년 전 48%에서 64%로 늘어나 이러한 추세가 하나의 평균이 되고 있다' 고 보도했습니다.[15]

---

15 포브스 2018년 9월 12일자 "As In-House Agencies Become The Norm, The Opportunities For Outside Agencies Evolve" https://www.forbes.com/sites/willburns/2018/09/12/as-in-house-agencies-become-the-norm-the-opportunities-for-outside-agencies-evolve/#12a2c3c9661c

여기에서 이야기하는 인하우스 대행사라는 것은 제일기획이나 이노션처럼 모(母)회사 물량을 바탕으로 여기에서 나온 잉여 이익으로 비계열 광고주를 개발하는 방식이 아니라, 오직 모(母)회사의 광고 업무만을 전담하는 조직을 의미하는데 국내에서도 배달의 민족 같은 경우가 내부 조직에서 만든 광고 컨텐츠로도 좋은 성과를 내고 있습니다.

그렇다면 광고를 할 때 어떤 대행사를 쓸까 하는 고민 이전에 우선 외부의 광고대행사를 써야 하는지, 아니면 안에서 할 수는 없는지 고민해봐야 할 겁니다.

어느 경영학 원론을 보더라도 이러한 결정에 관해 나오는 간단한 이론은 직접 내부에서 일을 하던 (직접비용, Direct Cost), 혹은 외부에 그 업무를 대리해서 시키든 (대리비용 Agency Cost), 각각의 효용과 비용이 발생한다는 사실입니다.

3-1
직접 비용

가령, 직접 내부에서 하는 경우, 우선 자신의 이윤을 추가하는 외주처 대비 비용 효율성을 기대할 수 있는 장점이 있습니다. 광고에서는 '이 이윤= 수수료 = Commission' 이라고 하는데 전세계적으로 외주비용 혹은 매체 비용의 대략 15%를 청구합니다. 이와 별도로 기획팀 (AE팀)[16]에서 기획을 하고, 제작팀의 카피라이터와 아트디렉터가 아이디어를 내는데 들어가는 기획료 (Planning)도 들어갈 필요가 없습니다.

이러한 외부 커미션이 없는 장점 외에 또다른 장점은 업무 대응이 신속하다는 점입니다. 외부의 광고대행사는 늘 다른 광고주의 업무도 처리해야 하기 때문에 이러한 외부 업무가 없는 내부 인력 대비 신속한 대응이 어렵습니다.

광고대행사의 조직은 기획팀이 보통 2~3명이 1개 Cell, 2~3개 Cell이 한 팀을 이루는 식으로, 제작팀은 카피와 아트가 한 쌍을 이루는 페어제 (Pair) 혹은 카피라이터와 아트디렉터 4~5명이 1명의 CD 밑에서 일하는 팀제로 운영이 됩니다. 어떤 광고주의 업무가 1개 기획팀과 1개 제작팀이 달성해야 할 비용과 수익을 모두 충족할 정도로 크다면 모를까, 그렇지 않으면 각 팀은 여러 광고주를 맡아야 운영이 가능해집니다. 또한 회사나 각 팀 입장에서도 기왕이면 여러 브랜드를 운영해야 한

---

16 AE (Account Executive): 광고대행사 등에서 광고주를 담당하는 영업 및 기획 직군을 의미합니다.

브랜드가 계약 해지를 하더라도 조직 운영에 충격을 적게 줄 수 있습니다.

하지만 내부팀의 경우에는 이럴 필요가 없기 때문에 업무가 발생할 때마다 바로바로 신속한 대응과 합리적인 일정의 조정이 가능해집니다.

동시에 업무의 경험과 일관성 부분 역시 매우 중요합니다. 가령 통신이나 자동차, 금융, FMCG[17] 같은 큰 광고주들은 그 산업 자체의 광고비 규모가 크기 때문에 광고대행사나 그 직원들도 그 업종에서 오랫동안 전문성을 키우고 싶어 합니다. 그래서 광고대행사가 실무 광고담당자보다 더 오랜 경험을 갖고 업무와 브랜드의 일관성을 유지하는 경우도 있습니다. 반면 빅 스몰 광고주들의 경우에는 그 산업 자체도 광고를 많이 활용하지 않거나, 스타트업처럼 아예 완전 새로운 산업을 창조하는 시도를 하는 경우가 많기 때문에, 광고대행사 입장에서 전문성을 쌓을 만한 안정적인 수익을 기대하기 힘들어 결국 자주 교체되는 경우가 발생합니다. 이런 경우라면 내부팀을 통해 외부 광고대행사 혹은 대행사의 담당 직원이 자주 교체되더라도, 계속 일관성 있는 브랜딩을 진행할 수 있습니다. 내부팀이 있는 경우 이런 장점이 있는 반면, 앞서 이야기한 직접비용 역시 동시에 발생합니다.

우선 가장 먼저 발생하는 비용은 내부팀을 정규직으로 채용하여야 하는 고정 비용 (Fixed Cost)입니다. 경영진 입장에서는 업무량과 향후 회사의 사업 방향에 대한 명확한 보장이 없는 상황에서 경력직 직원을 채용하는 것에 대해서 고민을 하지 않을 수 없습니다.

제 경험상 의외로 많이 발생하는 비용은 잘못된 채용입니다. 즉 경영진에서 광고에 대한 경험과 지

---

17 FMCG (Fast Moving Consumer Goods): 보통 세제, 샴푸, 비누와 같이 빨리 소비가 되는 비내구성 소비재를 의미합니다.

식이 없어서 잘못된 기준으로 직원을 선발하거나 선발된 직원의 전문성을 충분히 검증하지 못한 경우, 그리고 내부 승진을 통해서 경험이 없는 직원을 발령내는 경우입니다. 저는 유명 광고대행사의 AP (Account Planner)[18] 출신을 '광고 박사'라고 부르면서 임원으로 채용을 했지만, 실제 실무 업무에서 필요한 매체 관련 지식이나 진행 경험이 전혀 없어서 부하직원 들의 애물단지가 된 경우도 봤었고, PR 대행사[19] 출신을 뽑아서 '비슷한' 광고 업무를 맡기고 나서 '아는 게 없다'고 닦달하는 경우도 봤습니다. 이런 채용의 실패는 경영진의 책임이지만, 정규직원으로 채용하고 나면 알고도 바꾸기가 힘듭니다.

하지만 이보다 더 많은 경우는 '제대로 된 사람을 뽑기 어렵다'는 점입니다. 빅 스몰 광고주들의 경우에는 회사 규모가 작아서 마케팅 및 광고 업무의 TO 자체가 많지도 않고, 그 마저도 연구 개발이나 생산 같은 그 회사에서 중요시하는 핵심 역량이 아닌 경우가 많아서 훌륭한 인재라면 '저 곳에 가서 비전이 있을까?'를 고민할 수밖에 없는 경우가 많습니다.

실제 앞서 포브스 기사에서도 미국 인하우스 대행사들 스스로도 '인재의 폭이 좁고 고용이 어려움(Talent Pool/Recruitment)'와 '최신 트랜드에 뒤짐(Staying abreast of trends)' 를 가장 큰 불리함(Disadvantages) 으로 답했습니다.

---

[18] AP (Account Planner): 외국에서는 주로 소비자 조사를 통해 크리에이티브 아이디어 개발에 도움이 되는 인사이트를 발굴하는 업무를 맡지만, 우리나라에서는 광고주가 맡긴 어려운 브랜드 관련 "숙제"를 AE대신 해결해주거나, 경쟁입찰에서 기획서를 작성하는 업무를 많이 맡습니다.

[19] PR 대행사들은 기자를 상대하는 게 전문이고 광고도 Advertorial (기사식 광고)를 만들기는 하지만 브랜드 광고 전문이라고 보기는 어렵습니다. 즉 홍보와 광고는 전혀 다른 직군이라고 볼 수 있습니다.

3. 광고대행사를 꼭 써야 합니까?

3-2
대리비용

내부팀 대신 외부 전문가를 고용했을 때의 장점은 내부팀의 고용했을 때의 단점입니다.

가령 광고대행사에게 업무를 맡긴다면, 내부 팀 비용이 고정 비용 (Fixed Cost)인데 비해서 회사의 상황과 대행사의 역량 평가에 따라 비용의 조정이 가능한 가변 비용 (Variable Cost)으로 진행이 가능합니다. 물론 외부 대행사의 경우에는 그 회사 자체의 수익도 고려해야 하기 때문에 제 경험상 업무량이 비슷하다면 비용은 일반적으로 높다고 봐야할 겁니다.

하지만 이렇게 높은 비용을 상쇄할 만한 또다른 장점은 바로 시장의 상황이 바뀌거나 대행사의 역량 평가 결과에 따라 전문성을 갖춘 다른 광고대행사로 교체하거나 추가할 수 있는 융통성일 것입니다.

재미있게도 앞서 소개한 포브스 기사에서 미국의 인하우스대행사들이 생각하는 불리함 중 네번째가 'Informality of client relationship', 즉 '계열 광고주들과 너무 비공식적적인 관계가 된다 혹은 가까워진다는 점'이었습니다. 아마도 같은 회사니까 오히려 무리한 요구를 한다는 불평인 것 같습니다. 아마도 우리나라 광고대행사들은 이 점을 외부 광고대행사를 고용했을 때의 장점으로 인식하지 않을까 싶습니다.

하지만 내부 팀 대신 외부 광고대행사를 고용했을 때 당연히 장점만 있는 것은 아닙니다. 외부 광고대행사를 고용했을 때의 비용인 대리비용으로 가장 크게 꼽히는 것은 앞서 설명한 비용이 높다는 점 외에 바로 이익 충돌 (conflict of interests) 문제입니다. 이익 충돌이란 고용한 외부 광고대행사가 광고주의 이익을 위해 행동해야 하지만 자신의 이익을 위해 행동하는 것을 의미합니다.

3-2-1 광고대행사 이익충돌 - '전담팀'

예전에 (지금도) 흔한 이익충돌과 관련한 거짓말은 '전담팀', 즉 오로지 한 광고주의 일만 하는 팀을 두겠다는 것 같은 겁니다.

광고주는 자신의 업무만을 전담할 인원을 원하고 욕심에 눈이 어두운 광고대행사는 전담팀을 운영해주겠다고 파워포인트에 멋있게 조직도를 그려서 제출합니다. 하지만 그 조직도에 있는 '전담 인원'이 그 광고주가 이 대행사와 일을 할 것을 1년 전부터라도 준비해 놓은 인원일까요?

아닙니다. 엄연히 다른 광고주 업무로 돈을 벌어야 하는 인원들이죠. 그래서 그 '전담 인원'은 일이라도 겹칠라치면 '아 지금 병원에 갔다' 혹은 '교육입니다' 라는 식의 변명을 하면서 양다리를 걸치면서 일을 했습니다. 나중에는 전담을 하는 인원이 아니더라도 업무에 아무 지장이 없으니 흐지부지 되지요.

사실 전담팀은 예산 규모가 크면 자연스럽게 됩니다. 광고대행사 직원들이 '이렇게 일이 많아서 수익도 좋은데 다른 일은 못 하겠다'고 조직에 오히려 요구하거든요. 광고 예산 규모가 작을 때, 즉 업무량이 그렇게 크지 않을 때에도 전담팀을 요구하는 것은 광고주 내에서도 사실 임원들이 요구하는 게 아니라 밑에 직원들이 단순히 예전에 그랬다는 이유로, 혹은 윗사람들에게 잘 보이려고 넣는 경우들이 많습니다. 지금도 나라장터에 가보면 1년 단위로 입찰을 갱신해야 해야 하지만 그 1년간 '전담 인원'을 요구하는 입찰제안서들이 수두룩한 것이 반증입니다.

어느 기업이 실제 입찰에 성공할지도 모르고 1년후에는 또 어떻게 될지 모르는 광고주 업무 (그것도 크지 않은)를 위해서 정규직 직원을 미리부터 채용하고 입찰에 들어가겠습니까? 참고로 만일 광고대행사의 어느 팀이 찾아와서 전담을 하겠다고 장담을 한다면, 그 팀은 지금은 현업이 없는 팀일 가능성이 높겠지요. 광고대행사에서는 이런 팀을 개발팀, 예전에는 공부방이라고 했습니다. 보통 입찰만 전문으로 하고 업무 할 때에는 사라지거나, 어떤 이유에서 광고주가 없어져서 그 팀의 운명이 위험한 경우도 있으니, 그 말을 믿기 전에 확인해 보시기 바랍니다.

참고로 각 광고대행사에서 직원 1명을 고용할 때 벌어들여야 하는 금액은 다음과 같이 계산합니다. 회사마다 크게 다를 수 있지만 제가 있던 종합광고대행사들의 경우 보통 직접비와 간접비 비율이 1:1 정도 되었습니다. 만일 전담 인원을 원한다면 그 사람의 연봉에 2를 곱하고 다시 20%의 이윤을 하면 평균적으로 그 광고대행사에서 해당인원을 채용했을 때 기대하는 수익이 됩니다. 만일 5~7년 차의 직원을 원한다면 대략 4000만원으로 잡아도 1억원 정도의 수익을 이 직원이 내야 합니다.

하지만 동시에 전담 직원이 있다고 해서 그 직원 혼자만 그 해당 기관의 일을 하는 것은 아닙니다. 제작팀이나 매체팀도 있어야 할 수 있고 팀으로 일하기 때문에 그 직원을 감독할 상급자와 그 직원으로부터 지시를 받고 같이 보조를 할 직원도 필요합니다.

이렇게 보면 만일 어느 광고주가 광고대행사에 외주비용 빼고 순수한 수익으로만 2억원 이상을 2년 이상 줄 계획이 없다면 '우리 일만 전담할 직원' 같은 건 요구하지 않는 것이 나중에 '갑질' 같은 이슈에 휘말릴 위험까지 생각하면 훨씬 합리적입니다. 그 전담직원 없어도 일하는데 아무런 지장이 없다는 점은 제가 보증할 수 있습니다.

3-2-2 광고대행사 이익충돌 - 매체 수수료

'전담팀'인지 아닌지는 사실 업무에 아무런 해를 끼치지 않습니다. 하지만 실제로 브랜드에 해를 끼치는 이익충돌은 바로 광고대행사가 브랜드의 상황에 맞는 매체를 제안하기 보다는 자신에게 높은 수수료를 주는 매체를 추천하는 '매체 선택'에 있습니다.

이 이슈는 외국에서도 계속 문제가 되고 있지만 우리나라는 좀더 독특한 이유가, 대부분의 경우 광고 매체의 수수료를 광고주가 아닌 매체사가 주는 것으로 거래 형태가 되어 있기 때문입니다.
매체 수수료는 원래 미국에서 전체 매체비의 15%로 시작되었습니다.[20] 지금도 신문과 인쇄 매체의 경우에는 15%로 거래를 많이 합니다. 하지만 이후 매체의 발전과 미디어렙의 출현 등으로 현재 국내에서 통용되는 매체 수수료는 아래와 같습니다.

Figure 1 현재 통용되는 매체별 광고대행사 수수료

수수료	광고대행사	비고
신문, 잡지, 케이블TV	15%	인쇄는 청약 창구에 따라 차이 있음
지상파TV	9.3~12%	한국방송광고진흥공사 (MBC, KBS)와 SBS M&C (SBS)간 차이 있음
라디오	13%	모든 채널 동일
옥외	10%	공식적으로는 10%지만 실제 집행에서는 차이가 심함
네이버 키워드	5%	
네이버 디스플레이	15~20%	
온라인 SMR	15%	
유튜브, 페이스북	20%	매체 자체로는 대행사 수수료 없이 Net 거래지만 광고대행사를 거쳐서 거래시 네이버와 동일하게 통용되는 수수료율임

---

20 애드에이지 2003년 9월 15일 발간 "Commission System" 참고 https://adage.com/article/adage-encyclopedia/commission-system/98405/

매체 수수료는 방송법에 규정되어 있는 지상파 광고를 제외하면 무슨 법적으로 정해진 것이 아니라 당사자간 합의에 의한 상거래 관행이기 때문에 거래 조건에 따라 변경할 수도 있습니다만, 가령 8억원의 금액을 지상파TV에 할 때보다 온라인 광고에 하면 광고대행사는 수수료를 약 80%가량 더 받을 수 있습니다. 또한 같은 온라인 동영상 매체 중에서도 최근 인기 있는 SMR은 다른 매체에 비해서 수수료가 낮기 때문에 광고대행사에서 추천하지 않거나 비중을 줄일 가능성도 있습니다.

옥외 매체의 경우가 가장 투명성이 떨어지는 경우입니다. 옥외 매체들은 같은 매체를 두고도 다수의 매체 판매사가 영업을 하기 때문에 그 판매사에 따라서 광고대행사나 광고주에 할인을 해주는 경우가 많이 있습니다. 저도 옥외 매체를 제안했는데 광고주로부터 '다른 데서는 더 싸게 제안 하던데요?' 라는 난감한 반문을 받은 적이 종종 있습니다.

앞서 이야기 한 대로 신문의 경우에도 역시 비슷하게 일반 광고대행사 단가보다 저렴하게 집행할 수 있는 방법이 있습니다. 다만 이 경우에는 집행 전 선지급을 해야 하거나 광고대행수수료가 없어서 소재를 따로 제작해야 하는 경우가 있다는 점을 유념해야 합니다. 또한 실제 집행을 약속한 지면과 날짜를 어기더라도 이렇게 단발성 거래의 경우에는 항의하기가 어려운 불리한 점도 있긴 합니다.

동시에 광고대행사가 어떤 매체를 추천할 때 단지 매체 수수료만 보는 것도 아닙니다. 그 매체를 운영하고 소재를 만드는데 들어가는 '손' 즉, 투여인원 및 시간도 중요한 고려 요소입니다.

슬기로운 이야기 — 위수탁 거래

우리나라 대부분의 세금계산서에는 '공급하는 자'와 '공급받는 자', 이렇게 2자 간의 거래로 되어 있습니다. 그런데 지상파TV 광고를 하거나, 일부 신문, 온라인 광고 거래를 하면 '위수탁 세금계산서' 라는 걸 받습니다.

가령 지상파TV 광고를 하면 세금계산서 상에 MBC와 KBS를 대리하여 광고시간을 판매하는 한국방송광고진흥공사 (한국방송광고진흥공사)가 '공급하는 자'로 되어 있고 광고주가 '공급받는 자'로 되어 있는데, 여기에 하나 더 '위수탁자' 라는 이름으로 광고대행사 혹은 매체대행사가 들어가 있습니다. 이런 거래를 '위수탁'이라고 하는데, '공급하는 자'가 대금의 수금을 '위수탁자'에게 맡겼다는 의미입니다.

그래서 광고주는 광고대금을 '위수탁자'인 광고대행사에 지급을 하고, 광고대행사는 매체사 혹은 미디어렙에 받은 광고대금을 지급한 후 매체사로부터 '매체의 광고 영업을 대신해줘서 수고했다'는 의미로 자신의 수수료를 지급받습니다. 보통은 광고대금에서 어차피 받을 돈인 자신의 수수료를 떼고 매체사에 지급하지요. 그래서 광고대행사들은 재무제표에서도 매체 관련한 매출에서는 전체 매체비를 매출로 잡지 않고, 보통 15%에 해당하는 수수료 부분만을 자신의 매출로 인식합니다.

이 위수탁 세금계산서는 국세청에서 제공하는 홈택스에서도 발행이 가능한 상법에서 인정되는 상거래인데, 많은 기업들이 처음 접하는 경우가 많아서 내부 회계 처리에 곤란을 겪는 경우를 자주 봅니다. 요즘 많이 쓰는 ERP 시스템 등에 위수탁 거래에 대한 메뉴 자체가 제공되지 않는 경우도 있고, 사내 준법감시 규정에서 자금의 지급을 '공급하는 자' 외에 송금할 수 없도록 해서 곤란해하는 경우도 봤습니다.

제 경험상 인쇄 매체나 온라인 같은 경우에는 2자 계산서로 발행해 달라고 하면 변경해주는 광고대행사들도 있습니다. 이 경우에는 '공급하는 자'가 광고대행사가 되고, 광고대행사는 다시 매체사/미디어렙이 '공급하는 자'가 되는 2자간 세금계산서를 발행하는 구조로 바꾸는 것입니다. 청구 날짜를 조금 변경하는 것도 가능한 경우가 있습니다. (실제로 가능한지는 각 매체사와 광고대행사마다 차이가 있습니다.)

그런데 위수탁세금계산서는 3자의 거래 관계가 국세청에 전송되기 때문에 이렇게 바꾸려면 세 군데가 모두 동의하고 바꿔야 하는데, 한국방송광고진흥공사의 경우에는 지금껏 저도 숱하게 '날짜 좀 바꿔 달라'는 요청을 받아봤지만 단 한번도 변경된 적이 없고 주위에서 바꿔봤다는 이야기를 들어본 적도 없습니다.

지금껏 들은 이유 중 가장 설득력 있는 이유는 한국방송광고진흥공사 역시 MBC, KBS와 매달 동일한 거래 관계를 국세청에 전송해야 하는 데 세 군데 모두 '감사원 감사를 받는 공기업'이기 때문에 '기존에 성립된 상관행 외에 어느 쪽에도 특혜를 줄 수도 없고 어차피 한국방송광고진흥공사만 통해서 진행을 해야 하는데 굳이 바꿔줄 이유도 없기 때문이라고 합니다.

3-2-3 광고대행사 이익충돌 - 투여 인원 및 시간

미리 전제를 하지만, 광고대행사도 당연히 이익 실현을 목적으로 하는 기업이기 때문에 공장이나 설비 같은 고정자산도 거의 없고 비용의 대부분이 인건비인 상황에서 이익을 내기 위해 비용을 조절하는 것은 당연합니다. 하지만 이 것이 업무를 의뢰한 광고주와의 이익상충이 되면 곤란하겠지요.

즉 광고주 브랜드에 유리한 캠페인이나 매체지만 '손이 많이 가서 돈이 안 된다'는 이유로 추천하지 않거나 혹은 '같은 투입 인원으로 더 많은 수익을 올릴 수 있는' 쪽으로 추천하면 안된다는 것입니다.

그러면 대행사 입장에서 손이 많이 가는 매체가 무엇일까요? 정답은 온라인입니다.

지상파TV의 경우 사실 소재를 만들어서 출고를 하고 (방송국에 전달하면) 첫 광고 잘 나오는 거 보면 그 다음부터는 대행사 입장에서 할 게 없습니다. 운영하는 중간에 소재가 변형되는 경우도 없고, 실제 청약한 내용 외에 매체를 조정할 수도 없습니다. 또 매체 집행이 잘 되고 있는지를 확인하려면 그 다음 달에 매체 결과를 뽑아보고 예상치와 경쟁사 등과 비교를 해봐야 알 수가 있고, 이걸 청약 내용을 넘어서 다시 반영하는 것도 잘 안됩니다. 광고를 잘했는지에 대한 소비자들의 반응 역시 소비자 조사를 하지 않는다면, 내 주변 사람들의 의견 외에는 객관적으로 알기가 어렵습니다.

그런데 온라인은 우선 청약 내용을 바꾸는 것이 비교적 쉽습니다. 가령 네이버의 인기 지면 같은 경우에는 중간에 중단하는 게 어렵지만 유튜브나 페이스북 같은 경우에는 중간에 중단시키는 것도 가능하고, 청약한 지면과 타겟팅 등을 바꿀 수도 있습니다. 또 소비자의 반응도 클릭률, 시청률 등을 통해 바로 파악이 가능하기 때문에 카피나 녹음 등 소재를 수정해서 진행하는 것도 용이합니다. 지상파TV와 달리 방송협회 심의 같은 까다로운 절차도 없지요. 그렇다 보니, 제작 수정이 쉬운 배너 광고 등의 경우에는 매일 매일의 소비자 반응을 반영해서 소재를 거의 매일 수정하는 경우도 봤습니다. 즉 지상파TV처럼 출고했다고 모두 끝나는 게 아닌 거죠.

실제 이런 특성이 대행사의 경영 성과에도 아래와 같이 반영됩니다.

국내 10대 광고대행사 중 로컬 회사이면서 해외 광고 실적이 없는 회사인 엘베스트, 오리콤과 과거 옐로우모바일 계열 광고대행사들이 많이 소속되어 있는 퓨처스트림네트워크의 실적을 비교해보면 아래와 같습니다.[21]

Figure 2 종합광고대행사와 온라인광고대행사 간 1인당 취급액 비교

(단위: 1백만원)

	2017년 취급액	Old Media 비중	Digital 비중	1인당 취급액	AE 1인당 취급액
엘베스트	₩102,341	55.05%	15.35%	₩1,706	₩4,264
오리콤	₩161,580	50.83%	10.23%	₩1,616	₩5,386
퓨처스트림네트워크	₩174,296	8.64%	80.65%	₩294	₩1,019

엘베스트와 오리콤은 전파+인쇄+옥외+프로모션 등 Old Media의 비중이 50%가 넘는 전통적인 회사이지만, 퓨처스트림네트워크는 10%도 되지 않고 대신 디지털 미디어의 비중이 80%가 넘습니다. 그런데 1인당 취급액을 보면 Old Media를 주로 하는 대행사들이 디지털 미디어가 주업인 회사보다 5~6배, AE만 따져도 4~5배가 높습니다.

제 생각에 사실 제일 손이 덜 가는 매체는 라디오라고 생각합니다. 우선 기획과 제작을 할 때에도 전체 제작팀이 투여되는 TV와 달리 카피라이터만 투입이 되고, 제작 과정도 녹음실만 가면 되니

---

21 광고계동향 2018년 3,4월호 "2018년 광고회사 현황조사"를 바탕으로 조사하였으나 오리콤의 경우 AE 직원수를 밝히지 않아 "2017년 광고회사 현황조사"에 나온 숫자를 인용하여 작성하였습니다. 취급액은 2017년 기준, 직원수는 2018년 초 조사 당시에 각 회사가 자발적으로 밝힌 숫자입니다.

매우 간단하고 쉽습니다. 반면 라디오를 청약해서 진행하는 매체 과정은 TV와 동일하게 중간에 변경도 잘 안됩니다. 그리고 한달만 하는게 아니라 보통은 2~3개월 간 진행을 하게 되니 라디오 예산이 그렇게 크지 않아서 그렇지 한 건씩 비교를 해보면 대행사 입장에서 수익이 나쁘지 않은 매체입니다.

3-2-4 광고대행사 이익충돌 - 매체 직거래

지금까지는 대행사 입장에서 유리한 선택을 하는 이익충돌이었지만, 이번에는 반대로 불리한 선택을 당하는 경우입니다. 바로 광고주가 매체를 집행할 때 소재를 제작하는 광고대행사를 배제하고 매체사와 직거래하는 경우입니다.

가령, 유튜브나 페이스북 같은 매체들은 '소재만 있다면' 매체 운영 자체는 광고주가 직접 할 수도 있게 되어 있습니다. 또한 옥탑 광고 같이 계약 기간이 2~3년으로 긴 옥외 매체들의 경우에는 계약 기간 중에 광고대행사가 교체될 수도 있습니다. 일부 매체에서는 '어차피 만들어 놓은 소재 그냥 파일만 주시면 됩니다'라고 하면서 광고대행사 수수료가 빠진 Net금액을 제시하기도 합니다. 이런 경우 광고주 입장에서는 '당연히' 매체사와 직접 거래하면서 광고대행사에 주는 매체 수수료를 절약하고 싶은 생각이 들 것입니다.

반면 광고대행사 입장에서는 이 부분은 큰 문제입니다. 제작 인원으로만 이루어진 프러덕션 혹은 소규모 부티크와 같이 제작 만을 비즈니스 모델로 하는 경우에는 이런 광고주가 매체와 직접 거래해도 문제가 없습니다만, '기획 및 광고주 서비스, 매체 기획 및 청약' 인원까지 모두 포함하는 광고대행사들의 경우에는 전체 수익의 80~90% 가량이 매체 수수료 수익에서 발생하기 때문입니다.

제가 광고대행사를 운영하고 있지만 제 경험상 이 문제에 대해서는 '소탐대실' 하지 말라고 말씀드리고 싶습니다.

가끔 보면 소비자 인사이트 발굴을 통한 브랜드 전략의 제시, 제작물 외의 마케팅 아이디어나 프로모션 아이디어의 제시, 적합한 매체 계획 및 운영 같이 흔히 파워포인트 기획서 형태로 제시되는 '기획(Planning)'에 대해서는 광고 제작물을 위한 사전 단계, 즉 서비스 정도로만 생각하는 경우를 종종 봅니다.

하지만 수준 높은 광고 제작물이 나오기 위해서는 수준 높은 기획이 있어야 하는 것이 당연하고 이런 기획이 나오려면 그만큼의 인건비가 포함되어야 합니다. 가령 수준 높은 제작물로 유명한 TBWA Korea의 경우 제작인원이 59명인데, AE가 53명이고(마케팅 조사 및 AP를 포함), 매체가 23명입니다. 이렇게 어떤 광고주가 TBWA Korea 같은 광고대행사와 일을 한다면, 기존에 설립된 상관행에 따라 제작 뿐 아니라 기획과 매체 서비스까지 포함해서 제공받고 그 댓가로 대행사가 매체 수수료를 받아서 비용과 수익을 해결한다는 점에 동의한 것입니다.

그래서 중간에 이렇게 매체사와 직거래를 할 수 있는 경우가 생긴다 하더라도 매체 수수료를 지급하는 것이 맞습니다. 만일 당신이 물량이 충분한 대기업이라면 한 두 품목 (특히 '아는 누군가가 있어서 진행되는' 옥외 광고의 사례가 많습니다) 정도는 이렇게 빠질 수도 있겠습니다만, 빅 스몰 광고주라면 바로 제가 봤던 다음과 같은 사례를 겪을 가능성이 높습니다.

어느 빅 스몰 광고주는 전체 광고 예산을 걸고 경쟁 광고 입찰을 처음 진행했는데 처음 진행하는 광고이다 보니, 내부 역량과 경험이 없어서 제작사가 아닌 광고대행사를 대상으로 진행을 했습니다. 공정한 입찰을 통해 사내에서 높은 평가를 받은 시안을 제시한 광고대행사가 선정이 되었는데, 문제는 그 이후 이 광고주가 한국방송광고진흥공사에서 제공하는 '혁신형 중소기업 지원사업'을 알게 된 점입니다. 이 사업은 중소기업에게 제작비 및 매체비까지 지원하는 좋은 기회인데, 문제는 한국방송광고진흥공사와 직거래로 매체 수수료가 없는 사업이라는 점이었습니다.

빅 스몰 광고주는 '입찰에서 전체 예산을 걸긴 했지만, 그게 꼭 다 그 대행사에 준다는 보장은 안 했으니' 라는 생각에 전체 광고 예산을 한국방송광고진흥공사와 혁신형 중소기업 지원사업을 통해 진행했습니다. 당연히 입찰에서 선정되어 TVC 제작을 진행하고 있던 광고대행사는 크게 반발했고, 제작비는 받아야 했으니 소재 출고 이후에는 광고주와 거래를 끊었습니다. 빅 스몰 광고주는 이후 광고대행사의 서비스 없이 경험 없던 실무 담당자가 광고를 진행해야 했는데, 본인의 고생은 차치하더라도, 나중에 보니 CM순서지정[22]이나 Post-buy 리포트[23] 같은 효율적인 매체 진행을 위해 필요한 부분들이 빠져 있었다는 점을 알게 되었습니다.

거기에 기존에 제작했던 TV광고 소재를 조금 변형하려고 해도 제작했던 광고대행사에서 협조하지 않아 직접 편집실과 녹음실을 번갈아 가면서 제작을 스스로 해야 했습니다.

크게 고생했던 실무 담당자는 다음 번에는 광고대행사에 모든 것을 맡기겠다는 결심을 했지만, 다음 캠페인을 위해 입찰을 하려고 해도 원했던 수준의 광고대행사들이 입찰에 들어오지 않았고, 입찰에 들어온 광고대행사들도 광고주를 의심하면서 끝까지 최선의 노력을 하지 않았습니다. 더군다나 사내에서 '우리도 광고 한 번 해봤으니 잘 할 수 있어' 라는 확신이 퍼지면서 모델 선정 같은 중요한 부분에서 자체적으로 결정해서 진행하다가 결국 사고가 터지면서 캠페인 진행이 중단되었습니다. 하지만 사고 수습 과정에서도 광고대행사의 조언을 받을 수 없어 큰 후유증을 남기게 되었습니다.

---

[22] 공중파TVC의 경우 프로그램 시작 직전 혹은 직후의 광고시청률이 광고 시간대 중간보다 높기 때문에 입찰 방식의 CM 순서지정을 통해 보통 전체 예산의 10% 수준의 비용을 추가하고 시청률이 높은 시간대를 지정해서 진행하면 전체적인 광고 효율이 높아집니다. 만일 CM 순서지정을 하지 않으면 CM 순서지정을 한 광고들을 뺀 나머지 빈자리에 순서가 돌아가면서 노출됩니다.

[23] 지상파나 케이블 TV 광고의 경우 집행전에 광고시청율을 예상해서 청약하고, 집행 후에는 예상치와 실제 시청율을 비교하는 Post-buy 리포트를 통해 예상대로 집행이 되었는지를 확인합니다. 이 리포트는 광고대행사에서 집행한 달의 익월에 제시합니다.

슬기로운 이야기 'Bundled'와 'Unbundled'

우리나라에서 광고대행사라고 하면 흔히 '종합광고대행사'를 떠올리는데 여기서 '종합'이라는 말은 매체와 광고 제작과 서비스를 '종합적'으로 한 군데에서 한다는 뜻입니다. 즉 제일기획이나 이노션과 하나의 계약을 하면, 별도의 계약 없이 제작부터 매체 청약과 운영을 모두 진행합니다. 이런 종합광고대행사 모델을 한 꾸러미에 모두 담았다는 뜻에서 'Bundled'라고 부릅니다.

하지만 이런 거래 양식은 적어도 제가 아는 한은 전 세계에서 우리나라와 일본 딱 2나라에서만 적용되는 방식입니다. 미국과 유럽 등은 이미 70년대부터 매체와 Creative 업무가 분리되어 있기 때문입니다. 즉 광고주 서비스와 기획, 제작을 하는 Creative Agency와, 매체 기획 및 청약 업무를 진행할 Media Agency를 각각 따로 따로 계약하는 게 일반적입니다. 이런 모델을 꾸러미를 분리했다는 뜻에서 'Unbundled'라고 부릅니다.

국내에서도 2000년대 들어오면서 WPP 나 Omnicom 등 외국계 Holding Group에서 국내로 진출한 Media Agency Network이 매체 계약 및 업무를 수행하고 있고, 제가 듣기로는 국내 대행사들 중 몇 회사도 내부의 매체팀을 별도의 법인으로 독립시키는 방안을 2000년대 중반에 내부 검토했다가 접은 것으로 알고 있습니다.

이렇게 매체 부분이 별도의 회사로 분리된 이유는, 매체 업무에서 가장 중요한 Buying Power때문입니다. 매체의 시간이나 지면을 살 때 각 대행사나 광고주별로 사는 것보다는 합쳐서 사면 구매하는 금액이 커지기 때문에 매체사를 대상으로 할인 및 좀더 높은 매체 수수료 등 유리한 거래 조건을 협상할 수 있습니다. 동시에 매체사에 해야 하는 지급 보증의 경우에도 대행사의 규모가 커질수록 보증을 크게 받는데 좀더 유리합니다. 만일 경쟁사를 동시에 매체 대행한다면 광고 소재 등을 통해 기밀이 유출되는게 아닌가 하는 걱정을 할 수도 있는데, 사실 매체 소재는 광고 진행의 제일 마지막에 매체 대행사에 전달되기 때문에 지금까지 크게 문제된 적은 없습니다. 실제 어느 외국계 매체 대행사는 수입차 브랜드 3개를 동시에 운영하고 있지만 어느 광고주도 문제를 삼는 경우는 없다고 합니다.

국내에서 Creative Agency와 Media Agency를 나누어 진행할 경우에는 광고주를 포함해서 3자 계약을 합니다. 제작은 Creative Agency에서 진행하고 청구하지만, 매체 부분은 Media Agency가 광고주를 대신해서 매체사와 계약하고 진행하며 위수탁 세금계산서에도 위수탁자로 표기됩니다. Creative Agency와 Media Agency 간에는 매체수수료를 보통 6:4 ~ 7:3의 비율로 나누고 Creative Agency가 청구하는 방식으로 합니다.

빅 스몰 광고주들의 경우에도 어느정도 취급고가 된다면 전문적인 매체대행사에 업무를 의뢰하는 것을 검토할 필요가 있습니다. 우리나라의 경우 대기업 계열의 인하우스대행사들과 글로벌 광고주들과 전세계적으로 계약을 맺은 외국계 대행사들이 확고하게 자리를 잡고 있어서 가뜩이나 신규 광고주 유치가 매우 어려운데, 거기에 광고주들이 'Unbundled' 모델에 익숙하지 않기 때문에 전문 매체대행사들이 영업하기가 매우 어렵습니다.

반면 빅 스몰 광고주 중 내부적으로 광고 마케팅의 역량이 있는 회사라면, 광고대행사가 아닌 프러덕션이나 부티크에서 소재를 만들고 소재의 집행을 이런 전문 매체대행사에 맡겨서 위에서 설명한 60~70%에 해당하는 Creative Agency수수료를 절감할 수도 있습니다.

슬기로운 이야기 — 한국방송광고진흥공사 '중소기업 지원 사업'

사실 광고를 한다고 하면 누구나 지상파TV광고를 하고 싶어하지만 매체 중 가장 비싼 예산 때문에 모두가 할 수 있는건 아닙니다. 그런데 잘 알려지지 않은 사실 중 하나가, 한국방송광고진흥공사에서 이렇게 예산 때문에 광고를 못하는 기업에 제작비 및 매체비를 지원하는 '혁신형 중소기업 방송광고 지원 사업'을 운영한다는 사실입니다. 2018년 현재 홈페이지에 게제되고 있는 조건은 벤처, 이노비즈, 메인비즈, 녹색인증 중소기업 등의 인증을 받은 중소기업으로서 최근 6개월 (매체비 지원) 혹은 1년 (제작비 지원) 이내에 방송광고집행 실적이 없어야 합니다.[24] 이 사업에 참여하면 제작비 지원의 경우 라디오 소재는 최대 350만원 혹은 70%까지, TV 소재는 최대 5,000만원 혹은 50%까지 지원을 받을 수 있는 대신 소재가 완성되면 1개월 이내 MBC나 KBS, EBS 광고를 지원 금액의 50% 이상 청약해야 합니다. 매체비 지원의 경우에는 최대 3년간 75억원 한도로 정상가 기준 70%로 할인한 금액 혹은 정상가로 구매하면 보너스로 200% 집행해줍니다.

저는 기준에 부합하면서 방송광고를 생각하는 경우라면 당연히 한 번씩 생각을 해봐야 하는 좋은 제도라고 생각하고 실제 광고주에도 추천을 하고 있습니다. 다만 '싸고 좋은' 경우가 별로 없는 것처럼 여기에도 지원을 받는 만큼 일반 광고 진행 대비 불리한 점이 몇 가지 있습니다.

우선 '당연히' 매체비가 지원되는 시간대는 판매가 잘 이루어지지 않는 비인기 시간대가 주로 제공이 됩니다. 뭐 공짜로 받는 거니까 이런 건 수긍이 가능한데, 더 큰 장애는 한국방송광고진흥공사와 광고주가 직거래로 하는 형

---

24 제작비와 매체비 지원 사업이 각기 상이하고, 매년 변경되기 때문에 한국방송광고진흥공사 홈페이지에서 미리 확인하기 바랍니다.

태이기 때문에 광고대행사의 수수료가 없어서 광고주가 지급보증, 청약, 소재 출고, 정산 업무를 모두 직접 진행해야 하는 점입니다. 몇 십 억대의 물량으로 실제 진행을 해본 광고주 이야기를 들어보면, 실무적으로 어려운 부분도 있었지만, 가장 큰 어려움은 지상파 TV 광고 매체 기획에 대한 전문 지식이 없기 때문에 정말 타겟에 맞는 효율적인 시간대에 집행을 하고 있는 것인지, 혹은 다양한 판매조건을 다 이해하고 최선의 결과를 내고 있는 것인지에 대한 확신이 없는 부분이었다고 합니다. 반대로 1~2억원 정도의 적은 빌링을 한 경우에는 해 볼만했다는 광고주도 있었습니다.

제가 봤을 때 이 제도를 잘 활용하는 방법은 간단합니다. 광고대행사에서 소재를 만들었다면 그 광고대행사에 해당 광고주가 실제 한국방송광고진흥공사에 지불하는 광고비에 해당하는 수수료를 별도로 주고 진행을 해달라고 하면 됩니다. 프러덕션에서 만들었다면, 매체대행사에 역시 해당하는 만큼을 별도의 Fee로 주고 활용하면 됩니다. 그러면 그 광고대행사는 일반적인 업무 프로세스에 따라 타겟의 광고 시청률에 따라 한국방송광고진흥공사에서 내놓는 시간대를 최적의 믹스로 구성하고 이에 따라 예상되는 GRP, Reach, Frequency를 제시하여 광고주를 대신해서 진행할 것입니다. 대금의 정산 등 일부 업무는 광고주가 해야 하겠지만 전체 광고비의 5~10% 남짓한 비용을 추가해서 나머지 90~95%의 매체비가 제대로 운용되고 있는지에 대한 불확실성을 해소할 수 있기 때문입니다.

추가적으로 앞서 설명한 사례처럼 매체 대행까지 기대했던 광고대행사와 소재를 만들었다면 그 대행사와도 척지고 싸울 필요도 없어집니다. 뭐 광고대행사와 척지고 헤어져도 상관없지 않을까 생각할 수 있겠지만, 그 소재를 나중에 수정하거나 1년 정도 이후 다시 집행할 필요가 생긴다면 몇 천만원에서 몇 억원까지 투여한 제작비를 생각할 때 상당히 난감해질 겁니다.

3-3
이렇게 해결하십시오 - 직접 하려면

광고대행사 없이 직접 광고를 하려고 하면, 당연히 사내에 그런 역량이 있어야 합니다.
보통 많은 경우 디자이너를 자체 고용하는 경우가 많습니다. 내부에서 바로바로 대응해야 할 업무량도 많고 기존 업무들과 일관성을 갖고 진행해야 할 필요성이 충분하기 때문입니다. 하지만, 광고 디자인을 한 것이 광고 기획을 한 것은 아닙니다. 마케팅, 브랜딩과 매체도 알아야 하고 단순히 책이나 제안서만 보고 지식을 쌓는 것 보다도 실제 운영을 해본 경험, 특히 외부 광고대행사들을 조율하면서 일해본 경험이 필요합니다.

그래서 회사 상황이 허락한다면, 이런 경험이 있는 광고대행사의 기획 (AE) 출신 혹은 다른 회사에서 광고주 업무를 해봤던 인원을 채용하는 것이 당연히 필요합니다. 광고대행사 AE 출신과 광고주 출신 중에 선택하라고 하면 저는 광고주 출신을 추천 드리겠습니다. 제가 쭉 보니, 작은 회사라면, 광고 업무 외에도 다양한 업무를 수행해야 하는데, 대행사 출신들이 이런 업무들을 잘 못하는 경우들을 많이 보았고 대행사의 자유 분망한 분위기와 다른 광고주 회사의 업무 환경에 적응하지 못하는 경우도 많이 봤기 때문입니다.

이런 경력직 인원을 채용하면, 모든 것을 맡길 수 있는 종합광고대행사를 선정하지 않아도 됩니다 제작 따로, 매체 따로, 온라인 따로, 바이럴 마케팅 따로, 이렇게 전문 대행사들을 선정해서 업무를 진행할 수 있고 그만큼의 대리비용인 수수료와 시간이 절감됩니다. 동시에 앞서 설명한 매체 선택 등의 대리 비용도 줄일 수 있고 여러 영역에서 보다 일관된 브랜딩 업무를 수행할 수 있는 장점이 있습니다. 제 경험상에는 무엇보다도 회사와 경영진에는 어떤 경우에도 회사의 이익을 우선하는 조언과 결정이 이루어질 수 있다는 든든한 믿음이 큰 도움이 됩니다.

하지만 빅 스몰 광고주라면 이런 마음에 드는 외부 경력직을 채용하는 것이 쉽지 않은 경우가 많이 있습니다. 이런 경우 결국 경영진이 업무를 담당해야 합니다. 특히 광고 예산과 비중이 전체 회사의 향후 진로를 결정할 경우에는 직접 총대를 매고 실무 과정에 세세히 관여해서 진행을 해야 합니다. 당연한 이야기이지만 직접 하기에는 쉽지 않은 이야기입니다.

이럴 때 중요한 것은 어떤 광고대행사를 어떻게 선정해야 할지, 선정 후에는 어떻게 관계를 만들어서 최선을 다하게 만들어야 할지에 문제입니다. 이 부분은 이후에 자세히 설명 드리겠습니다

<u>그러면 광고하는 회사는</u>

<u>어디랑</u>

<u>일하면 됩니까?</u>

4

그러면 광고하는 회사는

어디랑

일하면 됩니까?

광고대행사를 선정하기로 결정했다면, 직접비용보다 대리비용이 작다는 경영상의 결정을 내린 상황입니다. 사실 어느정도 광고 마케팅 부분의 예산이 증가하게 되면 전문적인 대행사를 통해서 하는 것이 좀더 효율적이라는 점은 국내외 대부분의 회사들이 광고대행사를 고용한다는 점에서 입증되었다고 볼 수 있습니다.

그렇다면 우리 브랜드에는 어떤 대행사를 써야 할까요?
제가 굳이 광고를 빼고 '어떤 대행사' 라고 말씀드린 이유는, 경험한 바로 상당수의 빅 스몰 브랜드들이 마케팅 커뮤니케이션의 다양한 영역과 프로세스 상에서 '이런 일을 전문으로 하는 회사들은 어떤 곳들이 있나?' 자체를 구분하는데 어려움을 겪는 경우를 많이 봤기 때문입니다.

즉 제일기획 혹은 이노션이냐 하는게 아니라 BI회사에 광고를 의뢰하거나, 광고 프러덕션에 매체 업무도 하냐고 묻는 경우를 많이 봤다는 의미입니다. 어차피 잘 모르는 상황에서 다른 영역이더라도 같이 일하면서 신뢰가 생겨서 의뢰하는 경우가 대부분이기 때문에, 이런 식으로 업무를 하는게 반드시 나쁜 것도 아닙니다. 다만 구분을 하면 좀더 대행사의 선택에 있어서 자신의 브랜드에 맞는 결정을 할 수 있을 것입니다.

사실 광고는 마케팅 커뮤니케이션 상의 굉장히 다양한 영역 중에 일부분에 불과하고, 광고라는 영역 내부에서도 여러 전문 영역에 따라 다시 여러 대행사를 선택하는 일을 반복해야 합니다. 그래서 광고가 아니더라도 이렇게 B2C 영역에서 접할 수 있는 일반적인 영역을 담당하는 각각의 대행사들에 대해서 업무 순서에 따라 설명을 한 후, 구체적인 대행사 선정의 방법에 대해서 말씀드리도록 하겠습니다.

4-1
브랜드 이름, 로고가 필요하다면 - BI회사

BI 란 Brand Identity의 약자입니다. BI회사는 주로 제품의 브랜드명과 로고 디자인 등의 업무를 수행하는 곳이고, 대부분 이름 끝에 '~ 브랜드' 라고 되어 있습니다. 그래서 '브랜드 회사'라고도 부릅니다. 만일 신제품을 만드는 경우 가장 먼저 접촉해야 하는 곳입니다.

이곳에서는 브랜드 이름을 짓는 네이미스트 (Namist) 들과 로고 등을 만드는 디자이너 들이 근무합니다. 큰 회사의 경우에는 드물게 광고대행사의 AP나 조사회사 출신들이 있어서 소비자 조사 및 슬로건 제안, 브랜드 컨설팅 등의 서비스를 제공하기도 합니다. 매년 세계 100대 브랜드 순위를 발표하는 인터브랜드 같은 회사가 대표적인 사례입니다.

일을 같이 오랫동안 해본 경험에 따르면 내부에 조사 인원이 꼭 없어도 기본적으로 브랜드 이름과 로고, 디자인과 같은 최소의 장치로 트랜드애 맞춰 소비자의 주목과 기대반응을 이끌어내는 전문성이 있기 때문에, 브랜드 이미지나 소비자 반응에 대한 본능적인 판단이 매우 빠르고 정확해서 감탄한 경우가 많았습니다.

BI회사는 외부 특허 사무소와 같이 일을 하면서 제안한 브랜드 이름이 등록 가능한지에 대한 판단도 같이 해주고, 등록 업무도 도와줍니다. 또한 디자인 업무 중에서도 패키지 디자인은 물론 스페이스 디자인 (간판 등 Signage) 등의 업무까지 하는 회사도 있습니다.

제품에 따라 다르지만 브랜드 이름을 짓는데 대략 1개월, 이를 바탕으로 로고를 만드는데 다시 2주~1개월 가량 걸립니다. 시간이 너무 오래 걸리는 거 아니냐고 생각할 수도 있지만, 브랜드 이름의 경우 외부 프리랜서 네이미스트 들에게 의뢰를 해서 1~2주 후에 10~20개 정도의 후보작을 받으면 특허 사무소에 보내서 등록 가능여부를 확인하는데, 아파트 같은 건설 부분 같으면 보통 20%도 안 되는 후보작들만이 살아남습니다. 이런 과정을 몇 번 반복해야 비로소 추천할 만한 후보작이 몇 개 나오기 때문에 생각처럼 쉬운 작업은 아닙니다.

비용은 회사마다 차이가 좀 있습니다. 왠만한 전문 BI회사들의 경우 이름만 짓는다고 하면 몇 백만원 수준에서도 할 수 있겠지만, 아파트 같이 이름부터 로고, 옥외 표현물과 명함 같은 Application 들까지 하게 되면 1억원을 넘기는 경우가 대부분입니다.

BI회사들도 경쟁입찰을 통해 선발할 수 있지만, 입찰 현장에 완성작 이름과 디자인을 가져오는 게 아니라 포트폴리오를 제시하고, '이런 브랜드 이미지가 필요하니 이런 식으로 개발하겠다'는 생각을 두고 선택을 하게 됩니다.

❮ 슬기로운 이야기 ❯ ❰ 'Love Card'와 'Drive Your Way' ❱

가끔씩 어느 회사 로고가 외국의 다른 로고와 닮았다, 표절 아니냐 하는 기사를 보게 됩니다.

BI회사에서도 늘 외국 자료를 보면서 비슷하게 하지 않기 위해 노력하지만, 역시 사람이 하는 일인지라, 모든 자료를 볼 수도 없기 때문에 이런 예상치 못한 일이 생길 수 있습니다. 다만 BI회사에서는 개발 후 이런 지적이 나오면 어떻게 수습을 해야 하는지에 대한 노하우도 알고 있습니다.

제가 실제 봤던 사례 중에는 브랜드의 이름 때문에 문제가 생긴 경우가 있었습니다. 신용카드회사 한 곳을 한 금융 그룹이 인수한 사례가 있었는데 인수를 한 그룹에서는 이전에 인수한 증권사에 자신의 이름을 붙였다가 점유율이 떨어진 기억 때문에 그룹 이름을 대신할 새로운 이름을 유명한 BI회사에 의뢰했습니다.

그 회사에서 제시해서 그룹의 최고 경영진이 선택한 이름은 '러브 카드 (Love Card)' 였습니다. 처음 들었을 때 다들 '신선한 이름이다' 라는 의견이 많았습니다. 하지만 '러브 카드' 로 이메일 카드 명세서를 보내면 90%가 스팸으로 처리된다는 지적이 뒤늦게 IT 부서에서 제시되었다고 합니다. 결국 그 카드 회사는 그렇게 주저했던 모그룹의 이름을 붙이는 것으로 결정되었습니다.

슬로건도 BI회사에 의뢰해서 작성하는 경우도 있습니다. 2000년대 초반 제가 현대자동차 광고를 했을 때 유명 BI 회사와 일을 한 적이 있었는데 이렇게 해외 시장이 중요한 경우에는 팀도 외국팀으로 구성하도록 요청할 수 있습니다. 그 때 개발된 슬로건이 현대차는 'Drive Your Way', 기아차는 'Power To Surprise' 였습니다. 유명 BI회사 답게 시장 조사를 통해 브랜드의 이미지를 현대차는 벤츠 같은 우아함으로, 기아차는 BMW 같은 스포티함으로 포지셔닝하자는 제안을 봤던 기억이 납니다.

저는 영어를 잘 못해서 그런지 개인적으로 현대차쪽 슬로건이 무슨 뜻인지 잘 이해되지 않았습니다. 보통은 이런 슬로건 작업은 광고대행사가 브랜드 캠페인의 아이디어를 내면서 제시합니다. 기업의 슬로건은 제품부터 여러 곳에 붙지만 처음 소비자들에게 제시할 때에는 이런 기업PR 혹은 브랜드의 광고를 통해서 노출하는 것이 가장 이해가 높습니다.

그런데 나중에 들어보니 'Drive Your Way'가 이해되지 않았던 사람이 저 만이 아니었고 미국 시장에서 일부 현지 딜러들도 무슨 말인지 모르겠다는 불평을 했다고 들었습니다. 이후 현대자동차 그룹은 2012년에 슬로건을 'New Thinking, New Possibilities'로 바꾸면서 기업PR캠페인을 진행했는데, 427대의 소나타가 주행하면서 동시에 오르골 소리를 내는 것을 보여주는 광고를 보면 '전에 없던 새로운 생각' 이라는 점이 이전에 비해 좀더 명확하게 다가온다는 생각입니다.

4. 그러면 광고하는 회사는 어디랑 일하면 됩니까?

4-2
잘 모르겠다면 - 종합광고대행사

광고하면 제일 먼저 떠오르는 이름인 제일기획이나 이노션 같은 곳을 종합광고대행사라고 합니다. 일반적인 광고대행사의 업무는 크게 Account Service (기획 및 광고주 서비스), Creative (제작), Media (매체 청약 및 집행)의 3가지로 구별이 되는데, 종합광고대행사는 위 3가지를 모두 한 곳에서 하나의 계약으로 할 수 있는 회사를 의미합니다.

위 3가지 서비스 외에 제일기획이나 이노션 같은 큰 종합광고대행사들에만 있는 기능도 있습니다. 우선 프로모션 부분도 있어서 수익의 많은 부분을 차지하는데, 여기서 이야기하는 프로모션은 몇 백에서 몇 천만원으로 하는 프로모션이 아니라 몇십억원 규모의 대형 행사들입니다. 광고대행사는 모든 것을 '기획' 하고 실제 '진행'은 외주처를 고용해서 대행사가 품질 보증을 하면서 진행하는데, 큰 종합광고대행사의 프로모션팀은 이렇게 외주처들을 고용할 만한 보통 몇 억원 이상의 업무를 전담해서 진행합니다. 반면 사내에 이런 프로모션팀이 있어도 몇백~몇천만원짜리 프로모션 아이디어는 보통 일반 AE팀에서 진행하게 됩니다.[25]

빅 스몰 광고주들도 광고를 하겠다고 마음을 먹으면 이런 종합광고대행사와 일을 하는 것을 선호합니다. 우선은 종합광고대행사의 규모와 명성이 주는 믿음이 있습니다. 틀린 말은 아닌것이, 종합

---

25 이렇게 되는 이유는 대부분의 대행사에서도 프로모션팀이 지원부서가 아닌 실적부서로 되어 내부 인사평가에서 그 팀이 올린 수익을 바탕으로 평가를 받기 때문입니다. 가령 AE팀이 맡은 100억원대의 큰 광고주가 원하는 몇 천만원짜리 프로모션을 도와주는 게 대행사의 입장에서는 좋을텐데, 그렇게 하면 프로모션팀 입장에서는 돈이 안되는 프로젝트를 하느라 인사평가에서 불리하기 때문에 외면하는 것입니다.

광고대행사의 연봉수준이 광고 업계에서 제일 높은 수준이고, 거의가 대기업 계열 아니면 외국계 회사이다 보니 선호도도 제일 높아서, 아무래도 인재들이 가장 몰리게 마련입니다.

그리고 이런 수준 높은 인재들이 모여서 여러가지 다양한 매체와 브랜드, 캠페인 등을 경험하게 되는 점 역시 큰 강점입니다. 그래서 만일 단순한 광고의 집행 이전에 B2C 마케팅 전략의 수립과 브랜드의 기획 능력이 필요하다면 종합광고대행사가 유일한 선택이라고 할 수 있습니다.

하지만 현실적으로는 빅 스몰 광고주들은 종합광고대행사 입장에서 '돈이 안되기 때문에' 일을 의뢰하거나 파트너쉽을 만들기가 어렵습니다. 1억원이든 10억원이든 인쇄 광고를 하면 종합광고대행사는 똑같이 15%에 해당하는 수익을 얻는데 왜 '돈이 안되고 손해라고' 생각하는 걸까요?

우선 종합광고대행사는 인건비만 높은 게 아니라 관리팀이나, 건물, 복지 등 간접비가 높기 때문에 손익분기점이 다른 회사들에 비해서 높은 것이 사실입니다. 하지만 이보다 더 중요한 것은 우리 브랜드를 위해 일할 종합광고대행사 직원들의 내부 인사 평가입니다. 광고대행사에서 인사 평가를 할 때에는, 해외광고제 등에서 상을 받는다면 이 역시 고려대상이 되겠지만, 가장 큰 비중을 차지하는 평가 기준은 역시 그 팀이 - 영업팀, 제작팀, 매체팀 할 것 없이 - 얼마나 광고주를 많이 수주해서 수익을 달성하였는가 하는 '돈'입니다.

제가 일전에 총괄을 했던 종합광고대행사의 경우 영업사원인 AE[26] 기준으로 연간 취급액을 따져보니 보통 잘 하는 팀은 최고 1인당 70~80억원, 못하는 팀은 20~30억원, 중간에 있는 팀이 40~50억원 수준이었습니다. AE들도 혼자서 모든 걸 하는게 아니라 직급에 맞춰서 2~3명으로 구성된 셀

---

26 Account Executive의 준말로 광고주 영업, 광고 기획 등을 맡는 기획팀을 의미합니다.

(Cell)과 2~3개 셀이 모인 팀 (Team) 단위로 조직이 되어 있습니다. 만일 어느 회사의 가장 작은 단위인 셀이 3명으로 구성되어 있다면, 아까 그 기준으로 1개 셀이 연간 90억원 정도를 하면 '문제'로 평가받고, 적어도 120억원은 해야 '보통'의 평가를 받게 됩니다.

그런데 막상 일을 해보면, 10억 광고주와 50억 광고주가 5배의 노동력이 드는 게 아니거든요. 그 차이는 단순히 TVC 광고 소재 하나로 얼마만큼의 매체비가 돌아가느냐에 따른 차이입니다. 50억 예산이면 매체나 캠페인 숫자가 좀더 많긴 하겠지만 똑같이 계약하고 광고 기획하고 Creative 아이디어 내서 만들고 매체팀에 청약 의뢰하고 소재 출고하는 데 필요한 절차와 노동력은 그렇게 큰 차이가 나지 않습니다. 그래서 결국 종합광고대행사에서는 그 시간에 그 인원으로 10억원의 광고주를 서비스할 거라면 손해라고 판단하고 더 큰 광고주에 팀을 투여하는 편이 낫다고 판단하는 거죠.

10년쯤 전에는 우리나라의 큰 종합광고대행사에서 20억원 미만의 광고주들에 대해서는 일괄적으로 계약 해지를 진행한 적이 있었고, 20년 전에는 호주에서 역시 제일 잘 나가던 George Patterson Bates 라는 대행사가 비슷하게 소액 광고주들을 일괄적으로 '해고' 한 것이 업계에서 화제가 된 적이 있습니다. 이 이야기를 들으면 화를 내는 분도 있을 겁니다. '아니 소액 광고주를 안 한다고 하면서 정작 그 대행사에서 소액 광고주를 유치했던 거 아닌가? 그리고 아무리 그래도 대행사가 광고주에게 이렇게 해도 되나?'

큰 종합광고대행사에 있는 소액 광고주들은 광고를 처음 할 때에는 예산이 컸는데, 이후 줄어든 경우가 가장 많습니다. 다른 경우는 조직내에서 실적으로 닦달을 당하는 팀이 살아남기 위해 처음부터 소액 광고주를 유치하는 경우도 종종 있습니다. 처음 소액 광고주를 영입할 때 회사에는 금액을 부풀려서 이야기하던가, 혹은 '올해는 그런데 다음에 커질 가능성이 있다' 고 설명을 많이 합니다. 그 때 계약 해지를 한 광고주들이 화를 냈냐구요? 제가 그 회사들에는 없었지만 우리나라 회사의 경우를 듣기로는 그렇게 화를 내는 경우는 없었다고 합니다. 소액 광고주의 경우에는 한 번 예산을 집중한 TVC 캠페인이 끝나면 담당팀에서 신경을 안 써주거나 심지어는 연락이 안되는 경우도 있었기 때문에 계약을 해지하는 것에 대해 상관없다는 반응이 많이 있었다고 합니다. 반면 George Patterson Bates의 경우에는 워낙 호주에서 잘 나가던 회사였기 때문에, 소식을 들은 다른 광고주들로부터 '광고주가 줄었으니 우리도 서비스해줄 수 있느냐?'는 문의가 이어졌다고 합니다. 아무래도 문화의 차이가 있는 것 같지요?

4-3
매체만 필요하다면 - 매체대행사와 미디어렙

광고에 대한 몇 가지 오해가 있습니다.

그 중 광고비가 1억원이면 광고대행사가 모두 1억원을 번다고 생각하는 것이 가장 흔한 오해입니다. 광고대행사 입장에서 정산을 해보면 광고주가 전체 광고비 중 광고대행사의 수익은 약 15~20% 정도입니다. 제작 외주비로 약 10%정도가 나가고 나머지 70%가량이 매체비로 쓰입니다. 겉으로는 마음을 울리는 카피와 멋진 그림이 있는 광고 표현물이 가장 멋있어 보이지만 실제 소비자의 반응을 불러일으킬 캠페인을 하려면 가장 많은 돈이 쓰이는 매체가 그 못지 않게 중요한 것입니다.

이렇게 매체가 중요하고 많은 돈이 모이는 곳이다 보니, 매체 관련해서는 거래 관계도 광고시장에서 제일 복잡합니다.

우선 매체대행사 (Media Agency)는 앞서 사례에서 설명한 대로 종합광고대행사 (Bundled)에서 매체 부분만 독립이 된 회사라고 보면 됩니다. 크리에이티브를 만들지는 않지만 광고주와 매체 부분의 대행을 계약하고, 매체 청약과 소재 출고, 매체 집행 및 사후 보고 업무를 진행합니다. 국내에는 스타컴, 캐러트, 유니버셜맥켄, 그룹엠 등 외국계 대행사들이 많이 들어와 있는데 이외 빅 스몰 광고주들의 물량도 최선을 다할 작은 규모의 매체대행사들도 많이 있습니다.

미디어렙 (Media Representative)는 매체대행사와 오해되는 부분이 많은데, 광고주를 대리하는 게 아니라 매체사를 대리한다는 의미에서 Representative인데 보통 '렙사'라고 많이 부릅니다. 즉 렙사들은 매체사들과 광고지면과 시간을 대리해서 판매해주는 계약을 맺고 주로 광고대행사와 매체대행사들에게 판매를 하는 역할을 합니다. 대표적으로 MBC와 KBS의 광고를 독점적으로 판매하는 한국방송광고진흥공사가 이 두 방송매체의 미디어렙입니다. 광고주 입장에서 보면 광고주는 광고대행사나 매체대행사로부터 광고 지면과 시간을 구매하나, 이들이 매체의 소매상이라면 미디어렙은 도매상 정도 되는 셈입니다.

미디어렙이 필요한 이유는 두 가지 정도 됩니다.

우선 매체사 입장에서 미디어렙이 있으면 판매사원을 많이 두지 않아도 됩니다. 동시에 미디어렙은 한 매체만 하는게 아니라 다양한 매체와 계약을 맺으면 판매사원들이 한 광고대행사를 만나도 다양한 매체를 팔 수 있어서 규모의 경제를 실현할 수 있습니다. 온라인이나 옥외매체들의 경우가 대표적인 사례로, 특히 네이버는 6개의 등록된 미디어렙을 통해서만 광고 지면을 구입할 수 있습니다.

반면 지상파TV의 경우에는 광고주와 매체사가 직접 거래할 때 보도 등에서 공정성을 해칠 우려가 있어서 중간에 미디어렙을 두고 거래하게끔 법적으로 규정되어 있습니다. MBC와 KBS는 한국방송광고진흥공사(한국방송광고진흥공사)에서, SBS와 지역민방은 SBS M&C에서 판매하고 있습니다.

물건도 도매상에서 사면 싼데, 그럼 광고주와 미디어렙이 직접 거래를 하는 것도 도움이 될까요?

원칙적으로는 소매상인 광고대행사에서 제시하는 금액과 동일합니다. 그 이유는 미디어렙 입장에서는 광고대행사가 큰 손이기 때문에 광고대행사에서 싫어하는 행동을 안 하려고 하기 때문입니다. 하지만 최근에는 광고 시장이 불황에 빠지면서 매체에 따라 직접 거래를 하면 대행사 수수료만큼 할인해주는 경우가 많아지고 있습니다. 앞에서 설명한 한국방송광고진흥공사의 '중소기업지원사업'도 동일한 사례입니다. 네이버나 유튜브 같은 온라인도 그렇고 판매가 자체가 불투명한 옥외광고의 경우에도 광고주가 직접 거래하면서 요구하면 미디어렙에서 금액을 할인해주는 경우가 많습니다.

그러면 이렇게 직거래하는 편이 더 나을 텐데 왜 굳이 소매상인 광고대행사나 매체대행사를 끼고 거래를 할까요?

당연히 매체 수수료는 할인 받을 수 있지만 브랜드의 기획이나 수준 높은 제작 서비스를 받지 못하기 때문입니다. 만일 사내에 광고대행사 AE 출신이 있으면 직접 미디어렙이나 매체사를 찾아서 직거래해도 되지만, 그렇게 하면 매체대행사만이 제공할 수 있는 다양한 매체에 대한 검토나, TVC를 집행하면서 예상 리포트 혹은 집행후 Post Buy 리포트 등을 받아 보는 것이 불가능합니다.

유튜브나 페이스북 같은 경우는 광고주도 직접 운영할 수 있도록 되어 있고, 광고대행사도 미디어렙에서 준 자료를 제시하는 수준이어서 직거래하기에 제일 쉽다고 볼 수도 있습니다. 그런데 실제로 PR대행사 출신의 광고주가 온라인 광고를 광고대행사 없이 미디어렙과 같이 진행한 후에 '다시는 이렇게 안한다'라고 하면서 다음 해에는 똑같이 유튜브를 하면서 광고대행사를 선정하는 경우를 본적이 있습니다. 그 이유를 물어보니, '미디어렙에서는 제작된 소재를 출고하고 매체 운영하는 것만 해주지, 그 외 소재의 제작이나, 광고와 같이 진행하는 프로모션 등에서는 전혀 도움을 받을 수 없어서 너무 힘들었다'는 점을 이유로 들었습니다.

그럼 유튜브와 페이스북 광고를 할 때 아예 미디어렙도 쓰지 않고 매체사와 직접 거래를 하면 더 좋지 않을까요? 이렇게 하면 역시 미디어렙 수수료 만큼을 절약할 수 있어서 이득은 됩니다. 하지만 구글에 직접 물어보니 이렇게 직접 하지 않고 미디어렙을 거쳐서 오는 물량이 전체의 90%가 넘는다고 하더군요. 제가 아는 미디어렙의 임원 한 분은 '직접해도 되는데 그렇게 하지 않는 건 다 미디어렙 통해서 하는게 오히려 비용 효율이 있기 때문이 아니겠냐?'고 답을 했습니다. 즉 똑같은 유튜브 광고를 하더라도 전문적인 미디어렙에서 하는게 CPV 등이 저렴하다는 것입니다.

4-4
아무래도 온라인이 중요하다면 - 온라인 광고대행사

보통 빅 스몰 광고주들이 종합광고대행사로부터 서비스를 거절당하면, 대안으로 찾는 곳이 온라인 광고대행사입니다. 앞서 설명했듯이, 온라인 광고가 TVC 대비해서 저렴하기도 하고, 이제는 하지 않으면 안되는 필수불가결한 매체가 된 경우가 많이 있기 때문입니다.

온라인 광고 시장은 과거 배너 광고 위주였지만, 지금은 동영상 광고와 SNS, 바이럴, 검색 광고 등이 큰 비중을 차지하고 모바일이 핵심 플랫폼으로 부각되면서 각 영역마다 전문 회사들로 분화되는 추세입니다.

최근 애드쿠아 인터렉티브나 이노레드 등 메이저급 온라인 광고대행사의 핵심 업무 역량은 제일기획이나 이노션 등 종합광고대행사와 동일한 IMC 과제를 두고 수준 높은 경쟁을 하는 수준에 이르렀습니다. 또한 오프라인 매체들의 경우에도 자체적으로 진행을 하거나 외부 매체대행사와의 제휴를 통해 처리할 수도 있습니다. 온라인 광고를 많이 하는 게임 광고 같은 경우에는 마치 별도의 리

그처럼 온오프라인 통합 마케팅이 가능한 전문화된 광고대행사들이 있습니다.

그 외 회원가입, 예약과 구매, 앱 설치 등을 유도하는 퍼포먼스 마케팅이나, 모바일 앱과 웹사이트 등의 UI/UX를 전문으로 개발하는 회사, SNS 상에서 인플루언서를 활용하고 컨텐츠를 만드는 바이럴 마케팅, 네이버나 구글 검색에 전문화된 검색광고 회사 등 온라인 광고와 마케팅은 이미 오프라인 광고 시장만큼이나 다양하게 전문화되어 있습니다. 다만 여기에서는 이러한 전문화된 마케팅 회사들은 '브랜드'를 전체적으로 접근하는 회사들이 아니기 때문에 일부 필요한 부분을 제외하고는 설명을 생략하겠습니다.

이렇게 온라인 광고대행사들은 빅 스몰 광고주들 입장에서 종합광고대행사 대비 쉽게 찾을 수 있고 또 반드시 필요하기도 한 회사들이지만 제 경험상 다음과 같은 이유로 불만족하는 광고주들이 많은 것도 사실입니다.

제가 가장 많이 들었던 불평은 '온라인 대행사는 항상 네이버나 구글 매체안만 주로 들고 온다'는 말이었습니다. 빅 스몰 광고주 입장에서는 아무리 예산이 적어도 온라인 외에 다른 매체도 궁금한데, 아직 일부 회사를 빼면 온라인 광고대행사에서는 온라인도 하고 오프라인도 하는 통합 IMC 캠페인 진행이 어렵습니다.[27] 그리고 매체안 말고 브랜드에 대한 문제, 마케팅 전략에 대한 광고주의 고민에 대한 대행사의 생각과 조언도 필요한데 이런 부분에서 아직 많은 회사들이 미흡하다는 것입니다.

---

27 온오프라인 통합 IMC 캠페인이란 가령 동일한 광고 캠페인을 TV광고를 통해 알리고 온라인 SNS 프로모션을 통해 참여를 유도하고, 길거리 이벤트 등을 통해 경험을 하게 하는 등, 온라인과 오프라인을 모두 동원해서 진행하는 캠페인을 의미합니다.

온라인 광고대행사들도 오프라인 매체는 외부 매체 대행사를 활용해서 해결할 수 있지만 문제는 그런 통합 IMC 캠페인을 하기에는 내부 인원들의 경험과 역량에 한계가 있기 때문입니다. 사실 온라인 광고대행사들이 오프라인 매체에 관심을 가진지 불과 몇 년이 안되고 앞서 살펴본 대로 온라인 광고는 '손이 많이 가기 때문에' 종합광고대행사 대비 인당 취급액도 적습니다.

그러다 보니 내부 인원도 연봉이 낮고 실무 업무 진행에 익숙한 젊은 인원 위주로 구성되어 있어서 40대 직원을 거의 찾아보기 어려운 회사들도 많이 있습니다. 이렇게 온라인 외 다른 매체에 대한 경험을 할 기회가 없고, 취급액이 적은 만큼 빨리 빨리 일을 '쳐내야' 생산성을 유지할 수 있기 때문에 광고 시안과 매체안 작성 외에 브랜드와 마케팅 전략 등에 대한 고민을 할 기회도 별로 없습니다. 또한 이런 부분에서 경험이 있는 임직원들과 직간접적으로 교육을 받거나 할 여건도 되지 못합니다.

그래서 온오프라인 통합 캠페인 및 브랜드와 마케팅 전략 같은 부분들은 아주 일부 대행사를 제외하고는 현재도 여전히 종합광고대행사들이 강점을 갖는 부분입니다. 그리고 이런 역량이 되는 일부 온라인 광고대행사들은 수익 개선을 위해 이제 빅 스몰 광고주보다는 대형 광고주들을 대상으로 영업을 집중하고 있습니다.

4-5
온라인 중에서도 SNS 위주라면 - 바이럴 마케팅 대행사

네이버에서 바이럴 마케팅 (Viral Marketing)을 검색해보면 '소비자 스스로가 자발적으로 홍보하게 하는 마케팅 기법' 이라고 나옵니다.

제가 광고를 처음 시작할 때에는 이 개념이 오프라인에서 처음 시작되었을 때였습니다. 가령 미국 실리콘밸리에서 신제품을 홍보하는 방법으로 금요일 저녁 사람으로 가득 찬 술집에서 일부러 신제품을 놓고 큰 소리로 대화하게 하거나, 한국에서 어느 외국 담배 브랜드가 했던 것처럼, 매일마다 모델 에이전시에서 모집한 선남선녀들에게 담배 신제품을 가득 주고 압구정동이나 청담동의 멋진 카페에 가서 멋있게 한 가치를 피우고 나머지는 테이블 위에 놓고 왔던 사례들이 '바이럴 마케팅'의 정석이었습니다.

이후 이렇게 비용이 많이 드는 맨투맨 방식 없이 재미만 있으면 얼마든지 퍼질 수 있는 온라인 시대가 되면서 바이럴 마케팅은 재미있거나 감동적인 동영상 등의 컨텐츠를 제작해서 퍼뜨리는 것을 의미했습니다. 그래서 동영상 소재를 만들 때면 'TVC냐? 아니면 온라인 바이럴이냐?' 라는 식으로도 구분을 많이 합니다.

그런데 네이버에서 검색하면 나오는 '바이럴 마케팅 대행사'는 이런 재미있는 동영상을 만드는 회사가 아니라, 크게는 아래 세 가지의 온라인 마케팅을 합니다.

우선 네이버나 페이스북, 인스타그램 같은 SNS에서 팔로워 (Follower) 숫자가 많은 유저 (User)인 파워 블로거, 혹은 인플루언서 (Influencer)를 섭외해서 제품이나 식당의 후기를 쓰게 하거나 제품을 노출하는 컨텐츠를 만들어서 그들의 SNS에 올리게 하는 인플루언서 마케팅을 합니다.

이런 인플루언서/바이럴 마케팅은 온라인에서도 검색광고와 더불어 가장 적은 예산으로 시작할 수 있는 광고 중 하나입니다. 당연히 효과를 보려면 일정 규모 이상을 투여해야 하지만 어쨌든 투입 범위를 자신의 예산에 맞춰서 진행할 수 있고, 제작비 등 부대비용도 크지 않으면서 온라인 상에서 원하는 타겟에 집중해서 보여줄 수 있다는 장점이 있지요. 하지만 코카콜라나 나이키 같은 일류 마케팅 브랜드들도 많은 돈을 투여해서 진행할 만큼 분명히 투자 대비 효과도 기대할 수 있는 마케팅입니다.

인플루언서 마케팅의 경우, 바이럴 마케팅 대행사에 업무를 의뢰하면, 우선 어떤 제품을 어떻게 노출할 것인가 하는 계획을 세우고 여기에 맞는 타겟팅을 합니다. 가령 주부 타겟이라고 하면 육아나 요리, 교육, 주거 관련한 SNS 인플루언서의 리스트를 만드는 것입니다. 광고주가 받게 되는 리스트에는 이러한 인플루언서들의 SNS 주소와 특징, 그리고 팔로워 숫자들이 나와있습니다. 이 리스트가 확정되면 바이럴 마케팅 회사에서는 각 인플루언서들에게 제품을 발송하고 사용후기 같은 컨텐츠를 어떤 식으로 작성하면 되는지에 대한 가이드라인을 전달합니다. 그리고 컨텐츠들이 완성되면 바이럴 마케팅 대행사들이 먼저 검수를 한 후 수정해서 광고주에 전달하고 확정되면 업로드하는 식으로 업무가 진행됩니다.

두번째 업무 영역은 네이버 카페나 보배드림 같은 커뮤니티에 포스팅을 하는 것입니다. 이런 카페나 커뮤니티에는 평상시에도 광고글이 아닌 '정상적인' 글을 포스팅 하면서 활동을 하는 ID를 운영하는 외부 회사들이 있습니다. 바이럴 마케팅 회사에서는 이런 외부 회사들에게 원하는 카페나 커뮤니티에 컨텐츠를 만들어서 올려 달라는 요청을 합니다. 이 컨텐츠는 사안에 따라 바이럴 마케팅 대행사나 광고주가 만들어주는 경우도 있고 혹은 그런 외부 회사에서 직접 만들기도 합니다. 간혹 '광고 아니냐?' 라는 댓글이 달리는 경우 중 일부가 이런 바이럴 마케팅 대행사에서 의뢰한 경우입니다.

세번째는 네이버 블로그나 페이스북 같은 SNS 채널의 운영을 하기도 합니다.
바이럴 마케팅 대행사는 글을 쓰고 인플루언서들을 접촉하는 AE들과 포토샵과 일러스트를 다루는 디자이너가 기본인데 경우에 따라 웹툰 작가나 동영상 촬영을 통해 소재를 만드는 PD까지 있는 경우도 있습니다. 이런 인원이 있기 때문에 페이스북에 올라가는 텍스트 위주의 컨텐츠 외에 그래픽과 동영상이 들어가는 컨텐츠를 만들어서 포스팅을 할 수 있습니다. 계약을 할 때에는 보통 월 몇 회 포스팅을 한다는 조건으로 연간 계약을 하는 것이 일반적인데, 회사와 난이도에 따라 천차만별이지만 인스타그램의 경우에는 월 500~800만원, 페이스북은 800~1500만원 정도 받는 경우가 많은 것 같습니다. 이런 SNS 채널을 운영할 때에는 미리 계획을 짜서 컨텐츠를 만들어 광고주 확인을 받고 올리는데, 컨텐츠만으로 팔로워 숫자가 많이 늘지 않기 때문에 스타벅스 기프티콘 같은 상품을 주는 프로모션과 포스팅한 컨텐츠를 팔로워가 아닌 일반 유저들에게도 노출하는 SNS내 광고를 병행해서 진행합니다.

4-6
녹색창이 핵심이라면 - 네이버 검색 광고대행사

전세계적으로 온라인 검색/포털 시장은 구글이 장악하고 있습니다만 예외인 나라가 바로 네이버와 카카오톡이 있는 우리나라와 바이두가 있는 중국입니다. 그래서 구글이 있는 외국에는 없는 우리나라만의 독특한 광고 매체들이 있는데 그중 하나가 네이버 검색 광고입니다.

네이버 검색 광고는 검색창에 예를 들어 '출판사'를 넣으면 검색창 바로 밑에 PC에서는 파워링크나 비즈니스 링크, 모바일에서는 모바일검색 부분에 광고주의 메시지와 링크를 노출하는 광고 상품입니다. 이 네이버 검색 광고는 네이버에 정식으로 등록된 검색 광고대행사에 의뢰해서 진행하거나 아니면 5%의 수수료를 절약하면서 광고주가 직접 하는 두 가지 방법이 있습니다.

검색 광고대행사에 의뢰를 하려면 우선 제품이나 웹사이트와 관련된 '키워드 (소비자가 검색창에서 우리 제품을 검색할 때 넣을 단어)'의 리스트를 준비합니다. 그리고 검색 광고대행사와 협의하면 이 키워드가 검색 광고 진행이 가능한지, 추가될 키워드는 뭐가 될지, 각 키워드가 모바일과 PC 로 구분해서 얼마나 검색이 되고 비용은 얼마나 될지를 아래와 같이 산출해줍니다. 그러면 갖고 있는 예산이 부족하면 검색어를 일부 제외하는 식으로 월 예산을 결정해서 진행합니다.

번호	키워드	예상 노출수	예상 클릭수	예상평균클릭 비용	예상 비용
1	오피스텔분양	4,608	186	₩2,918	₩542,748
2	오피스텔분양정보	514	23	₩1,470	₩33,810
3	오피스텔청약	890	7	₩946	₩6,622
4	강남오피스텔분양	209	15	₩1,025	₩15,375
5	오피스텔분양가	173	5	₩574	₩2,870
6	서울오피스텔분양	785	26	₩1,359	₩35,334
7	오피스텔모델하우스	83	3	₩723	₩2,169
8	오피스텔투자	1,518	12	₩4,445	₩53,340
9	주거용오피스텔분양	24	2	₩520	₩1,040

그림 5 오피스텔 분양 검색 광고 사례

네이버 검색 광고 진행 방법은 주식 거래와 비슷합니다. 각 키워드를 등록하고 예상 금액을 설정하고 매일마다의 일예산도 설정해 놓으면, 같은 키워드를 놓고 경쟁하는 여러 회사 중에 돈을 많이 설정한 순서대로 검색광고 공간에서 노출을 해주고 소비자가 그걸 보고 클릭을 할 때 설정한 금액이 과금되는 것입니다. 마치 주식에서 매도와 매수 가격과 수량을 입력하고 주문 체결을 기다리는 것과 동일한 원리입니다. 그래서 우리 검색광고 링크가 경쟁사보다 상위에 노출되기를 원한다면 상황을 보면서 경쟁사보다 금액을 높게 설정하면 되는데 그렇게만 해 놓으면 문제는 예산이 금방 소진될 것입니다. 검색 광고대행사에서는 수 많은 검색광고를 진행했던 노하우로 시간대별, 상황별로 금액 설정 등에 변화를 주면서 검색 광고를 효율적으로 진행하게 도와줍니다. 가령 예산이 부족하면 경쟁사의 패턴을 분석해서 확실히 상위노출이 가능한 시간대만 집중하거나, 아니면 아예 우리의 전략 시간대를 세워서 그 시간대에만 상위노출을 하는 방법 등이 있습니다.

검색 광고대행사를 활용하면 아래처럼 수간과 월단위로 리포트도 보내줍니다.

1. 키워드 월간 요약

기간	노출수	클릭수	클릭율	클릭당 비용	총비용
2018년06월	31,762	354	1.17%	₩2,167	₩767,046
2018년06월	49,508	505	1.02%	₩3,159	₩1,595,480

2. 키워드 주간 현황

기간	노출수	클릭수	클릭율	클릭당 비용	총비용
2018년07월1주	16,645	152	0.91%	₩3,060	₩465,114
2018년07월2주	32,863	353	1.07%	₩3,202	₩1,130,366
2018년07월3주	-	-	-	-	-
2018년07월4주	-	-	-	-	-
2018년07월5주	-	-	-	-	-

3. 키워드 일간 현황

기간	노출수	클릭수	클릭율	클릭당 비용	총비용
07.01.일	4,265	31	0.73%	₩3,413	₩105,815
07.02.월	7,352	49	0.67%	₩2,352	₩115,245
07.03.화	5,028	72	1.43%	₩3,390	₩244,054
07.04.수	5,646	73	1.29%	₩3,553	₩259,395
07.05.목	8,110	80	0.99%	₩3,201	₩256,057
07.06.금	8,648	70	0.81%	₩3,441	₩240,841
07.07.토	5,348	63	1.18%	₩3,174	₩199,931
07.08.일	5,111	67	1.31%	₩2,599	₩174,142

그림 6 오피스텔 분양 검색 광고 리포트 사례

검색 광고는 브랜드 광고는 아니지만 거의 대부분의 광고주가 규모와 상관없이 꼭 해야 하는 광고 상품이다보니 이엠넷이나 에코마케팅 등 코스피 상장 기업까지 배출할 정도로 크게 성장하였습니다. 특히 브랜드별 차별화가 안되어 있어서 뭘 해도 상관없고, 온라인상에서 모든 프로세스가 신속하게 끝나는 것이 필요한 경우 검색 광고가 특히 위력을 발휘하는데 대출, 꽃배달 같은 키워드는 늘 CPC[28]가 가장 높은 키워드로 그만큼 경쟁이 치열합니다. 그래서 한 때 대출 광고 같은 경우에는 검색 광고대행사들이 광고대행사 선정에 영향을 많이 끼쳤던 사례도 있습니다.

하지만 이렇게 특별한 사례를 빼면 한 브랜드가 진행하는 검색 광고의 규모가 그렇게 크지 않고, 각 대행사별 차이를 광고주가 검증하기도 어렵기 때문에 일반적인 경우에는 검색 광고는 온라인 광고를 맡은 대행사에 맡겨서 진행하는 경우가 많습니다.

---

28 Cost-Per-Click의 준말로 클릭당 비용을 의미합니다.

슬기로운 이야기　'온라인 광고해야 되는데'

사실 온라인 광고는 오프라인 광고보다 더 자세히 영역 별로 분화되어 있어서 '온라인 광고해야 되는데' 라는 말 한마디로 어떤 회사면 된다고 말씀드리기가 대단히 어렵습니다. 예를 들어 네이버 검색광고도 해야 하고, 웹사이트도 만들어야 하며, SNS도 운영해야 하고, 요즘 유행하는 바이럴 마케팅도 필요하고, 동영상이나 배너 광고를 제작해서 디스플레이 광고도 해야 하고, 그 외 직접 판매를 할 경우에는 E-Commerce 전문 대행사가 필요한 경우도 있습니다. 또 앱을 설치하거나 예약을 유도하는 등의 퍼포먼스 마케팅도 전문 대행사가 따로 있습니다.

만일 광고물의 제작보다는 네이버 블로그나 페이스북 컨텐츠 제작과 운영, 인플루언서 마케팅 등이 필요하다면 바이럴 마케팅대행사를 선택하는 것이 맞습니다. 일반적으로 바이럴 마케팅대행사에서도 본연의 업무 외에 기본적인 검색광고, 웹사이트 구축, 배너광고 정도는 외부 대행사를 써서 진행할 수 있습니다. 하지만 이보다는 동영상 광고도 찍어서 유튜브에도 집행해야 하고, 기타 배너 광고 등도 좀더 전문적으로 운영을 할 필요가 있다면, 온라인 광고대행사를 찾는 것이 맞습니다.

문제는 이런 온라인 부분의 대행사들은 믿을 수 있는 순위나 업무 영역에 대한 소개 자료가 거의 없다는 점입니다. 예를 들어 네이버에서 '온라인대행사 순위'를 검색했을 때 나오는 자료는 출처도 불분명하고, 검색 광고, 온라인 광고대행사, 웹사이트 제작사 등이 서로 겹쳐서 나오는 경우가 많이 있습니다. 또한 '바이럴 대행사', '온라인 광고대행사' 등을 검색했을 때 나오는 자료들도 대부분 각 대행사들이 올린 광고인 경우가 많습니다. 앞에서 소개한 광고 정보센터의 광고회사현황에도 제일 큰 몇개의 온라인 회사들만 자료를 내고 있습니다.

그나마 믿을 만한 리스트는 한국온라인광고협회의 회원사 리스트로 연회비를 200만원씩 내야 하기 때문에 어느 정도 규모가 있는 곳들이 모여 있습니다. 하지만 온라인 광고 업무의 취급고가 크지 않은 경우들이 많아서 이 리스트에 없는 수준급 온라인광고대행사들도 많이 있습니다. 업계에 정통한 지인이 없다면 이런 작은 회사들 중에서 우리 브랜드에 맞는 회사를 찾는 것은 정말 쉽지 않습니다.

이런 전문적인 리스트 외에 활용할 수 있는 방법으로는 우선 '사람인'이나 '잡코리아' 같은 구직 사이트에서 검색을 해보는 방법입니다. 이런 구직 사이트에서 사람을 찾을 정도라면 어느정도 규모도 되지만, 동시에 회사의 구조나 평가 등도 알 수가 있습니다. 가령 같은 포지션을 계속 뽑는 회사는 무언가 좀 문제가 있다고 보는게 맞겠죠. 동시에 그 회사의 페이스북을 검색해보면 그 회사의 사업 영역이나 역량도 어느정도 가늠해볼 수 있습니다.

사실 빅 스몰 광고주와 일할 온라인 광고 회사라면 크기가 중요하지 않습니다. 그보다는 산업에 대한 이해와 경험이 얼마나 되는지, 빅 스몰 광고주가 생각하는 업무 범위와 일치하는지, 그리고 앞으로 얼마나 오랫동안 같이 일할 수 있을지 등이 좀더 중요할 것입니다. 또한 온라인 광고 매체가 굉장히 표준화된 산업이다 보니 제가 보기에는 각 회사마다의 차별점 보다는 우리 브랜드를 맡을 담당팀이 누구인가에 따른 차이가 더 크다고 판단됩니다.

4-7
동영상 제작물이 필요하다면 - 프러덕션과 부티크

광고비를 모두 광고대행사가 '먹는다'는 오해 외에, 또다른 광고에 대한 오해는 광고대행사가 광고를 '만든다'는 말입니다. 맞기도 하지만 맞지 않기도 한 말입니다.

가령 삼성물산의 래미안이나 현대건설의 힐스테이트 같은 아파트를 보면 분양 계약서에도 삼성물산과 현대건설이 짓는다고 나와있지만, 실제로 공사 현장 자체는 각 분야별 하청 회사들이 진행을 하고 삼성물산과 현대건설에서는 현장 감독과 프로젝트 진행을 하게 됩니다. 즉 실제 땅을 파는 굴착기와 덤프트럭 중에 삼성물산과 현대건설 소속은 없지만 이 두 회사가 아파트를 짓는다고 인식합니다.

광고도 마찬가지로 광고대행사가 광고주와 계약을 하고 광고를 만들어 진행하고 그 과정에서의 품질을 보장하고 책임지지만, 실제 광고를 찍고 편집하는 등의 작업은 제작 외주 회사들을 통해 이루어집니다. 동영상 소재의 경우 프러덕션 (Production) 회사들이 이런 일을 하는데 좀더 전문적으로 보면 감독이 운영하는 감독 프러덕션과 프로듀서들이 운영하는 PD 컴퍼니로 구분이 됩니다.

감독은 드라마나 영화의 감독 (Director)처럼 동영상 광고 제작을 책임지는 사람입니다. 감독의 구상대로 컷이 구성되고 현장에서 감독이 연출하여 촬영이 진행됩니다. 프로듀서 (Producer, PD) 역시 드라마나 영화의 PD 와 비슷하게 감독이 컷의 구성과 촬영을 한다면 전체 예산을 통제하고 각 업무 영역에서 인력과 외주 회사를 구성하고 관리해서 광고가 만들어지게 하는 역할을 합니다.

광고대행사에서는 광고를 기획하면서 시안을 만들 때 프러덕션의 도움을 받는 경우가 많습니다. 어차피 제작을 해야 하니 시안 단계에서부터 같이 일하면서 준비하는 거죠. 만일 감독이 운영하는 프러덕션을 불러서 도움을 받는다면 시안의 방향을 봤을 때 이런 일을 잘 할만한 감독을 먼저 정하고 그 사람하고 준비하는 것입니다. 이런 감독 프러덕션에도 PD가 있어서 그 외 비용 통제와 외주처 통제 등을 합니다. 반면 PD가 운영하는 PD 프러덕션의 도움을 받는다면 시안이 어떻게 될지는 잘 모르겠는데 우선 PD 프러덕션과 같이 준비하고 시안이 결정되면 '어떤 감독이 이걸 잘 찍을까?'를 협의해서 PD 프러덕션에서 감독을 선임하도록 합니다. 즉 PD 프러덕션하고 일을 하면 감독은 (PD프러덕션과 일을 하겠다고 하는) 누구와도 일을 할 수 있습니다.

사실 프러덕션의 업무까지 빅 스몰 광고주가 알 필요는 없지만 굳이 설명 드리는 이유는 의외로 많은 경우 광고의 진행을 프러덕션에 맡기는 경우를 종종 보기 때문입니다. 보통 TVC나 유튜브 광고를 하고 싶은데 마침 프러덕션 중 아는 곳이 있거나 혹은 주변에서 추천을 받고 바로 연락하는 경우입니다.

프러덕션 역시 분명 광고계에 있으니 이런 경우 못할 이유는 없습니다. 하지만 '광고를 한다'는 말에는 앞서 설명을 쭉 드린 것처럼 단순히 '소재 하나 만들어서 매체를 잡는다'가 아니라, 어떻게 브랜드를 운영하고 마케팅 전략을 짤 것인지에 대한 기획도 해야 되고, 어떤 매체가 적합한지에 대한 비교도 해봐야 하고, 동영상 캠페인 하나를 하더라도 온라인에 웹사이트나 SNS 채널을 개설하고, 캠페인 시작에 맞추어 프로모션도 진행하고, 나중에 조사를 통해 얼마나 인지도가 올라갔는지를 확인하는 것까지 다양한 영역에서의 서로 다른 회사들이 관여하는 복잡한 프로세스를 의미합니다. 프러덕션은 이 다양하게 필요한 광고 업무 중 동영상 소재를 잘 만드는데 모든 인원의 역량을 집중한 곳이기 때문에, 만일 '광고 진행까지 해달라'는 부탁을 받는다면 프리랜서들을 고용하거나, 혹은 외부의 다른 광고대행사에 업무를 소개할 수밖에 없습니다. 물론 효율적인 방법은 아닙니다.

프러덕션과 비슷하게 '부티크 (Boutique)'라는 회사도 있습니다. 프러덕션에 꼭 광고대행사 출신일 필요가 없는 감독과 조감독, PD 등이 모여 있다면, 부티크는 보통 광고대행사의 제작팀 출신들이 나와서 차린 제작 전문 회사입니다. 인쇄 같은 경우를 주 업무로 하지만 광고대행사 출신들인 만큼 TVC 제작도 가능합니다. 하지만 브랜드와 마케팅 기획이나 매체 업무를 할 수 있는 AE 출신들이 있는 부티크는 그리 많지 않습니다. 만일 제작 출신들만 있는 부티크에 광고 전반의 운영을 맡긴다면, 앞서 설명한 대로 외부 프리랜서나 혹은 외부 회사에 일부를 위탁해야 하기 때문에 역시 효율적인 방법이라고 보기는 어렵습니다.

> **슬기로운 이야기** **동영상 광고 만드는데 얼마나 드나요?**

사실 요즘 가장 많이 받는 질문이 '동영상 광고를 만들어야 되는데 얼마나 들어요?' 입니다. 저는 이런 질문을 받으면 바로, '그거 만들어서 어디에 광고할 건데요?'라고 물어봅니다. 많은 경우 '글쎄, 아직 잘 모르겠어요. 아마 온라인 쪽 아닐까요?' 라는 답을 많이 듣습니다.

충분한 예산이 있다면 '동영상 광고를 하고 싶다' 고 이야기할 텐데, '동영상 광고를 만들고 싶다'는 것으로 보아 종합광고대행사나 온라인광고대행사에 의뢰하기도 어려운 예산일수도 있습니다. 혹은 아예 이렇게 한 곳에 의뢰할 수 있다는 것을 모르고 있는 경우도 종종 있습니다.

사실 똑같은 TV 광고 스토리보드 시안을 갖고도 몇 천만원에도 찍을 수도, 몇 억원에 찍을 수도 있습니다. BGM[29] 만해도 똑같이 30초를 쓰려고 해도 몇 만원짜리 라이브러리 음악도 있지만 영국의 유명 록그룹 퀸 (Queen)의 노래 같은 경우는 3개월만 쓰려고 해도 몇 천만원을 호가합니다. 또 같은 TVC나 시안을 봐도 전문적인 PD가 아니면 광고대행사의 AE나 제작팀은 정확한 제작 예산을 파악하기가 매우 어렵습니다.

그래서 시안도 없는 상태에서 일률적으로 이야기하기는 어렵기 때문에 보통은 거꾸로 '얼마정도 예산이 있는데?' 를 묻게 되는데 그 이유는 예산에 따라 추천할 수 있는 매체와 제작 회사의 리그들이 달라지기 때문입니다.

몇 백만원에서 1~2천만원으로 30초짜리 유튜브용 바이럴 필름을 제작하는 프러덕션들도 많이 있습니다. 네이버

---

29 BGM (Back Ground Music): 광고의 배경음악을 의미하는데, 두 종류로 나뉘어집니다. 우선 라이브러리 (Library) 란 곡마다 저작권 계약을 사용자와 따로 하지 않고 기계적으로 정해진 단가대로 하는, 보통 매우 싸거나 무료인 음원입니다. 라이센스 (License) 란 반대로 보통 유명한 곡들로, 저작권 계약을 사용자마다 따로 해야 하고, 기간, 사용하는 매체, 지역, 촛수 및 사용 목적 등에 따라 제한 혹은 가격이 따로 책정됩니다.

등에서 '바이럴 영상 제작' 이라고 검색하면 많이 나옵니다. 공통점은 일반 TVC 감독은 아니고 저렴한 예산에 유튜브에서 건너뛰기 (SKIP)버튼을 안 누르도록 재미있게 만드는 감각이 있는 젊은 감독들이 편집이나 녹음 등 포스트 프러덕션 과정을 모두 내부에서 PC를 통해서 소화하면서 진행하는 것입니다. 영상을 만드는 방법 중 촬영이 제일 저렴하기 때문에 촬영을 많이 합니다만, 모델은 모델료가 많이 나오면 안되기 때문에 보통 2~3명 내외에서 진행합니다. 촬영을 하지 않고 Stock Photo 등에서 동영상과 사진을 구입해서 편집해서 하는 경우도 있는데 케이블TV SO 광고 등에서 볼 수 있는 일부 부동산 광고 등도 이런 식으로 만듭니다.

만일 이런 식의 재미있는 광고가 아닌 기업이나 제품 소개 동영상이 필요하다면, 위 유튜브 바이럴 영상 제작 프러덕션들도 잘 할 수 있지만, 좀더 특화된 곳들이 있습니다. 보통 제품 소개 동영상의 경우에는 3D 등을 통해서 제품의 CG를 만들고, 가정 상황에서 시식을 하거나 제품을 사용하는 컷이 필요한 경우가 있는데, 이런 영상은 홈쇼핑 영상을 전문적으로 제작하는 프러덕션에서 잘 합니다. 이런 곳들은 네이버에 '홈쇼핑 영상 제작'이라고 치면 검색이 됩니다. 비용은 3D까지 넣어서 대략 2천~3천만원 수준에 제작이 가능하고 제품이나 모델 촬영도 가능하기 때문에 전체적인 동영상 소재의 제작이 가능합니다.

이보다 더 제작비용이 많이 들어가는 곳들은 케이블TV나 공중파TV에서 집행이 가능한 수준의 광고를 만드는 곳인데, 이렇게 비용이 올라가는 이유는 우선 감독가 비싸고, 편집과 녹음을 내부에서 하는게 아니라 외부의 전문적인 편집실과 녹음실에서 진행하기 때문입니다. 동시에 촬영을 하더라도 촬영, 조명, 미술팀 등이 경력이 많고 그만큼 금액대가 높은 팀들을 주로 고용해서 진행합니다. 비싼 공중파TV나 케이블TV의 매체비가 제 효과를 낼 수 있도록 수준 높은 광고 소재를 제작해야 하는데 이런 TV광고 전문 프러덕션들의 경우에는 비싼 만큼 경력상 아무래도 좀더 믿음이 가게 마련입니다. 요즘에는 이런 곳에서도 유튜브용 광고 소재도 많이 만듭니다.

'TVCF' (www.tvcf.co.kr) 라는 웹페이지는 현재 유일하게 우리나라에서 모든 TV 광고를 수집해서 업로드하고 제작진의 정보를 수록하는 곳입니다. 그래서 이런 TV광고 전문 프러덕션들을 찾고 싶다면 이 곳에 가서 광고를 쭉 보면서 우리 회사의 광고를 맡길 만한 곳을 찾아서 연락하면 됩니다.

이렇게 동영상 제작비용을 알아볼 때 흔히 생각하지 못하는 비용이 있는데, 그 것은 제작할 동영상의 시안을 만드는 비용입니다. '광고 만드는 곳에서 당연히 시안도 만드는 거 아냐?'라고 생각할 수 있는데, 정확히 구분을 하면, 프러덕션에 있는 인원들도 아이디어를 낼 수는 있지만, 실제로는 '기획실장'이라고 불리는 프리랜서를 고용해서 시안을 같이 만드는 경우가 보통입니다.

'기획실장'들은 보통 광고대행사 제작팀 출신이거나, 혹은 프러덕션에서도 처음부터 시안을 내는 쪽에 특화되서 경력을 쌓은 인원들로, 일반적인 프러덕션에서는 이런 기획실장을 외주로 활용합니다. 보통 한 건에 200~500만원 정도 기획실장에게 지불하는데, 이런 기획비용은 제작비용과 구분을 하기 때문에 광고 분야 일하는 사람들에게 '동영상 제작비'를 물어볼 때에는 이 비용을 제외하고 답하는 경우가 많습니다.

여기에 추가해서 시안을 애니매틱이라고 불리는 동영상으로 보고 싶은 경우에도 역시 비용이 추가됩니다. 난이도에 따라 다르지만 한 편에 200~500만원 정도 실제 제작비가 소요됩니다.

개인적으로는 저는 이런 질문을 받았을 때 '제작비는 그렇다고 치고 매체를 집행할 예산은 있는지?'를 꼭 물어봅니다. 만일 유튜브처럼 매체비를 지불해야 하는 경우라면 이렇게 제작 따로, 매체 따로 하는 것보다 모두 진행할 수 있는 광고대행사를 선정해서 제대로 서비스 받아가면서 진행하는 것이 좀더 효율적일 것이라는 생각 때문입니다. 광고에 경험이 없는 빅 스몰 광고주라면 더더욱 그렇습니다.

이렇게 제작과 매체를 각각 따로 진행했던 광고주들은 처음에는 광고를 잘 몰라도, 한 번 경험했으니 다음에도 할 수 있을 것 같지만 제 경험상 대부분은 종합광고대행사를 선정해서 다음 해부터 업무를 맡기는 경우가 많았습니다. 광고 수수료를 절약하는 것 이상으로 비효율과 번거로움이 크기 때문일 것입니다.

4-8
그러면 어떤 대행사를 써야 합니까?

앞서 빅 스몰 광고주들이 광고를 하겠다고 결심했을 때 만날 수 있는 일반적인 대행사들의 종류를 모두 설명 드렸습니다.

사실 광고를 하는 것은 굉장히 쉬운 일입니다. 자기 돈 쓰는 일인데 돈 쓰는 일만큼 쉬운 게 어디 있겠습니까? 예를 들어 10억원의 예산으로 광고를 하겠다고 하면 앞서 설명한 어느 회사를 선택해도 '쉽게' 10억원을 쓸 계획을 제시할 것입니다.

광고를 하면서 어려운 것은 매출, 인지도, 선호도 등 원하는 소비자 반응을 투자한 비용대비 일반적으로 기대할 수 있는 것 혹은 경쟁사 대비 더 얻는 것, 즉 더 효과적인 광고를 하는 것입니다. 더구나 한 번 경쟁사보다 잘하는 게 아니라 계속 꾸준히 잘하는 건 광고를 많이 하는 기업들 중에서도 정말 손 꼽을 정도로 어려운 일입니다.

제일기획, 이노션, HS애드, 대홍기획, TBWA 같은 기라성 같은 광고대행사들이 만든 광고가 늘 똑같이 감탄이 나오는 건 아닌 이유나 삼성전자, 현대차, SK텔레콤, KT 같은 최정상급 광고주들도 광고에 기복이 있는 건 그만큼 어렵기 때문입니다.

이렇게 경쟁사보다 광고를 잘하려면 사실 잘할 수 있는 대행사를 '정확하게' 선정하는 것도 중요하지만 선정된 대행사와 관계를 어떻게 맺고 운영해야 하는지, 내부 역량은 어떻게 준비해야 하는지 등에 따라 달라질 수 있는 것은 너무나 많습니다.

그래서 앞으로는 일반적으로 생각할 수 있는 빅 스몰 광고주의 상황들에 따라 제 경험상 최선의 광고대행사 선정의 방법론에 대해서 말씀드리겠습니다.

광고 회사

어떻게

정하면 됩니까?

5

<u>광고 회사</u>

<u>어떻게</u>

<u>정하면 됩니까?</u>

앞 부분에서는 예산별로 진행할 수 있는 매체와 각 부분별 어떤 광고 회사들이 있는지에 대해서 설명했습니다. 그러면 빅 스몰 광고주 입장에서도 가용한 예산으로 어떤 매체를 진행할 수 있고 이 경우 어떤 회사를 선택해야 하는지에 대해서 이해가 될 것입니다.

그 다음 문제는 그런 회사들을 어떻게 선택할 것인가의 문제입니다.
아마도 '어떻게 정하긴? 광고대행사 많고 많은데 공고 내면 되는 거 아닌가? 아니면 직원 시켜서 전화를 돌리던가' 라고 생각하시는 분들도 있을 겁니다.
예산이 많은 대기업에서도 광고가 그 회사의 얼굴이다 보니, 광고대행사 고르는 것을 그렇게 간단하게 하지 않습니다. 하물며 빅 스몰 광고주들에게 광고는 단 한 번의 캠페인도 절대로 실패해서는 안될 예산을 투입하는 중요한 사업이기 때문에 고민에 고민을 거듭하기 마련입니다.
저는 20년 동안 줄곧 광고대행사에 있었기 때문에 다양한 업종과 회사, 브랜드를 서비스했습니다. 그 중 단 한 경우도 광고주나 광고대행사가 '우리는 갑-을 관계가 아니라 공동 운명체인 파트너쉽입니다' 라는 이야기를 하지 않은 경우가 없었습니다만 제가 경험했고 봤던 이런 파트너쉽이 모두 좋은 결과를 낳았던 것은 아닙니다. 1+1의 결합이 때로는 2가 아닌 3이나 4가 된 적도 있지만, 혹은 0이나 -1이 되는 경우도 숱하게 보고 체험했습니다.

사실 매체별 예산이나 광고대행사들에 대한 정보는 인터넷만 검색해도 어느정도 파악할 수 있을 겁니다. 하지만 각 영역별로 많은 후보 중에 어떻게 좋은 파트너를 구할 수 있는지는 많은 시행착오를 경험해도 쉽게 단언하기 어려운 문제입니다. 다만 제 경험으로 단언할 수 있는 것은 1+1을 3이나 4로 만들 좋은 파트너쉽은 어떻게 선정이 되었는지, 바로 그 첫번째 단추에서부터 시작한다는 점입니다.

5-1
경쟁입찰을 생각하시나요?

앞서 빅 스몰 광고주들이 생각할 수 있는 광고대행사의 유형별로 어떻게 만날 수 있는지에 대해서 설명을 드렸습니다. 그렇다면 어떻게 최종적으로 우리 회사와 일할 파트너를 선정할 수 있을까요? 아마 대부분의 경우 여러 회사에 과제를 내서 평가하는 '경쟁입찰'(Pitch, Bidding)을 떠올릴 것입니다.

자본주의 시장 경제 원리에서 '경쟁'이란 경제 주체간 효율을 촉진하는 가장 큰 장치입니다. 공정한 경쟁을 통해 가장 효율적인 대안을 선택할 수 있으며 동시에 '부정과 부패'라는 비효율을 방지할 수 있습니다. 광고 산업에 대입하면 단순히 그 회사의 경영진이 개인적으로 운영하거나 혹은 친지나 친구가 운영한다는 이유로 광고대행사를 선택하는 것이 아니라, 각 대행사가 내놓은 주장들을 비교해서 그 중 우리 브랜드에 가장 적합한 대안을 선택하는 것입니다.

실제로 이런 경쟁입찰 방식은 전세계적으로 가장 보편적으로 활용되는 방법입니다. 광고에 경험이 없는 빅 스몰 광고주라면 오히려 여러 회사의 주장들을 비교하는 것이 향후 광고 진행에서 리스크를 줄일 수 있는 방법이기도 합니다.

다만 이런 경쟁입찰도 그냥 하고 싶다고 해서 할 수 있는 것도 아니고 했다고 해서 최선의 결과가 자동으로 도출되는 것은 아닙니다. 저는 경쟁입찰을 주로 응하는 입장이었지만, 입찰의 한 당사자인 대행사를 대변해서 경쟁입찰을 잘 운영하는 방법에 대해서 말씀드리겠습니다.

5-1-1 경쟁입찰, 우선 흥행이 문제입니다.

경쟁입찰을 진행할 때 가장 고민되는 문제는 바로 흥행입니다. '아니 돈 벌 수 있는 기회인데 광고대행사들이 안오나?' 라고 의아해할 수도 있지만, 대부분의 경쟁입찰에서 고민되는 문제입니다.

우선 '우리 회사에서 광고대행사 경쟁입찰을 합니다.'라는 사실을 알리는 방법 자체가 마땅하지 않습니다. 광고비의 규모가 커서 평상시에도 종합광고대행사 등에서 영업을 위해 찾아와 명함을 놓고 가고 연락을 꾸준히 하는 경우라면 그런 걱정이 없겠습니다. 하지만 광고비 규모도 작고 광고 경험도 없는 빅 스몰 광고주라면 경쟁입찰을 하려고 해도 '어떻게 알려야 하지?'에 대한 걱정이 될 수 밖에 없습니다. 국가기관이나 공기업들이라면 나라장터[30]를 통해서 공고를 내면 될 텐데, 일반 사기업의 경우에는 홈페이지에 내 봐도 평소에 오는 사람이 없으면 무용지물입니다.

또 이렇게 많이 알려서 경쟁입찰에 참여하는 회사를 확보하는 것도 중요하지만, 정작 이 경우에도 원하는 수준의 회사만 온다는 보장도 없습니다. 제 경험에는 나라장터를 통해 진행해야 하는 국가기관이나 지방자치단체에서도 오는 회사를 말릴 수는 없기 때문에 이 문제를 걱정하는 경우를 많이 보았습니다.

결국 우선은 주변 지인들을 통해 찾아보는 방법 밖에 없습니다. 만일 동영상 광고로 TV나 유튜브 정도의 캠페인을 계획하고 있다면 앞서 소개한 TVCF 홈페이지에 들어가서 마음에 드는 광고를 만든 회사를 찾아보거나 혹은 역시 앞서 소개한 한국온라인광고협회 회원사를 검색해보는 것도 방법입니다.

---

30 나라장터는 조달청에서 국가기관 및 지방자치단체, 공영기업을 위해 운영하는 온라인 조달 시스템입니다.

네이버에 검색을 하는 방법은 추천 드리지 않는 것이, 가령 '온라인 광고', '바이럴 마케팅' 같은 키워드 같은 경우에는 너무 다양한 회사들이 네이버 검색 광고를 하고 있는데, 이 회사들이 정말 원하는 수준의 믿을 만한 회사들인지를 알 방법이 없기 때문입니다.

빅 스몰 광고주들에게는 이렇게 우선 경쟁입찰에 참여할 회사를 모으는 것 자체가 도전입니다. 하지만 막상 모았다고 해서 경쟁입찰 자체가 성립하는 것도 아닙니다.

5-1-2 경쟁입찰, 부른다고 다 오지 않습니다.

자 어렵게 지인이나 검색 등을 통해 몇몇 대행사들의 연락처를 모았다고 가정해 봅시다. 그런데 이렇게 접촉한 대행사들이 실제로 '경쟁입찰'에 참여하라고 하면 다 오는 경우가 거의 없습니다. 빅 스몰 광고주 입장에서는 '어떻게 하지?' 하는 생각에 당황스럽기도 하고 '아니 배가 불렀나? 왜 돈 벌 기회를 마다하는 거지?' 라고 섭섭할 수도 있습니다.

하지만 경쟁입찰을 준비해야 하는 광고대행사 입장에서는 공이 온다고 모두 배트를 휘두르면 안되기 때문에 심사숙고를 할 수밖에 없는 이유가 경쟁입찰을 준비하는 데에는 생각보다 상당한 비용이 소요되기 때문입니다.

경쟁입찰의 과제가 단순한 회사 소개정도라고 하면 모를까, 나라장터에서 많이 요구하는 것처럼 각종 재무제표나 조직도, 자격증부터, 비슷한 광고 실적이 있는지 과거 광고주들로부터 도장을 받아와야 하는 '유사실적확인원'이나 보증보험 서류 같은 걸 가져오라고 하면 이런 서류 준비하는 데에도 시간이 많이 소요됩니다. 모든 비즈니스가 그렇듯이 시간도 비용입니다.

만일 확실하게 선정된다는 보장만 있다면, 당연히 어떤 대행사라도 경쟁입찰에 응하겠지만, 그런 보장을 하는 경쟁입찰은 당연히 없습니다. 실제 대부분의 광고대행사들이 원하는 것은 그보다도 공정한 경쟁입찰이면 됩니다. 그런데 제 21년간의 경험상 경쟁을 경쟁 답게 하는 최소한의 장치인 공정성이 아래 두 가지 관점에서 제대로 지켜지는 경우가 그렇게 많지 않습니다.

우선 대행사들이 가장 걱정하는 것은 '들러리', 즉 어느 회사에 주기로 이미 결정했는데 사내 규칙상 경쟁입찰을 해야 해서 다른 회사들을 들러리로 세우는 경우입니다. 경쟁입찰에 들어갈 회사를 모으는 것조차 어려운 빅 스몰 광고주라면 그런 걱정을 할 필요가 없다고 설득하겠지만, 광고대행사들은 여태껏 들러리를 섰거나 혹은 만들었던 오랜 경험으로 끝까지 의심을 풀지 못합니다. 그래서 조금이라도 이상한 기미가 있으면 경쟁입찰 참여를 고민하게 됩니다.

'들러리'는 아니더라도 역시 걱정하는 것은 '기울어진 운동장' 입니다. 광고대행사 중에 예정된 곳은 없더라도 우리보다 먼저 접촉한 곳은 어디인지, 우리보다 규모가 확연이 큰 곳은 없는지, 광고주 중에 CEO나 담당 임원을 기존에 알고 있거나 학연 등 특별한 관계에 있는 곳은 없는지를 걱정합니다. 사람 사는 곳은 다 비슷한 지, 일전에 Ad Age 라는 미국 광고업 잡지에서 이런 걱정은 미국에서도 많이 있다는 기사를 읽은 적이 있습니다.

이런 의심은 사실 전체 참여 대행사들이 서로 어떻게 접촉이 되었고 누가 광고주와 관계가 있는지 등을 잘 알 수 없는 정보의 비대칭성에서 오는 필연적인 Risk라고도 할 수 있습니다. 하지만 대행사들은 광고주가 아무리 그런 일 없이 공정하게 실력만 평가 하겠다고 이야기를 해도 지금까지 수많은 경험으로 끝까지 의심의 눈초리를 거두지 못합니다.

거기에 대행사내 형편 때문에 일정이 안 맞거나, 혹은 경쟁사를 이미 대행하고 있는 등의 여러가지 이유로 대행사들이 경쟁입찰에 초청받았다고 모두 참여하는 것은 아닙니다. 제가 봤던 경험으로는 4군데 정도 연락을 하면 1군데 정도 포기하는 경우가 많은 것 같고 만일 초청이 아닌 공개 형식인 경우 어느 공기업의 입찰 설명회에 참석한 21군데의 대행사 중 실제로는 5군데만 입찰에 참석한 경우도 본 적이 있습니다.

5-1-3 경쟁입찰에 시안과 매체안이 꼭 필요할까?

'아니 광고대행사를 광고 시안 없이 어떻게 평가를 하지?' 라고 생각하는 분들이 많을 겁니다.

매체부분만 입찰하는게 아니라면 분명 크리에이티브 아이디어가 광고대행사의 가장 중요한 서비스 항목인만큼 이 부분을 비교하고 선정하는 것이 분명 현명한 선택을 하는데 도움을 줄 것입니다.

또 여러 회사의 광고 시안을 비교하다 보면 각 회사의 특성도 드러나면서 동시에 광고주 입장에서도 지금껏 생각하지 못했던 아이디어가 나오기도 합니다.

그런데 문제는 앞서 설명한대로 경쟁입찰을 위해 광고대행사 입장에서는 비용이 소요되는데, 거기에 광고 시안까지 제작하면 비용이 매우 크다는 점입니다.

우선 시안을 만들려면 기획팀과 제작팀이 브랜드에 대해서 공부도 하고 소비자와의 관계도 분석해서 과제를 도출하고 향후 브랜드의 발전 방향 등을 시간을 들여서 공부하고 각 팀별로 회의를 하면서 캠페인 기획을 해야 합니다. 이후에는 제작팀이 캠페인 기획 내용을 바탕으로 시안을 만드는데 카피라이터와 아트 플래너, 크리에이티브 디렉터로 구성된 한 팀이 온전히 동원됩니다.[31]

거기에 시안을 만드는 것은 사내 비용이 아닌 외주 비용이 소요되는 작업입니다. 외부 콘티작가를 섭외해서 그림을 그리거나 부티크를 동원해서 합성을 해야 하고, 프러덕션을 고용해서 TV광고 등을 위한 동영상 애니매틱 시안을 만드는 등 종류에 따라 간단히 시안당 몇 십만원 수준에서 많게는 1천만원 이상까지 소요됩니다.

---

31 광고대행사의 제작팀은 크게 두 가지 직능이 있는데 카피라이터 (Copywriter)는 카피를 쓰는 업무, 아트 플래너 (Art Planner)는 비쥬얼 아이디어를 내고 만드는 업무를 합니다. 크리에이티브 디렉터 (Creative Director)는 이 두 직능을 합쳐서 광고 시안을 결정하고 제작의 책임을 지는 제작팀의 팀장 역할입니다.

매체 기획 역시 경쟁사의 매체 패턴을 분석하고 시안과 전략에 맞게 소비자의 매체 접촉율을 조사해서 우리만의 예산안을 준비하는데 매체 기획팀과 바잉팀이 모두 모여서 아이디어를 내고 실제 구매 단가를 각 매체사마다 접촉해서 조사해서 제시하게 됩니다.[32]

이러한 과정을 통해 일반적인 종합광고대행사의 경쟁입찰에서 제시하는 Presentation을 보면, 크게 아래의 다섯 가지 요소로 구분이 되어 있습니다.

1. **회사소개**: 회사에서 그동안 작성한 기존 광고 제작물 등을 편집한 Agency Reel과 광고주, 조직도, 취급고, 팀 소개, 회사의 브랜드 모델이나 장점 등을 소개합니다.

2. **기획**: 소비자와 브랜드간의 관계를 분석하여 문제(Issue)와 브랜드의 발전 방향을 설정하는 단계로 이후에 나올 제작물이 어떤 생각에서 나왔는지를 설명합니다.

3. **크리에이티브**: 이러한 기획안에 따라 준비된 광고 시안으로 모델 아이디어나 대행사의 주장이 담긴 슬로건, 테마 등과 함께 보통 2~4개 시안 아이디어를 제시합니다.

4. **매체**: 앞서 제시한 기획안과 크리에이티브를 소비자들에게 주어진 예산 하에서 전달하기 위해 준비한 매체 기획의 생각과 매체 구성안 (Media Mix), 예상 효과 등을 소개합니다.

5. **기타**: 앞서 제시한 크리에이티브 아이디어 외에 프로모션이나 기타 미디어를 동원한 IMC 아이디어와 각 대행사의 서비스 계획 등을 설명합니다.

---

[32] 매체팀은 크게 시청률 등의 접촉율 자료를 갖고 어떤 매체를 어떻게 구성할지를 담당하는 플래너 (Planning)와 직접 각 매체사를 접촉해서 단가를 협의하고 게재 일정 등을 통보하고 조율하는 바이어 (Buyer)의 두 직능으로 구성되어 있습니다.

이렇게 준비하면 시간이 얼마나 걸릴까요? 국내에서는 일반적으로 3주의 시간을 주고 미국에서는 매체 부분을 제외하고도 보통 3개월의 시간을 줍니다. 그런데 일반적으로 경쟁입찰의 Presentation에서 주는 시간은 발표 30~40분, 질의 응답 10분입니다. 거의 대부분 파워포인트로 제시하는데 이 시간 안에 맞추려면 제 경험으로는 보통 슬라이드가 70장을 넘어가면 안됩니다.

이 부분에서 대행사와 광고주의 이해가 크게 엇갈립니다.

대행사 입장에서는 될지 안될지도 모르는 불확실한 경쟁입찰을 위해 3주간 사내 인원을 투여하는 비용 외에도 막대한 외주 비용까지 지불해 가면서 준비를 해야 합니다. 결국 광고대행사에서는 빅 스몰 광고주와 같이 예산은 적으면서 잘 모르는 (불확실한) 광고주가 연락을 해서 시안과 매체안까지 준비를 해달라고 하면 깊은 고민에 빠질 수밖에 없고 이 비용의 문제가 경쟁입찰에 초대를 받고도 Drop (포기) 하는 주된 이유 중 하나가 됩니다.

그래서 종합광고대행사들이나 온라인 광고대행사들을 접촉하면 예산이 적은 빅 스몰 광고주들과는 수의계약이라면 할 수도 있지만 경쟁입찰을 하겠다면 바로 사양하겠다는 것이 일반적인 입장입니다. 또 대행사 내부 팀들의 입장에서도 시안까지 제시하는 경쟁입찰에 참여했다 탈락하기라도 하면 사내 평가에서 불리한데, 이런 리스크를 감당하고 뛰어들 만한 예산이 아니라면 사내 평판이 좋은 팀들은 참여를 꺼려할 확률이 높습니다.

반면 광고주 입장에서도 광고라고 하는 막대한 예산이 들어가는 중요한 업무를 처음 보는 회사에 맡겨야 하는데 최대한 모든 것을 검증하고 결론 내고 싶을 것입니다. 특히 광고를 처음 하거나, 회사 규모 대비 정말 큰 결심을 하고 광고를 진행하는 빅 스몰 광고주라면 더더욱 그렇습니다. 하지만 만일 모든 걸 검증하겠다는 욕심에 시안과 매체 계획까지 요구하면서 '돈 벌려면 이정도는 해야지'

라거나, 혹은 '늘 하던 전문가니까 금방 쉽게 할 수 있지 않을까?'라고 막연히 생각한다면, 앞서 설명한 이유대로 경쟁입찰에서 너무 많은 대행사가 참여를 포기해서 결국 입찰 자체가 무산되고, 생각하던 광고 집행의 타이밍 자체를 놓칠 수도 있습니다.

결국 대행사와 광고주 모두 자본주의 시장 경제에서 똑같이 회사를 운영하는 입장에서 예산의 크기를 벗어나서 사업을 할 수는 없는 노릇입니다. 그래서 경쟁입찰을 하더라도 빅 스몰 광고주에 적합한 방법을 찾아야 합니다.

5-1-4 경쟁입찰과 Rejection Fee?

이 부분을 해결할 수 있는 방안도 있습니다. 바로 경쟁입찰에 참여한 대행사들에게 일정 수준의 비용을 보전해주는 리젝션피 (Rejection Fee) 입니다.

'아니 광고대행사가 돈 버는 일에 광고주가 준비하라고 돈까지 줘야 하나?' 라고 수긍하기가 어려운 광고주가 더 많을 것입니다. 비단 광고를 처음 하는 빅 스몰 광고주뿐 아니라, 광고를 꾸준히 오랫동안 해온 우리나라 대기업 광고주도 처음 듣는다는 반응이 많습니다.

하지만 이 리젝션피는 전세계적으로 광고업계 뿐 아니라, 건축 설계 디자인이나 컨설팅, 디자인, 일부 IT 업계 등 아이디어가 서비스인 업계에서는 오랫동안 상식화되어 있는 개념입니다. 제 짧은 식견으로는 광고업으로만 봐도 우리나라와 일부 아시아 국가를 제외하고는 미국이나 유럽, 일본에서는 경쟁입찰을 할 때 리젝션피를 명시합니다.

기본적으로 경쟁입찰은 광고주가 선심 쓰듯이 광고대행사 돈 벌게 하려고 하는 게 아니라 당연히 광고주 자신이 돈을 더 벌기 위한 도구인 광고를 잘 하기 위한 목적으로 하는 것입니다. 그래서 리젝션피는 이런 광고주 경영상의 결정을 잘 할 수 있도록 소요되는 비용으로 시작된 것입니다. 마치 신입사원을 채용할 때 면접비를 지급하는 이유가 구직자들에게 돈 줄려고 하는게 아니라 회사의 사업을 위해 좋은 인재를 뽑기 위한 것이기 때문인 것과 동일한 논리입니다.

우선 경쟁입찰에서 리젝션피를 지급하면 우선 경쟁입찰에 참여하는 대행사들이 '비용이 보전된다면 안 할 이유 없지' 라고 생각하기 때문에 중도 포기를 많이 예방할 수 있습니다. 동시에 광고주는 '우리가 비용까지 지불하는데' 라는 입장에서 경쟁입찰에 초청하는 대행사의 수준을 높일 수 있는 장점이 있습니다.

또 리젝션피가 보장된 대행사 입장에서는 비용을 좀더 부담할 수 있기 때문에 광고주는 각 대행사로부터 좀더 최선을 다한 수준 높은 아이디어를 제시 받고 비교할 수 있는 장점이 있습니다. 사실 많은 광고인들은 경쟁입찰에서 얻을 수 있는 가장 큰 이득으로 이렇게 여러 대행사가 몇 주 동안 최선을 다한 아이디어를 받아보고 비교할 수 있다는 점을 꼽기도 합니다. 실제 집행은 선정된 광고대행사의 아이디어로 하더라도, 각 대행사가 제시하는 소비자 관점에서 제품과 서비스의 장단점 및 향후 마케팅 전략, 크리에이티브와 매체 전략이 짧은 시간에 광고주들, 특히 광고에 경험이 없는 경영진에게는 광고와 마케팅 관련 집중 컨설팅을 받는 혜택이 된다는 거죠. 실제 광고 업계에서는 과거 한 연예인이 창업해서 독특한 마케팅으로 화제가 되었던 속옷 브랜드가 이런 경쟁입찰을 통한 아이디어의 습득이 도움이 많이 된 사례로 많이 언급 되었습니다.

그렇다면 리젝션피는 얼마 정도가 적당할까요 제가 15년 전에 싱가폴에서 봤던 사례에서는 대행사마다 1만불을 준 경우도 있었고 국내 통신사의 경우에는 500만원도 받았습니다. 주위에서는 한 카드사에서 1천만원을 주는 경우도 있고, 그룹사의 경우 2천만원도 있다고 합니다.

제 생각에 광고에 경험이 없는 빅 스몰 광고주라면, 아무래도 시안이 정밀하게 제작될수록 이해가 높을 것으로 판단됩니다. 그렇다면 스토리보드 형식의 크리에이티브 시안을 요구한 경우에는 500만원 정도가 적당합니다. 그러면 대행사에서 포토샵과 일러스트로 합성을 잘 한 스토리보드를 2종 정도 만들고 일부 프리랜서 기획실장을 통해 추가로 아이디어를 받아보는 실비 정도가 될 것입니다. 당연히 생각한 머리의 숫자가 많아지니 좀더 좋은 아이디어를 볼 가능성이 높아지겠지요. 만일 동영상 시안을 요구할 경우에는 1천만원 이상은 되어야할 것입니다.

이런 정도의 리젝션피는 앞서 설명한 대로 외주 비용정도의 비용이지 2~3주간 소요되는 내부 비용을 모두 정산할 정도의 비용도 아닙니다. 그래서 리젝션피로 돈 벌려는 거 아닌가 하는 의심은 하지 않아도 됩니다. 제가 경쟁입찰 많이 하다가 망한 대행사나 프러덕션은 봤어도 리젝션피 받아서 돈 번 경우는 거의 본 적이 없거든요.

경쟁입찰에 리젝션피를 지불하는 문제는 광고 업계의 오랜 숙원으로 2018년에는 청와대 청원에도 올라갔었지만 여전히 우리나라에서는 리젝션피를 지불하지 않는 경쟁입찰이 압도적으로 많습니다. 하지만 이렇게 대기업이나 국가 기관에서도 잘 지불하지 않는 리젝션피를 빅 스몰 광고주가 위와 같이 지불할 이유는 많이 있습니다. 대기업들이야 어차피 리젝션피가 없어도 광고 물량을 보고 경쟁입찰에 참여하겠다는 대행사들이 줄을 섰으니까요.

이건 업계 비밀이긴 한데, 리젝션피를 지불하지 않는다고 해서 그 비용을 광고주가 모두 절약하는 것도 아닙니다. 적어도 선정된 대행사에서 광고를 제작할 때 경쟁입찰에 소요한 비용은 제작비에 최대한 모두 광고주 눈에 안보이게 '녹여서' 처리를 하고 그만큼 청구 금액을 높이려고 하니까요.

슬기로운 이야기   썸네일 시안, 스토리보드와 동영상 시안

크리에이티브 시안을 평가할 때 유독 우리나라에서만 요청하는 형태가 바로 '애니매틱 시안'입니다. 원래 애니매틱이란 스틸 컷으로 구성한 시안에 움직임 효과를 줘서 동영상을 만든 것을 의미하는데 업계에서는 시안의 내용에 맞게 기존에 이미 존재하는 다른 광고영상이나 영화, 드라마 등의 영상을 짜깁기 해서 편집한 '소스 편집 동영상' 등도 포함해서 일반적으로 애니매틱 시안이라고 부르고 있습니다.

이런 애니매틱 시안을 요청하는 이유는 광고에 경험과 이해가 없는 경영진이 광고 시안을 결정하는 경우가 많은 우리나라의 현실에서는 같은 아이디어도 동영상을 보는게 이해가 잘 되기 때문입니다. 시중 대형은행 같은 경우에는 종종 심사위원단을 일반 직원들로 구성하는 경우가 많은데 이런 경우에는 더더욱 그렇습니다.
그러면 이렇게 이해가 쉬운 애니매틱 시안을 외국에서는 왜 일반적으로 제시하지 않을까?

우선 비용의 문제가 있습니다. 이런 애니매틱 시안을 만들려면 대행사 내부에서는 안되고 실제 편집실과 녹음실을 동원해서 15초 혹은 30초짜리 영상을 만들 수 있는 광고 감독이 있는 외부 프러덕션을 동원해야 한다는 점입니다. 이 비용은 대행사 내부의 인건비 차원이 아니라 실제 외부에 지불해야 하는 비용입니다. 국내의 경우에는 프러덕션과 대행사의 경쟁이 치열해서 이런 경쟁입찰용 애니매틱 시안을 만들 때에도 일반 광고 제작 단가 대비 저렴하게 비용을 책정합니다. 아이디어에 대한 비용 개념이 철저한 외국에서는 잘 통용되지 않는 방식입니다.

두 번째로는 진짜 좋은 아이디어가 아닌 입찰용 아이디어 용도이기 때문입니다.
흔한 말로 '업계 비밀' 입니다만, 경쟁입찰에서 동영상 시안을 요청하면 아이디어를 찾을 때에도 결국 애니매틱 시안에 적합한지 아닌지를 따지게 됩니다. 즉 기존 광고 영상이나 영화 등 'Source' 찾기 쉬운 아이디어를 찾게 된다는 거죠. 예를 들어 모델 안을 위주로 찾거나 (모델이 출연한 영화 등 영상이 많으면 잘 편집해서 실제 찍은 것처럼 보여줄 수 있거든요) CG나 편집의 효과가 크거나 한 시안들입니다. 그런데 고민을 하다 보면 애니매틱으로 잘 표현이 안되는 최선의 아이디어가 나올 수도 있는데 이런 경우에는 경쟁입찰에서의 승률을 위해 포기하는 경우도 있습니다.

세번째로는 표절이나 향후 집행시의 문제가 발생할 수 있기 때문입니다.

광고대행사는 애니매틱 시안을 제시하기 전에 '이 동영상은 이해를 돕기 위해 기존 영상을 편집한 것입니다' 라는 경고문을 설명하지만 광고주는 당연히 광고도 그 시안 영상과 '비슷하게' 나올 것으로 기대합니다. 광고대행사에서는 이대로 하면 '표절' 등의 논란이 될 것을 우려하지만 역시 그런 시안 영상으로 선정이 되었으니 결국 '조금' 수정하는 식으로 대응할 수밖에 없습니다. 동시에 BGM 등도 짧은 경쟁입찰 준비 기간 동안에 저작권자와 협의를 마칠 수 없기 때문에 선정 후 실제 접촉을 해서 허락을 못 받으면 광고주로부터 '왜 시안과 다르냐?'는 항의를 받기 일수입니다.

네번째로는 광고주의 선택을 저해하기 때문입니다.

외국에서는 광고 시안에 따라 잘 할 수 있는 제작하는 감독과 프러덕션을 복수로 대행사가 추천하면 그 중에 광고주가 선택하는 것이 당연한 광고주의 권리로 되어 있습니다. 우리나라에서도 광고 경험이 많은 기업들의 경우도 마찬가지입니다. 문제는 경쟁입찰에서 애니매틱 시안을 제작할 경우에는 그 단계에서부터 대행사 외부의 감독이 먼저 관여해서 시안을 제작해야 하고, 앞서 설명한대로 그 비용을 할인해서 받기 때문에 대행사 입장에서는 자신들이 선정되면 같이 일을 한 그 감독에게 일을 줘야 합니다. 그래서 대행사 선정 후 광고주가 다른 감독을 선정하려고 하면 대행사 입장에서는 기존에 같이 일한 감독을 고집하느라 문제가 발생하는 경우가 종종 있습니다.

그럼 외국의 경우에는 어떻게 할까요?

비단 외국뿐 아니라 제가 광고를 시작하던 20년 전만 하더라도 시안은 일반적으로 '그림'을 그려서 제시하는 것이 일반적이었습니다. 스토리보드는 흑백으로 그리면 컷당 3만원 정도, 컬러로 그리거나 포토샵/일러스트로 합성을 해서 작업하면 10~15만원 정도 소요되는데 30초짜리 동영상이면 보통 시안당 10~15개 정도 그리게 됩니다. 이 과정정도까지는 제작팀 내부에서 하거나 적어도 감독이 아닌 PD 정도만 있어도 진행이 가능합니다. 이렇게 그린 스토리보드를 제작팀이 직접 구두로 상황을 묘사하면서 설명을 하는 거죠. 이게 사실 정상적인 과정입니다.

[엄마는 스마트우먼_쇼핑 편]

딸VO) QR코드, 소셜커머스, 증강현실…

엄마는 모른다

하지만 엄마는

스마트홈패드로 쉽게 알뜰쇼핑을 즐긴다!

엄마가 쉬워야 진짜 스마트홈~

엄마는 스마트우먼 올레 스마트홈패드

엄마를 위해 뛰겠소

do do do~ 올레

그림 7 컬러로 작화한 스토리보드의 사례

'썸네일' 리뷰라는 더 간단한 과정도 있습니다.

예를 들어 파워포인트 슬라이드 한 장 안에 카피와 상황에 대한 묘사는 다 있지만 그림은 핵심적인 컷만 인터넷 등에서 유사한 그림을 한 두 컷 넣거나 그리는 방식입니다. 거기에 자막 효과나 특정 컷의 이미지나 CG 효과 등을 설명하기 위해 Reference 영상이라고 해서 기존 광고나 영상에서 비슷한 동영상을 넣고 같이 구두로 설명을 합니다. 광고대행사 내부에서도 보통 이런 식으로 시안 리뷰를 하는데 아이디어 자체를 이해하는 데에는 큰 무리가 없지만 준비하는데 부담이 없으니 리뷰하는 아이디어의 숫자를 많이 늘릴 수가 있습니다.

은행은 들어라!
내가 영수증까지
챙겨가면서
얼마나 아낀 돈인데
그걸 이자라고 주냐
은행이 왜 있나
저축하라고 있는 거 아닌가
대답하라~~

바꾸세요! 저축은행으로

더 높은 이자
더 편한 가입
예금자보호까지

"저축할 맛 내네"

저축하기 좋은 은행
저축은행

그림 8 썸네일 리뷰의 사례

사실 경쟁입찰이 아니라면 가장 정상적인 과정은 대행사와 먼저 썸네일 리뷰를 하는 것입니다. 제시되는 시안이 얼마나 이쁜지가 중요한 게 아니라 아이디어 자체가 좋은지가 중요하기 때문입니다. 그리고 그 썸네일 시안에서 아이디어를 뽑으면 그런 일을 잘할 감독을 선정해서 감독과 대행사가 같이 발전시킨 스토리보드를 보고 결정을 하는 것입니다. 광고에 경험이 없는 일반 시청자들은 광고 아이디어를 내는 것이 TVC 광고 감독의 역할이라고 종종 오해합니다만, 정작 TVC 감독이 잘 하는 것은 어느정도 정해진 아이디어를 시청자의 주목, 재미, 인상과 같은 측면에서 스토리보드로 재구성하고 각 컷마다의 연출을 준비하고 실제로 만들어내는 것입니다.

5-2
경쟁입찰 말고 빅 스몰 광고주에 맞는 방법은?

앞서 많은 사람들이 광고대행사를 선정하는 유일한 방법이라고 생각하는 '경쟁입찰'이 실제로 빅 스몰 광고주 입장에서는 오히려 진행하기 어려운 경우도 생기는 방법이라는 점을 설명 드렸습니다. 사실 빅 스몰 광고주가 아닌 우리나라에서 가장 큰 광고주들인 삼성전자, LG전자, 현대자동차 등은 경쟁입찰이 아닌 수의 계약을 통해 계열사인 광고대행사를 선정합니다.

외국에서도 꼭 경쟁입찰만을 고집하지 않습니다. 가끔씩 경쟁입찰을 의미하는 Agency Review 없이 대형 브랜드를 서비스하던 대행사가 교체되는 경우들이 종종 보도되기도 하는데, 광고주와 대행사간의 친소 관계가 아니라 대행사의 역량만을 보고 움직이는 경우도 있습니다. 심지어 10여년 전에는 미국에서 가장 큰 백화점 브랜드인 Macy's의 마케팅 담당 임원이 광고대행사인 사치앤사치 (Saatchi & Saatchi)에서 쓴 '러브마크 (Love Mark)' 라는 책을 보고 감동받은 나머지 경쟁입찰 없이 사치앤사치로 대행사를 교체한 적도 있습니다.

저는 경쟁입찰을 '두 번째로 좋은 방법'이라고 생각합니다. 가장 공정한 방법으로 비교한 중에 가장 좋은 대행사를 뽑겠다는 취지에는 부합할지 몰라도, 광고주와 대행사 간의 관계가 단순한 계약을 넘어 성공한 브랜드를 만들겠다는 공동의 목적으로 동기 부여되는 파트너쉽을 이루는데 꼭 좋은 대행사 선정 방법은 아니기 때문입니다. 가장 큰 이유는 '경쟁입찰로 맺은 관계는 경쟁입찰로 나가게 되는' 묘한 경험칙 (經驗則) 때문입니다.

우선 경쟁입찰을 한 번 진행한 광고주는 대부분 1~2년 후에 다시 경쟁입찰을 진행하려는 경향이 있습니다. 광고주 회사 내부적으로도 한 번 경쟁입찰로 대행사를 선정하면 이후에 그 대행사가 아무리 일을 잘 해도 계속 경쟁입찰을 통해 자격을 유지해야 한다고 생각하는 경향이 있습니다. 그 배경에는 '쪼아야' 한눈 팔지 않고 잘한다는 경험의 논리도 있고, '그 회사와 유착 관계 있는 거 아니야?'라는 의심을 피하기 위해 정기적으로 경쟁입찰을 시키려고 하는 담당자의 심리도 있습니다.

늘 다양한 광고주의 경쟁입찰에 참여하고 있는 대행사들은 이런 경험칙에 매우 민감합니다. 그래서 아무리 일을 잘해도 '그래도 1년후엔 경쟁입찰을 다시 해야 하겠지?' 라는 생각이 들면, 장기적 안목으로 브랜딩의 파트너가 되기 보다는 '한탕의식', 즉 보장된 기간 동안에 최대의 수익을 올리겠다는 생각에 빠지기 쉽습니다. 왜냐하면 경쟁입찰을 다시 실시하면 반드시 자신이 이긴다는 보장도 없을 뿐 더러 실제로도 그 브랜드를 잘 아는 기존의 Defending Champion 대행사가 이기는 경우가 그렇게 많지 않기 때문입니다.

얼핏 생각하면 '아니 그 광고주와 브랜드를 잘 아니까 제일 유리한 거 아닌가?'라고 생각이 되지만, 실제로 광고주 입장에서는 '새로 들어오는 곳이 좀더 의욕을 갖고 하지 않을까?' 하는 기대도 있고, 경쟁입찰에서는 일관된 브랜딩에 좋은 생각보다는, 발표하는 30분 동안 눈길을 끌 수 있는 자극적인 '입찰용 아이디어'가 어필하는 경우가 많기 때문입니다.

그래서 우리나라에서는 계열사가 아니거나 혹은 외국계 네트워크 관계가 아니면 대행사와 광고주가 장기적으로 파트너쉽의 관계를 맺고 가는 경우를 보기 힘들고 경쟁입찰을 하더라도 2년은 기본 계약 기간으로 하는 미국 등에 비하여 짧은 1년마다 경쟁입찰을 통해 대행사를 선정하고 교체하는 것을 상식처럼 생각하는 경우도 많이 있습니다.

그렇다면 빅 스몰 광고주에게 경쟁입찰 말고 다른 좋은 방법은 무엇이 있을까요? 처음 맺어지는 단계에서부터 장기적인 파트너쉽을 가정할 수 있고 무엇보다도 정확하게 빅 스몰 광고주의 제한적인 예산과 경험에 맞는 대행사의 선정 방법에 대해서 말씀드리겠습니다.

슬기로운 이야기 — 경쟁입찰용 아이디어

이 이야기는 실제 대행사에서 경쟁입찰을 준비하지 않았거나 경쟁입찰을 많이 안해보신 광고주라면 잘 구분하실 수 있는 분들이 없을 겁니다. 쉽게 말해서 입찰용 아이디어란 광고 전문가인 대행사 입장에서 아이디어를 고를 때 그 브랜드를 위해 도움이 되는 것보다는 경쟁입찰에서 심사위원들의 눈과 귀를 사로잡는데 좋은 아이디어를 선택한 것을 의미합니다.

경쟁입찰에 참여를 한 대행사도 처음 시작은 '어떻게 하면 좋은 광고를 만들까?'라는 고민입니다. 하지만 막상 오리엔테이션에 참석하면 같이 참석한 다른 대행사들은 어디인지를 확인하고 어떻게 하면 다르게 보일까 고민하기 시작합니다. 가령 경쟁 대행사들이 오프라인에 강하다면 우리는 온라인 위주로 제안을 하는 식이죠.

시안을 고를 때의 기준은 경쟁입찰의 심사위원의 숫자와 광고에 대한 경험과 이해입니다. 만일 심사위원이 많고 (당연히) 광고에 대한 경험이 없다면 시안은 이해가 쉽게 가야 하고 시안의 형태도 동영상을 편집해서 30초 동안 보여주는 애니매틱이 적격입니다. 이렇게 되면 인기있는 배우나 가수를 활용하는 Celebrity Model 안이 많이 선택되는데, 그 이유는 인기 있는 모델일수록 편집의 소스가 많아서 자연스러운 편집이 가능하고 모델의 인기도에 따라서 심사위원들의 표심을 잡기 유리하기 때문입니다. 또 녹음을 어차피 할 터이니 큰 판이라면 비용을 투자해서 노래로 이루어진 Song안 같은 것도 고려합니다. 당연히 아이디어를 고를 때에도 애니매틱 편집이 쉬운지가 주요한 판단 기준이 됩니다.

어쩌면 이정도는 대행사 입장에서 경쟁입찰에 참여한 이상, 이기기 위해 당연한 것이고, 광고주도 당연히 감수해야 하는 것 아닌가 할 수도 있습니다. 하지만 진짜 문제는 슬로건이나 모델, 상징 등 브랜드 인식의 구축을 위해 일관되게 노출되어야 하는 기존의 요소들이 아무리 잘된 것이라도 경쟁입찰에 들어온 대행사들이 비판하고 바꾸게 된다는 것입니다. 특히 광고에 대한 이해가 낮거나 이후 집행에 책임이 없는 심사위원들이 들어온다면, 아무래도 기존에 보던 모델과 슬로건으로 제시하는 아이디어보다는 아예 새로 집을 짓자고 과격하게 주장하면서 새로운 주장을 하는 쪽에 시선이 쏠리기 마련입니다.

그래서 실제 경쟁입찰을 해보면 기존에 잘하고 있던 대행사라고 하더라도 계속해서 동일한 모델과 슬로건 등을 제시할 것인지에 대해서 고민을 하지 않을 수 없어서 잦은 경쟁입찰 자체가 공정성과는 별개로 일관된 브랜드 이미지의 구축에 방해가 되지 않을 수 없습니다. 그리고 앞서 설명한 이유로 그 브랜드와 광고주에 대한 이해가 제일 높은 기존 대행사가 의외로 승률이 꼭 그렇게 높지 않은 것도 사실입니다.

이렇게 승패에 집착하다 보면 더 심하게는 나중에 실제 집행에 문제가 될 수 있는 아이디어를 제시하는 유혹에 빠지기도 합니다. 어차피 이겨 놓고 나중에 수정하자는 심사인데 보통 모델이나 저작권 문제처럼 확인하는데 시간이 많이 걸리거나 불확실한 경우들도 그렇고, 혹은 도저히 광고주가 제시한 견적으로 진행이 불가능한 규모의 아이디어를 제시하는 경우들이 그런 사례입니다. 이런 걸 제대로 구분하지 않으면, 입찰을 진행하는 광고주입장에서는 나중에 입찰의 공정성 시비까지 나올 수 있는 난처한 상황에 빠집니다.

그러면 어떻게 이런 입찰용 아이디어가 들어오는 것을 막을 수 있을까요? 우선 기존 대행사가 잘 하고 있다면 1년 되었다고 경쟁입찰을 실시하는 것 자체를 참을 수 있어야 합니다. 만일 불가피한 이유로 경쟁입찰을 해야 한다면, 최소한 유지해야 하는 브랜드 요소들, 가령 모델이나 슬로건, 이미지 등에 대해서는 오리엔테이션에서 기존대로 유지할 것을 미리 공지하시기 바랍니다. 리젝션피의 금액이 많지 않다면 시안을 애니매틱 시안 제시를 금지하는 것도 역시 고려해 보시기 바랍니다. 광고대행사가 투자하는 걸 굳이 말릴 필요가 있냐고 생각할지 모르겠지만, 제가 보았던 경험 많은 광고주들의 경우에는 앞서 설명한 이유로 애니매틱 시안 제시를 막는 경우가 거의 대부분이었습니다.

부끄러운 이야기지만 실제로 저도 지금까지 참여한 수 많은 경쟁입찰을 준비하면서 참여 팀들에게 브리핑 했던 자료의 첫 머리를 '좋은 아이디어 말고 이기는 독한 아이디어!' 라는 방향을 제시하면서 독려를 했고, 실제로도 마지막까지 제시할 시안을 선택할 때의 고민도 '경쟁 대행사는 어떤 아이디어를 가져올까?' 였습니다. 경쟁이 분명히 공정성을 보장하지만 효율까지 보장하는 건 아니라는 점은 명확합니다.

5-2-1 중립적인 컨설팅을 찾으십시오

앞에서도 언급했듯이 제 경험상 빅 스몰 광고주들이 광고를 하겠다고 결심했을 때에는 '어떤 매체의 어떤 식의 광고를 하고 싶다'는 구체적인 의견을 갖고 있는 경우가 많습니다. 당연히 광고주가 이런 의견을 갖고 있는 것이 옳지만, 문제는 광고 비전문가인 본인의 이러한 생각을 고집하는 경우입니다. 이렇게 되면 십중팔구 이러한 고집을 이용해 돈을 벌려는 광고대행사를 만나게 되고 결국 '다음에는…' 하는 후회가 남기 마련입니다.

그래서 필요한 것은 광고의 전문가가 중립적이고 객관적으로 브랜드를 보고 적합한 광고매체와 대행사를 선정해주는 서비스로 미국 같은 경우에는 'Advertising Agency Search Consultant/Firm'이 있어서 이런 업무를 대행해줍니다. 비용이 일부 들겠지만 전체 광고 예산이 잘못 투입되는 경우를 생각하면 당연히 지불할 만한 비용일 것입니다.

하지만 전세계 10위권의 광고비를 집행하는 우리나라에는 안타깝게도 이런 서비스가 없습니다. 일부 광고업종 헤드 헌터들이 비슷한 업무를 수행기는 재벌그룹 계열의 대형 종합광고대행사들 위주로 독과점 된 시장의 구조 및 그런 식의 서비스에 비용 부담을 꺼리는 경우들 때문에 활성화되지는 않았습니다.

그래서 이런 경우 제가 추천하는 방법은, 우선 대행사 말고 광고주를 찾아보라는 것입니다. 꼭 같은 산업이 아니더라도, 비슷한 타겟과 유통채널을 갖고 있는 다른 산업에서 광고를 많이 집행해본 경험이 있는 광고주를 찾아서 한 번 이야기를 들어보면 큰 도움이 될 수 있습니다. 아는 사람이 없거나 소개해줄 사람도 없다면, 전화라도 해서 '당신의 이런 광고를 인터넷에서 봤는데 물어보고 싶은

게 있으니 커피 한 잔 하실 시간 있으시냐?'라고 한번 시도라도 해보시기 바랍니다. 실제 광고대행사 직원들이 신규 광고주 개발할 때에도 이정도 수고는 하니까요.

두 번째 방법은 종합광고대행사를 한 번 접촉해보라는 것입니다. 빅 스몰 광고주라면 당연히 '예산이 적어서' 서비스를 거절하겠지만, 그렇기 때문에 중립적인 의견을 들을 기회가 있습니다. 또한 앞서 설명한 것처럼 종합광고대행사에서 경력을 쌓았다면, 브랜딩과 마케팅 전략에 대한 판단을 통해 적합한 매체와 광고 방법에 대해서 충분히 설명해줄 수 있을 것입니다. 역시 직접 아는 사람이나 소개받을 사람이 없거나 혹은 회사 이름 자체를 모를 경우에는, 한국광고단체연합회에서 매년 봄에 회원 대행사들에게 돌려서 조사하는 광고회사들의 이름과 각 회사별 취급고, 인력 등이 나와 있는 자료가 '광고계 동향'이라는 잡지에 '광고업계 현황 조사'와 비슷한 이름으로 매년 봄에 나오니 참고하시기 바랍니다.

슬기로운 이야기 — 실제 종합광고대행사 전화 사례

[뻥은 치지 마세요]

예전 제가 금강기획에 있을 때 뉴비즈니스팀에서 연락을 받은 적이 있습니다. '신기술 제품으로 연간 100억원 정도의 광고 집행을 예상하고 있다'는 호언장담과는 달리 구로공단에 있는 허름한 빌딩 2층에 있던 단칸 사무실의 인상이나, 전혀 광고를 했던 경력도 없고 사전 지식도 없는 것을 보니, 도저히 신뢰가 가지 않았습니다. 조금 자세히 물어보니 2억원의 예산으로 우선 광고를 하면 바로 다 팔릴 것이니 이를 재투자해서 100억을 쓰겠다는 것이었습니다. 처음부터 사실대로 예산을 이야기했다면 아마도 미팅을 하지는 않았겠지만, 적어도 어떤 쪽으로 계획을 해보시라 거나, 혹은 적합한 다른 회사가 있다는 좀더 유용한 이야기도 드렸을 겁니다. 하지만 신뢰가 가지 않으니 도저히 다른 회사를 소개할 수가 없어서 그래도 걸어 나왔던 기억이 납니다.

[차라리 만나자고 하세요]

얼마 전 큰 종합광고대행사에 근무하고 있는 후배로부터 '안내 데스크에서 연락이 왔는데 제 생각에는 Trophy가 적합해 보입니다'라는 연락을 받은 적이 있습니다. 알고 보니 스타킹 관련 제품을 수입하는 회사를 운영하시는 나이 많은 사장님으로, 광고를 해야겠다는 생각에 가장 큰 회사를 찾아 한 번 전화를 해봤는데 후배와 연결이 된 모양입니다. 전화를 해보니 제품에 대한 설명과 함께 신문 광고를 고민하고 계시다는 것이었습니다. 하지만 주 타겟이 20~40대 여성인 제품인데 신문보다는 모바일이나 다른 매체가 더 적합해 보인다는 말씀을 드리니 더이상 들으려고 하시지 않았습니다. 꼭 같이 일을 할 만한 예산이 아니더라도 한 번 만나서 커피라도 한 잔 하면서 이야기 좀 해달라고 할 때 도저히 바빠서 못하겠다는 사람보다는 '그러시죠'라고 하는 광고인이 좀더 많을 겁니다. 광고인 모두가 영업을 기본으로 생각하고 있기도 하고, 자신의 지식과 경험으로 도움을 주는 것을 원하는 사람도 많기 때문입니다.

[시간과 비용이 드는 일을 요구하지는 마세요.]

종종 처음 만나서 미팅을 한 후에 다시 제안서를 달라는 요청을 받는 경우가 있습니다. 보통 이런 제안서라는 건 적어도 파워포인트 여러 장으로 구성되어, 확정되면 제작과 집행으로 바로 연결될 수 있는 완성된 형식입니다. '이런 제안서 만드는 거 늘 하는 일이니까 금방 하는 거 아냐?'라고 생각할 수도 있지만, 이런 제안서를 만들려면 혼자서 하는게 아니라 제작과 여러 매체 회사나 담당자와 연락해서 확인해야 되고 '나의 이 시간을 이만큼 왜 들여야 하는지, 그래서 어떤 내용을 회사의 이름으로 제안할 것인지'를 자신의 상사에게 제시하고 지시를 받아서 수정해야 합니다. 자연인이 아닌 엄연한 회사에 다니는 직원이 회사에서 돈 받는 시간에 하는 거니까요.

그리고 예전에 비해서 광고회사에서도 이런 요구를 승낙할 만큼 여유 있는 형편이 아니기 때문에 오히려 이런 요청 뒤에는 그 회사를 다시 못 볼 가능성도 높습니다. 그보다는 '당신네 회사가 적임이 아니라면 다른 회사를 추천해줄 수 있느냐? 그런 회사들은 또 어떤 회사가 있느냐?' 같이 좀더 도움이 되는 질문을 하는게 훨씬 낫습니다.

5-2-2 Agency Interview - 대행사 면접

사실 대행사를 선정하는 것은 회사에서 경력직 직원을 선발하는 것과 똑같은 과정이고 똑같이 중요한 일입니다. 그래서 중립적인 컨설팅이나 종합대행사 문의, 주변 지인 추천, 업종 협회 검색 등을 통해서 대상 대행사의 명단을 만들었다면, 그 후에는 직접 만나보는 면접을 해야 합니다.

간혹 이런 면접 없이 전화로 '제안서를 받고 싶은데요'라고 이야기하는 경우들도 많이 있는데, 앞서 설명한 대로 대행사 입장에서는 광고비 수준이나 재무 건전성, 경쟁입찰에서의 들러리 여부 등 여러 가지 고려 사항 때문에 순순히 응하는 경우가 별로 없을 것입니다. '동전 넣으면 제안서 나오는 자판기' 취급을 하는데 대한 불쾌감과 동시에 '그 회사는 경험이 별로 없나 봐' 하는 불필요한 선입견은 부록입니다.

그래서 좋은 경력직 직원을 선발하듯이, 면접을 통해서 양 회사가 서로에 대해서 소개를 하고 무엇을 원하고 제공할 수 있는지를 맞춰볼 수 있는 시간이 필요합니다. 직원을 채용할 때 이력서와 자기 소개서를 가져오듯이, 첫 번째 면접에서 대행사에 요청할 것은 (요청하지 않아도 준비해오겠지만) 자신을 소개하는 대행사 크리덴셜 (Agency Credentials)입니다. Agency Credentials는 보통 그 회사의 광고 제작물을 소개하는 Agency Reel 혹은 포트폴리오, 회사 일반 현황 및 연혁, 조직도, 현재 대행하고 있는 광고주 리스트, 성공 캠페인, 대행사 강점 등이 파워포인트 형식으로 구성되어 있습니다.

하지만 직원을 채용할 때에도 역시 회사에 대한 소개 및 채용하는 포지션에 대한 설명 등이 필요하듯, 대행사와의 면접을 잘하려면 광고주 입장에서도 자신을 소개하는 자료인 '브랜드 소개 및 대행사 요청사항'을 만들어서 같이 제시하는 것이 훨씬 더 생산적인 회의를 할 수 있을 뿐 더러 대행사 입장에서의 불안감을 해소할 수 있게 해줍니다.

뒤에 따로 자세히 항목별로 설명하겠지만, 이 브랜드 자료는 대행사의 Agency Credentials처럼 화려하게 만들 필요 없이 그저 간단한 워드 문서로도 족합니다. 대행사에서 알고 싶어하는 것은 회사

홈페이지에 가면 나오는 일반 자료나 제품 설명도 아닙니다. 가장 중요한 것은 아래 사항들입니다.

- 왜 광고를 하겠다고 결정했는지?
- 대행사의 업무 Scope은 무엇인지?
- 타겟과 집행 시기, 매체는 무엇인지?
- 확보한 예산은 얼마인지?
- 지급 조건은 어떻게 되는지?
- (가장 중요한) 경쟁입찰인지? 혹은 어떻게, 누가 결정할 것인지?

제 경험상 예산에 '의욕'을 포함해서 많이 부풀리는 경우가 종종 있는데, 특히 과거 IT산업군에서는 부풀리는게 너무 심해서 대행사 업계에서는 '반 정도'만 믿는다고 이야기하는 경우도 많았습니다. 문제는 이렇게 예산을 부풀리는게 서로에게 최선을 다하는 파트너쉽을 구축하는데 도움도 되지 않을 뿐 더러 예산에 맞는 정확한 매체와 캠페인 아이디어를 제안할 수 없어서 결과적으로 광고주에 손해가 되는 경우가 발생한다는 점입니다. 대행사에서 소요한 비용 대비 수익이 너무 적을 경우 심하게는 소송까지 가는 경우도 있습니다.

반면 대행사도 인력이나 실적을 부풀립니다. 그래서 구체적으로 결정이 되면 한 번 대행사 사무실에서 미팅을 하면서 회사 규모나 분위기 등을 파악하거나 아예 대행 관계 등에서 확인할 수 있는 광고주나 관계자 연락처를 요구할 수도 있습니다.

인터뷰 만으로 결정하는 것은 아니기 때문에 빅 스몰 광고주라면 오히려 찾아온 대행사 인원들에게 솔직하게 잘 모르거나 고민되는 부분을 털어놓고 의견과 조언을 구하는 분위기로 인터뷰를 이끌어 가는 것이 유리합니다. 비록 우리 브랜드에 대한 고민을 깊이 한 것은 아니겠지만 전문적인 지식과 경험을 갖고 있는 대행사 인원들의 상식 선에서 바로 나오는 이야기도 큰 도움이 될 것입니다.

슬기로운 이야기 — 브랜드 소개 및 대행사 요청 사항

이 문서의 목적은 1~2시간 내외의 짧은 미팅에서 브랜드가 고민하는 바를 대행사가 바로 이해해서 향후 선정 과정을 잘 준비하게 할 수 있도록 하는 것입니다. 그래서 웹사이트 등에서 얻을 수 있는 일반적인 정보는 과감하게 생략하고 왜 광고를 고민하게 되었는지, 내부 자원의 구성 및 문제점, 대행사에 바라는 점 등에 좀더 집중해서 간결하게 작성해야 합니다.

일반적인 항목은 아래와 같습니다.

---

1. 회사 소개

2. 브랜드 소개 (4P)

① Product: 우리 제품의 특징과 소비자 소구점

② Price: 유통채널별, 경쟁자 대비 가격 정보

③ Place: 매출 대비 각 유통망의 비중

④ Promotion: 지금까지의 광고 및 마케팅 활동 소개

3. 시장, 소비자와 경쟁자

⑤ 산업: 산업의 개략적인 소개및 대체재와 보완재 산업 소개

⑥ 시장: category 별, 지역별 등 구조

⑦ 소비자: 타겟 프로파일, 구매 준거, 발견된 인사이트 등

⑧ 경쟁자: 주요 경쟁자의 구성 및 소구점, 매출 및 시장 점유율 등

4. 향후 마케팅 계획

⑨ 유통 채널별, 시즌별 등

⑩ 예상되는 이슈별

5. 광고 계획

⑪ 왜 광고를 고민하게 되었는지?

⑫ 광고 예산

⑬ 생각하는 메시지와 소구점

⑭ 생각하는 매체

⑮ 생각하는 브랜드 이미지

6. 대행사 선정 계획

⑯ 대행사 요청 자료

⑰ 일정

⑱ 결정 과정 - 누가 어떻게

이쁘게 만들 필요도 없고 너무 자세하게 만들 필요도 없고 3~4페이지 정도면 충분하다고 생각됩니다. 만일 경쟁입찰을 한다고 하면 이 자료는 그대로 입찰 오리엔테이션 자료로 역할을 할 것입니다.

사실 경쟁입찰을 여러 번 참여해봤지만 광고 경험이 많은 기업의 경우에도 이정도까지 자세하게 오리엔테이션 자료를 제공하지 않는 경우가 대부분입니다. 대부분은 '우리는 광고 잘 모르고 어떤 방향을 설정하면 좋은 아이디어를 내는데 제약이 될 수 있으니까 전문가들이 잘 공부해서 좋은 광고 만들어 오세요'의 수준입니다.

하지만 자기 회사와 제품에 대해서 자세히 설명한다고 해서 아이디어가 제약될 리는 없습니다. 어떤 마케팅 정책이라도 반드시 그 정책을 집행할 수 있는 좋은 아이디어가 나옵니다. 만일 대 행사들이 보기에 그 마케팅 정책이 비효율적이라고 판단되는 경우도 많이 있습니다만 그런 경우에는 마음을 열고 대행사의 제안을 받아보면 됩니다.

'내가 무슨 이야기를 해서 좋은 광고를 망칠까 걱정이 된다'는 말은 하지 마세요. 마케팅의 큰 책임은 광고주가 지는 것이고 대행사는 그 마케팅을 수행하는 여러 요소 중 하나인 광고를 집행할 뿐입니다.

5-2-3 면접 후 - 대행사 질의서 (Agency Questionnaires)

연락한 대행사들과 인터뷰를 했다면 각 회사별로 판단이 조금 섰을 겁니다.

하지만 일방적인 회사 소개만으로 향후 일을 같이 할 파트너를 선정할 수는 없는 일입니다. 더군다나 각 회사마다 자기에게 유리한 점을 강조하기 때문에 각각의 소개서가 서로 달라서 그 인터뷰에 참석하지 않은 인원들도 결정에 참여해야 한다면 무언가 통일된 자료에 의해서 각 회사를 객관적으로 평가해야 합니다.

이럴 때 활용하는 것이 바로 대행사 질의서 (Agency Questionnaires) 입니다. 쉽게 말하면 각 대행사에 대해 알고 싶은 점을 질문하면 대행사가 거기에 답을 하는 문서입니다. 저는 한 15년 전에 미국계 프랜차이즈 광고주로부터 처음 이런 문서를 받았었는데 얼마전 1960년대 미국 광고계를 그린 넷플릭스 드라마인 '매드맨'에서도 나오더군요.

미국에서 쓰는 내용은 보통 대행사 소개서에 나오는 내용들을 좀더 자세하게 질의하는 내용입니다. 다른 점은 대행사 보상을 커미션이 아닌 피로 주로 하기 때문에 인원별 투여할 시간이나, 출장비 등을 어떻게 계산할 것인가 하는 부분들입니다. 또 보통 대행사 계약 기간을 2년으로 하고 향후 장기적인 파트너쉽으로 가려는 목적이 분명하기 때문에 매년 대행사 평가를 할 때의 기준을 묻는 것도 다른 부분입니다.

제가 제안하는 빅 스몰 광고주를 위한 대행사 질의서는 이 부분에 추가해서 대행사 입장에서 어떻게 우리 브랜드를 운영할 것인가 하는 비전과 계획을 포함시키는 것입니다. 경쟁입찰을 진행하는 경우에도 '전략 제안서' 제출로 1차 입찰을 실시해서 여기에서 대행사를 추려서 2차로 크리에이티브 시안을 보는 식으로 진행하는 경우들도 많이 있습니다. 보통은 내부 정책상 대행사 참여를 광범위하게 보장해야 하는데 그 많은 대행사에게 입찰용 제작물 제작까지 부담시키는 것이 어려울 때 많이 활용하는 방법입니다.

그런데 실제 해보면 이런 전략제안서를 채점하는 것은 좀 변별이 잘 나지 않는 경우가 많습니다. 그 이유는 우선 앞서 설명한 상세한 브랜드 소개 자료를 제공하지 않고 막연하게 '전략'이라는 것을 과제로 주었기 때문에 그렇습니다. 사실 여기에서 이야기하는 전략은 정확하게 말해서 기획입니다. 대행사 내부에서 기획팀이 기획을 해서 제작팀과 협의해서 크리에이티브 아이디어까지 만들면 이 두 부분을 합쳐서 마침내 하나의 전략이 됩니다. 그런데 전략을 내라고 하면 그냥 두리뭉실하게 마케팅 교과서나 유명한 책에 나오는 이야기 등을 넣어서 훌륭하고 좋은 이야기를 파워포인트로 멋지게 만들어서 내는 경우들이 대부분이다 보니, 보는 입장에서도 잘 변별이 안되는 것입니다. 그래서 이런 경우 기획팀만 참여하는 1차 전략 제안서와 제작팀까지 참여하는 2차 제작물이 서로 다른 이야기를 하는 경우도 많이 있습니다.

그래서 변별력 있는 심사를 하려면 대행사가 이해를 잘 할 수 있도록 브랜드 소개 자료를 상세하게 전달해야 합니다. 이해를 한 만큼 좋은 아이디어가 나오기 때문입니다. 그리고 전략이 아니라 각 대행사가 이 브랜드를 운영했을 때 향후 어떤 목표와 비전을 갖고 운영할 것인지, 그리고 이런 비전과 목표를 달성하기 위해 파악한 과제 (issue)는 무엇이고 그 과제를 해결하기 위해 각 대행사가 주장하는 해결방법은 무엇인지 등 구체적인 질문을 포함해야 합니다.

변별력 있는 심사를 위해 과제를 파워포인트가 아닌 워드 문서로 제출할 것을 추천합니다. 이런 기획안들이 20장이 넘어가는 파워포인트로 제작이 되면 오히려 한 번에 이해가 어렵고, 이쁜 디자인에 눈을 빼앗기는 경우가 발생합니다. 그보다는 워드 파일에 3~4페이지 정도로 간결하고 주장이 명확하게 보이도록 작성하게 하면 심사하는 입장에서도 훨씬 이해가 쉽습니다.

슬기로운 이야기 **빅 스몰 광고주를 위한 대행사 질의서 (Agency Questionnaires)**

미국에서 일반적으로 쓰이는 문항을 우리나라 빅 스몰 광고주의 상황에 맞게 수정하였습니다. 사용하실 때에는 각 브랜드의 상황에 맞추어 변경하시면 됩니다.

1. 일반 정보 (2페이지 이내)

① 귀 대행사의 연혁을 설명해 주십시오

② 귀 대행사의 전체 인원 및 조직도를 설명해 주십시오

③ 최근 2년간 귀 대행사의 매체별 매출 및 비중을 설명해 주십시오

④ 다른 대행사 대비 귀 대행사의 강점은 무엇입니까?

7. 대행중인 광고주 정보 (2페이지 이내)

⑤ 광고주 리스트 (과거 대행했거나 현재 대행중인 광고주 리스트를 연도별로)

⑥ 귀 대행사가 우리 브랜드나 산업 관련해서 갖고 있는 경험은 무엇입니까?

⑦ 귀 대행사는 우리 브랜드와 충돌되는 광고주를 갖고 있습니까?

⑧ 귀 대행사를 선택한 다른 광고주들이 어떤 점에서 그 대행사를 선택했습니까?

⑨ 최근 3년간 귀 대행사가 대행을 하다가 계약 해지가 된 광고주들의 이유는 무엇입니까?

8. 담당 팀 및 인원 (1~2페이지 이내)

⑩ 우리 브랜드를 담당하게 될 인원들과 팀들의 조직도를 설명해주십시오

⑪ 우리 브랜드를 담당하게 될 각 담당인원의 역할과 약력을 설명해 주십시오

9. 대행사 서비스 계획 (3 페이지 이내)

⑫ 귀 대행사의 기획, 제작, 매체 등 각 팀별 강점은 무엇입니까?

⑬ 귀 대행사가 우리 브랜드를 서비스한다면 기획, 제작, 매체 등 각 영역에서 어떻게 서비스를 제공할 것인지 설명해 주시기 바랍니다.

⑭ 귀 대행사의 제작 단가표를 제시하여 주시기 바랍니다.

10. 귀 대행사가 우리 브랜드를 운영한다면 어떻게 운영할 계획입니까?(2페이지 이내)

⑮ 귀 대행사가 파악한 소비자 인식상/마케팅상의 문제점은 무엇입니까?

⑯ 귀 대행사는 향후 우리 브랜드가 추구해야할 시장에서의 혹은 소비자 인식상의 목표는 무엇이 되어야 한다고 생각하십니까?

⑰ 귀 대행사가 어떠한 전략 혹은 아이디어 혹은 메시지로 이러한 문제점을 해결하여 목표에 도달할 것입니까?

⑱ 이러한 과정상에서 귀 대행사가 다른 대행사 대비 내세울 수 있는 강점 혹은 서비스 계획은 무엇입니까?

11. 기타 (1페이지 이내)

⑲ 위 질문 외 귀 대행사가 필요하다고 생각되는 내용을 자유롭게 기술해 주십시오

5-3
심사 및 결정, 그리고 그 이후

맞는 대행사를 찾아서 모으고 만나보고 적합한 과제를 내는 것도 힘들고 중요한 과정이지만, 결국 심사를 통해 우리와 같이 일할 파트너를 결정하기 위한 과정들입니다. '푸는 학생이 힘들지 채점하는 선생님이 힘든가?'하는 생각을 할 수도 있지만, 채점이 힘든 이유는 이 모든 과정의 궁극적인 책임을 져야 하기 때문입니다.

어려운 과정을 통해 정작 가장 훌륭한 대행사를 선정하지 못했다면 나중에 광고 운영의 실패에 대한 더 참혹한 책임이 따를 수 있습니다. 혹은 참여한 대행사들에게 불공정한 결과라는 인상을 주게 된다면 나중에 대행사를 교체하고 싶어도 입찰에 참여하는 대행사가 없어서 당황스러울 수도 있습니다. 혹은 심사 및 결정을 통보하는 과정에서의 미숙한 일처리가 어려운 과정 속에 선정되어 이제 열심히 일하려는 대행사의 열정에 찬물을 끼얹는 수도 있습니다.

결국 마무리가 중요한 법입니다.

21년간 '시험 보는 학생'의 입장이었지만, '이 선생님은 이렇게 심사를 하니 좋더라', '아, 이렇게 결정하고 통보해주는 선생님도 있네?', '시험 끝나도 그 이후의 관계를 이렇게 유지하는 선생님은 다시 한 번 시험을 보고 싶다'는 수 많은 선생님들의 모습도 봤습니다. 그리고 그런 좋은 모습은 좁은 광고계에서는 반드시 소문이 나게 마련이고, 그 브랜드가 커지면 좀더 좋은 대행사들이 도전할 수 있는 기반이 됩니다.

5-3-1 심사

심사가 어려울까요? 네, 제가 몇 번 공공기관의 입찰에 심사위원으로 참여해본 경험으로는 참 어렵습니다. 그냥 회장님이나 사장님이 보시고 딱 정해주는 경우라면 모를까, 만일 각 항목별로 세부 점수와 가중치가 있는 채점표를 두고 4~5군데의 대행사 발표를 몇 시간씩 들으면서 비교하려면 참 힘듭니다.

그렇게 힘든 이유는 무엇보다도 '과제'가 정확하지 않아서 그렇습니다. 앞서 이야기 한 대로 많은 경우 '인지도 제고 및 긍정적인 이미지 고취' 정도의 '돈 쓰면 다 도달되는' 과제를 제시하고 입찰을 진행하기 때문에 막상 발표 현장에서 각 광고대행사가 다른 메시지를 제시하면 채점표 안에 있는 '적합성' 혹은 '전략의 타당성' 같은 항목에서 통일된 점수를 주기 어렵기 때문입니다. 즉 과제에 뭐가 적합하고 그래서 어떤 전략이 타당한지 심사위원마다 기준이 다르다는 거죠.

두번째로 심사가 어려운 이유는 의외로 변별이 쉽게 나지 않는 경우입니다. 그런데 아이러니하게도 채점표가 너무 세부적으로 되어 있는 경우 바로 그러합니다.

앞서 설명한 대로 광고 전략이라는 것은 조사를 통해 과제를 도출하고 여기에 마케팅 전략을 더하여 기획을 하면 이 기획을 실행하기 위하여 소비자 인사이트 발굴을 통해 크리에이티브 아이디어를 내고 이를 각 대행사의 역량과 경험을 통한 매체 아이디어를 통해 집행하는 유기적인 과정입니다.

그런데 대부분의 채점표는 전체 발표를 다 보고 매기는 게 아니라 각 부분마다 세부항목별로 점수를 매기고 다시 이를 합쳐서 각 대행사별 점수와 순위를 매기게 합니다. 이렇게 되면 전체 맥락과 떨어진 채점이 되는데, 가령 기획의 어떤 부분은 낮은데 이를 통해 나온 크리에이티브 아이디어는 점수가 높게 나올 수도 있는 이상한 채점이 되는 것입니다. 즉 '전체는 부분의 합보다 크다'라는 아리스토텔레스의 유명한 말처럼, 전체의 맥락을 보고 각 부분을 이해하기는 쉽지만 거꾸로 하기는 쉽지 않기 때문에 각 분야별로 기획에서 최고, 크리에이티브 아이디어에서 최고를 따로 뽑는 것이 아닌 이상 의미가 없는 채점입니다.

그래서 저는 자세한 세부항목별로 점수와 가중치를 적용한 채점표는 꼭 그렇게 공정하게 해야 하는 공공기관 외에는 바람직하지 않은 방법이라고 생각합니다. 어차피 같이 일할 대행사 한 군데만 선정할 뿐 나머지 대행사들의 순위를 정할 필요가 없기 때문에 어느 정도의 선호도가 가려지면 1위와 2위 대행사를 대상으로 집중적으로 심사위원들이 토론을 해서 각 개인적 성향에 따른 호불호나, 각 개인별 업무 범위나 직위에 따라 달라지는 판단의 기준 등을 보정할 필요가 있기 때문입니다.
동시에 전체 인원이 참여하는 토론 중에서 특히 실제 광고 업무를 책임지고 진행할 광고담당 임원과 직원들의 의견에 가중치를 두고 결정한다면, 앞으로 같이 일을 할 대행사에는 '전체의 의견에 따른 결정'이라는 자신감과 동시에 광고담당팀 모두에게 '내가 뽑았다'는 책임감도 동시에 부여할 수 있는 좋은 방법입니다.

그래서 저는 채점표가 아니라 '심사 노트'라고 생각하고 각 대행사의 발표를 전체 맥락에서 유심하게 듣되 각 주요 항목마다 각 대행사의 주장을 기록하고 심사위원 자신이 느끼는 의문점이나 문제점, 개선점등을 모두 적게 한 후에 점수는 각 대행사의 발표가 모두 끝난 후에 한 번에 적게 하는 것이 바람직합니다. 또 여러 대행사가 발표를 하면 처음 하는 대행사의 발표에는 조금 점수를 박하게 주고, 나중에 진행이 될수록 후하게 주는 경향이 있기 때문에 모든 대행사의 발표가 끝난 후에는 역시 모든 발표의 맥락에서 다시 한 번 순위를 조정하는 과정도 필요합니다.

심사위원을 뽑을 때에는 향후 심도 깊은 토론을 위해 전체 숫자를 7~8명을 넘기지 않는 것이 좋습니다. 제가 참여했던 어떤 시중 은행의 경우에는 회사 경영에 중요한 결정이고 '광고는 일반 대중의 의견이 중요하다'면서 전국 지점에서 무작위로 40명을 심사위원으로 뽑고 다시 계열사 홍보 담당자 몇 십 명이 참관인 자격으로 들어온 경우도 있었지만, 당연히 이렇게 되면 토론 자체가 되지 않습니다.

제가 서비스했던 광고주 중 '광고 참 잘 만든다'는 말을 들었던 KT가 있는데 지금도 저는 광고 시안을 불과 광고담당팀 4~5명과 임원 1~2명이 토론하고 결정하는 단순한 의사결정 체계를 가장 큰 성공 요인이라고 생각합니다. 광고의 표현은 일반 대중의 수준에 맞아야 하지만 광고 계획과 메시지 자체는 전문가에 의해 전략적으로 만들어지고 판단되어야 하기 때문에, 저는 이런 KT와 같은 심플한 의사결정 구조를 다른 여러 광고주에게도 벤치마크할 사례로 들고 있습니다.

슬기로운 이야기 | 경쟁입찰 심사 노트

아래 노트는 심사위원 1인당 발표 대행사의 숫자만큼 나눠 주시면 됩니다.

순서: 대행사명:

아래 사항을 느낀 대로 발표 중에 자유롭게 기록하시고 참고하시기 바랍니다.

나의 생각은?

1. 이 대행사의 소개에서 주장하는 자신들의 장점은?

2. 이 대행사가 발견한 우리 브랜드가 극복해야할 문제점은?

3. 이 대행사가 주장하는 우리 브랜드의 마케팅 계획은?

4. 이 대행사가 주장하는 우리 브랜드의 광고 타겟과 인사이트는?

5. 이 대행사가 제시하는 우리 브랜드/캠페인의 슬로건은?

6. 이 대행사가 제시하는 모델은?

7. 이 대행사가 제시하는 크리에이브 전략과 표현의 특징은?

8. 이 대행사가 제시하는 미디어 전략의 맥락은?

9. 이 대행사가 주장하는 자신들의 미디어 전략과 집행의 장점은?

10. 이 대행사의 전체 발표를 듣고 느낀 장점과 문제점은?

발표를 모두 듣고 전체적인 맥락에서 '이 대행사가 우리와 일해야 한다'고 생각하는 정도를 5점 척도로 표시한 다면?

1. 전혀 일하고 싶지 않다

2. 일하고 싶지 않은 편이다

3. 보통이다

4. 일하고 싶다

5. 매우 일하고 싶다

5-3-2 결과의 통보와 관리

사실 광고 대행사 결정의 전 과정 중 결과 발표처럼 상식대로 하면 되는 일이 없는데, 제 경험에는 의외로 이 부분에서도 왜 저럴까? 하는 경우가 종종 있었습니다. 바로 선정된 대행사에 대한 통보가 아니라, 탈락한 대행사들에 대한 통보를 어떻게 할 것인가에 대한 이야기입니다.

제가 빅 스몰 광고주께 말씀드리고 싶은 건 공정한 심사 끝에 최선의 파트너가 선정되었다면, 나머지 탈락한 대행사들에게 최대한 당당하게, 하지만 친절하고 자세하게 그 이유에 대해서 피드백을 주고 격려해 주라는 것입니다.

사실 통신이나 금융, IT 등 거대 광고주들의 경우에도 어느 대행사가 한 번 입찰에 탈락했다고 해서 영원히 보지 않는 것이 아닙니다. 오히려 여러 번 경험을 거듭할 수록 브랜드에 대한 이해가 높아지기 때문에 입찰에 탈락했더라도 어느 수준이 된다면 관계를 유지하면서 다음 번 입찰에 응할 수 있도록 관리하는 경우가 많습니다. 이후에도 대행사 선정의 계기가 생길 때마다 초청을 고려하는 'Agency Pool (대행사의 풀)'을 만드는 거죠.

빅 스몰 광고주들의 경우에도 역시 한 번 탈락했다고 해서 앞으로 안 볼 것처럼 할 필요가 없습니다. 물론 당장 일을 줄 것도 없는데 꾸준히 영업을 하러 방문하는 대행사들이 귀찮을 수도 있지만 선정된 대행사가 끝까지 기대한 만큼의 성과를 보여줄지도 모르기 때문에 만일의 경우에도 대비해야 하고, 무엇보다도 마케팅과 광고의 전문가들로 구성된 대행사들과 좋은 관계를 유지하면 향후 어떤 식으로 비즈니스가 연결될지도 모르니까요.

탈락한 대행사들이 가장 알고 싶어하는 것은 당연히 '왜? (우리가 떨어졌지?)' 입니다. 다들 경쟁입찰에 참여할 때에는 자신이 될 것이라는 근거 없는 자신감을 스스로 만들어서라도 하는 것이지, '떨어질 줄 알면서' 시간과 돈을 소모해가면서 경험상 참여하는 입찰은 결단코 없으니까요.

그런데 재미있는 건 이런 과정에서의 피드백을 제대로 주지 않는 경우들도 있다는 것입니다. 어차피 결과가 발표된 이후라면 뒤집을 수도 없고, 당연히 그 결정에 의구심을 가질 만한 이야기를 하면 안되겠지요. 그런 것이 아니라면 공정한 심사 결과에 대해 당당하게, 하지만 탈락한 대행사들에게 격려가 될 만한 이야기를 해줄 수도 있는데, 결과 발표 후에는 마치 '이젠 필요 없는 사이' 라는 듯이 전화도 잘 받지 않는 경우들도 종종 봤습니다.

어떤 태도를 취하는지는 담당자의 판단일지 모르겠지만 이렇게 하면 대행사 입장에서는 이 심사가 공정하게 이루어진 것인지에 대한 의혹이 증폭됩니다. 이런 의심이 있으면 주변 대행사 사람들에게 이야기할 것이고, 탈락한 대행사들을 비롯해서 이야기를 들은 업계 종사자들은 본의 아니게 그 브랜드의 안티팬이 되고 맙니다.

반면 결과를 통보할 때에도 따뜻하게 이야기해주고, 몇 주 후에 만나서 커피라도 마시면서 나왔던 피드백 들을 서로 이야기 해주고 앞으로도 종종 만나서 좋은 이야기 들려 달라고 하면 대행사의 담당자 입장에서도 우선 도움이 될 뿐더러 좋은 인상과 함께 향후 다른 기회에 대한 기대를 가지면서 우호적인 팬으로 남게 됩니다.

업무에 큰 지장이 없다면 이런 잠재 광고주를 관리하러 연락하는 대행사 직원들을 반갑게 맞아주십시오. 단순한 광고 입찰 건 외에도 대행사 직원을 회사 직원으로 채용하는 경우도 생각보다 많고, 대행사를 통해 다른 브랜드와의 협업 마케팅이나 필요한 자료를 찾아달라는 요청 등 도움을 받는 것도 많을 것입니다. 또한 이렇게 탈락한 대행사를 잘 관리한다는 점은 선정된 대행사 입장에서도 긴장감을 갖게 되는 요소인 동시에 대행사를 잘 대우해주는 광고주라는 긍정적인 이미지도 갖게 됩니다.

5-3-3 광고 대행 계약

대행사 선정 과정이 끝나면 대행 계약을 체결하게 됩니다.

제가 본 여러 계약서 중 국내 대행사들이 주로 사용하는 계약서는 30년 전에 만든 3~4페이지까지 계약서를 고쳐가면서 쓰는 경우들이 많았습니다. 그만큼 '별 게 없다'는 거죠. 반면 외국계 글로벌 광고주와의 대행계약서는 20~30페이지에 이를 정도로 구체적으로 되어 있었습니다. 요즘에는 국내에서도 대형 인하우스 대행사들이 변호사 출신 법무 담당자를 채용해서 광고주별로 맞춤 대행계약서를 만드는 경우도 있습니다.

제가 빅 스몰 광고주들을 위해 추천하는 광고대행계약서는 국내 기존 계약서를 광고 시장의 변화에 맞게 업데이트하고, 실제 업무 진행 중에 오해가 있었거나 문제가 있었던 부분들을 포함시킨 것으로 다음 장에 일반 양식으로 첨부해 놓았습니다. 대부분은 상식적으로 쉽게 이해되겠지만 경험상 설명이 필요한 부분은 아래와 같습니다.

[약칭 및 호칭]

계약서에 흔히 나오는 '갑'과 '을'은 계약 당사자 간의 약칭이었는데 마치 '주종 (主從)'의 불평등한 관계에서 오는 잘못된 상관행을 상징하는 '갑질'이라는 단어가 화제가 되면서 여러 기업에서 계약서 상에 다른 약칭을 사용하는 추세입니다.[33] 저 개인적으로는 '업체'라는 말을 상당히 싫어하는데요, 이 역시 동등한 입장에서 계약을 맺는 파트너로서 다른 '기업'을 존중하는 호칭이 아니라고 생각하기 때문입니다. (광고주를 대행사에서 업체라고 부르지 않으니까요). 이런 호칭을 개선해서 계약서에서 제시한다면 돈 한 푼 들이지 않고도 처음 일을 시작하는 대행사에서 존중의 마음으로 광고주를 보게 할 수 있습니다.

[대행사의 지위]

계약 항목이나 업무 범위 등에서 대행사가 원하는 기술은 '유일한 광고대행사' 혹은 '독점적인' 지위를 확보하는 것입니다. 그래서 만일 대행사를 한 곳만 쓰는 게 아니라 매체와 제작, 혹은 브랜드별로 나누어서 복수로 운영한다면 업무 범위를 좀더 명확하게 쓰는 편이 좋습니다. 만일 업무 분장을 규정짓기 어렵다면 '그 외 대행사와 광고주가 합의한 업무' 정도로 표시를 하면 쉽게 해결할 수 있습니다.

[대행사 수수료]

가장 중요한 비용 청구와 지급 관련해서는 광고 업계에만 있는 몇 가지 고유한 항목들이 있습니다. 앞서 일반 광고대행사의 수익은 전세계적으로 전체 광고비의 15%를 기준으로 한다는 점을 설명 드렸습니다. 우리나라에서도 관급 행사 등을 할 때 이윤을 일반 관리비 5%에 전체 이윤 10%를 더해서 15%로 정하고 있습니다.

---

[33] "계약에서 우위 규정짓는 갑을 표기 사라진다" (경향비즈 2013년 5월 9일)

대부분의 광고매체비들의 경우에는 전체 금액에 위 15%의 광고대행사 수수료가 포함되어 있어서[34] 광고주 입장에서는 그 금액을 지불하면 따로 광고대행사 수수료를 지급할 필요가 없습니다. 그런데 외주 제작비와 같이 광고대행사의 수수료가 포함되어 있지 않는 경우에는 15/85=0.1765 로 계산해서 그로스와 유사하게 계산한 비율인 17.65%를 대행사의 수수료로 청구합니다.[35] 이 Net 수수율 역시 전세계적으로 오랫동안 일반적으로 활용해온 요율이지만 처음 접하는 광고주들은 종종 이해하기 쉽지 않고 그 근거를 요구하는 경우도 있기 때문에 처음부터 계약서에 명확하게 명시하는 것이 좋습니다.

[선지급 규정]

대행사가 광고주에 업무를 마치기 전에 요청하는 선지급 역시 사전에 계약서에 규정하지 않으면 분쟁이 자주 발생하는 항목입니다.

우선 모델료나 음악 저작권 등이 경우에 따라 촬영 혹은 광고 집행 전에 지급을 요청하는 경우가 있고 구글과 페이스북 등 온라인 매체비 역시 원칙적으로는 미리 충전을 해 놓고 그 금액 범위에서 광고를 집행하는 방식이기 때문에 선지급이 필요합니다. 다만 렙사를 통해 거래하는 경우에는 렙사가 구글, 페이스북 등 매체사들과 후불 거래를 하기 때문에 꼭 필요 없는 경우도 있습니다. 그 외 TVC를 제작하는 등 규모가 큰 제작건의 경우 제작을 하기 위해 비용이 소요되기 때문에 계약금과 중도금이 필요합니다.

---

[34] 이렇게 광고주 청구 금액에 수수료가 포함되어 있는 금액을 그로스 (Gross) 라고 합니다.
[35] 이렇게 광고주 청구 금액에 수수료가 포함되어 있지 않은 금액을 네트 (Net) 라고 합니다.

[공정거래위원회 표준하도급계약서]

이와 관련해서는 공정위원회에서 제정한 '광고(TV, 라디오 등 제작분야)업종 표준하도급계약서'를 준수한다는 문구를 넣을 필요가 있습니다. 공정위원회에서는 그간 광고 영상 제작 현장에서 불평등하고 불합리한 '갑질'로 인한 문제점을 해소하기 위해서 광고대행사와 프러덕션 사이에서 사용할 수 있는 표준 계약서를 만들고 2천만원 이상의 계약 건인 경우에는 체결하는 것을 의무화하고 있습니다.

이 '표준하도급계약서'를 보면 계약 금액이 2천만원 이상인 경우 계약금으로 10% 이상을 지급하고, 중도금과 잔금의 비율을 각각 정할 수 있게 되어 있는데, 주로 중도금이 필요한 경우는 촬영, 소품 구입, 헤어스타일리스트와 메이크업 등과 관련한 비용입니다. 특히 해외 촬영이 필요한 경우에는 해외 촬영 관련한 비용을 모두 선지급하는 것이 필요한데, 그 이유는 해외 촬영을 할 때 현지 외주처 섭외 및 스케줄 등을 전문으로 처리하는 '코디네이터'를 통해 거래하더라도, 해외에서 '한 번 보고 헤어질 수 있는 사이'끼리 신용 거래를 하는데 부담을 크게 느끼기 때문입니다.

[계약 기간, 계약의 해지 및 관할 법원]

계약 기간의 경우 미국에서는 보통 2년을 기본으로 합니다. 처음 업무를 맡으면 익숙해지는 데에도, 나중에 대행사 역량을 충분히 평가하는 데에도 모두 시간이 걸린다는 거죠. 동시에 대행사를 자주 바꾸면 이런 부분에서 시간과 비용의 손실이 발생한다고 판단하기 때문입니다. 반면 우리나라는 1년을 기본으로 합니다. 앞서 설명한 것처럼 그보다는 계약 기간의 만료에 따른 긴장감을 주기 위한 부분도 있고, 광고주 담당자들이 매년 업무 평가를 받기 때문이기도 한 것 같습니다. 저는 1년으로 하고 매년 별도의 의사 표시가 없으면 1년간 연장하는 것으로 하는 것이 가장 바람직한 것 같습니다.

해지하는 방법과 관련해서 대행사에서는 해지 의사를 문서로 통보한 후 보통 1~3개월의 기간을 거쳐 해지하는 방안을 선호하는데 그 이유에는 매체비 등의 지급 등을 모두 마무리하는 실무적인 이유도 있지만 한 달이라도 대행을 오래해서 돈을 벌고 싶은 욕심도 있는 것 같습니다. 정작 해보면 해지 의사를 갖고 있는 광고주가 광고를 중단하는 경우가 대부분이기 때문에 별 의미는 없는 것 같습니다.

실제 변호사들이 만든 계약서를 보면 파산이나 대금 지급을 안 하는 경우, 신의성실의 원칙을 중대하게 위반한 경우에는 해지할 수 있도록 하는 조항을 보통 넣는데, 필요하다고 생각되면 넣는 것도 좋습니다. 관할법원을 지정하는 이유는 소송을 하는 쪽에서 다른 쪽을 압박하기 위해서 일부러 먼 곳에 소송을 넣는 경우를 방지하려는 목적인데, 필요하다면 이 부분을 넣는 것도 좋습니다.

> **슬기로운 이야기** **대행사 계약서**

㈜ 광고주 (이하 '고객사')와 ㈜ 광고대행사 (이하 '대행사')는 아래와 같이 광고 대행 계약을 체결하기로 한다.

1. 계약 품목:
   ① 제품 1
   ② 제품 2
   ③ 기타 고객사와 대행사 간에 협의한 품목

2. 계약 기간
   ① 본 계약의 기간은 XXXX년 XX월 XX일 ~ YYYY년 YY월 YY일 (1년) 로 하며,
   ② 이후 고객사와 대행사의 별도 의사표시가 없으면 1년씩 연장하는 것으로 한다.

3. 업무 범위
   ① 광고물의 제작 및 기획 (전 매체)
   ② 광고 매체의 기획 및 청약, 집행 (전 매체)
   ③ 기타 고객사가 의뢰하고 대행사가 동의한 마케팅 커뮤니케이션 상의 제반 업무

4. 대행사 수수료 및 비용 정산 방법
   ① 비용의 승인: 대행사는 고객사가 요청한 업무의 제반 비용을 제세공과금을 포함하여 사전 고객사에 제시하여 승인된 이후 진행하기로 한다.
   ② 비용의 지급:
      가) 대행사는 해당 제작 및 해당월 매체 업무가 완료된 시점에서 사전 승인된 금액에 따라 세금계산서를 발행하여 청구하고

　　　　나) 고객사는 대행사가 발행한 세금계산서 수령일로부터 30일 이내 전액 현금으로 대행사에 지급하기로 한다.
　　③ 비용의 사전 지급: 고객사는 다음과 같은 경우 대행사가 요청하는 비용을 현금으로 해당 업무가 완료되기 이전에 지급하기로 한다.
　　　　가) 온라인 등 매체사가 선지급을 요청하는 경우의 매체
　　　　나) 해외 제작비용
　　　　다) 저작권 관련 비용
　　　　라) 모델료, 출연료, 거마비, 교섭비
　　　　마) 프로모션 진행비 및 소품 구입비
　　　　바) 공정거래위원회 광고업종 표준하도급 계약서 상의 계약금 및 선지급금
　　　　사) 기타 업무 수행에 필요한 외주처가 사전 지급을 요청하는 경우
　　④ 비용의 정산: 대행사는 고객사에 외주사 비용 견적을 제시하여 승인된 이후 업무 진행하며 승인된 금액의 외주사 비용 지급을 한다.
　　⑤ 대행사 수수료: 대행사 수수료는 외주제작사 및 매체사 지급 금액이
　　　　가) 대행사 수수료를 포함한 경우에는 그 수수료 금액으로 하기로 한다.
　　　　나) 대행사 수수료를 포함하지 않는 경우 그 금액의 17.65%로 한다.

1. 업무 협조 및 비밀 유지:
① 고객사는 대행사에 본 계약의 원활한 수행을 위한 정보의 제공을 하며
② 대행사는 고객사가 제공한 정보를 사전 허락 없이 일절 외부에 노출하지 않는다.

2. 계약의 변경과 해지
① 고객사와 대행사는 협의를 통해 서면으로 본 계약을 수정할 수 있다.
② 고객사와 대행사는 본 계약의 해지일로부터 1주일 전에 서면 통보하고 비용을 정산하여 계약을 해지할 수 있다.

이상 본 계약의 체결을 증명하기 위하여 계약서를 2부 작성하여 고객사와 대행사가 각각 1부씩 보관하기로 한다.

XXXX년 XX월 XX일

고객사:

상 호 _____
주 소 _____
대표자 _____

대행사:

상 호 _____
주 소 _____
대표자 _____

◀ 슬기로운 이야기　공공기관 입찰 개선점

공공기관의 광고는 국민의 세금으로 이루어집니다. 그만큼 투명하게 집행도 되어야 하지만 동시에 효율적으로도 집행되어야 합니다. 하지만 제가 봤을 때 우리나라 공공기관의 광고는 사실 잘하는 점보다는 사기업 광고 행태의 문제점만을 고스란히 모아 놓은 것 같습니다.

1. 너무 복잡한 입찰 과정

실제 공공기관의 광고에 참여하려면 우선 조달청에서 운영하는 나라장터에 회원 등록을 해야 합니다. 그리고 기존에 사용하던 공인인증서 말고 각 보안회사에서 입찰을 위해 별도의 범용공인인증서를 10만원 정도 주고 사야 합니다. 그리고 실제 조달청 사무실에 방문해서 지문 스캐너를 사고 등록을 해야 합니다. 저 같은 경우는 중간에 공인인증서가 지문 스캐너에 복사가 되지 않아 고생을 하다가 결국 하필이면 제가 산 공인인증서 회사의 제품과 지문 스캐너 회사의 제품이 서로 잘 맞지 않아 에러가 발생한다는 사실을 뒤늦게 알았습니다. 만일 입찰에 임박해서 등록을 하다가 이런 일을 당하면 매우 곤란한 상황에 처할 수도 있습니다.

제가 조달청에 직접 문의해보니 지문 스캐너를 통해 입찰을 하는 이유는 한 회사가 여러 회사를 동원해서 복수로 입찰에 참여하는 것을 방지하기 위해서라고 하는데, 각 회사별로 시안과 제안서를 제출해야 하는 광고 입찰에서도 이런 과정을 꼭 도입해야 하는지 도무지 이해가 가지 않습니다. 또 기존 회사 업무를 위해 잘 사용하고 있는 공인인증서 말고 다른 인증서를 돈 주고 구입해야 하는지도 역시 잘 이해되지 않습니다.

이렇게 바꿉시다

정부 입찰이 워낙 복잡하다 보니 적어도 광고 같은 경우에는 이런 정부 입찰만을 주로 하는 회사들도 있습니다. 그런 회사들의 실력이 일률적으로 나쁘다고 할 수는 없지만 적어도 일반 사기업 광고를 주로 하는 회사들도 많이 참여할 수 있다면 그만큼 수준이 높아질 것입니다. 이런 복잡한 입찰 과정을 개선하는 것이 각 개별 기관 수준이 아닌 조달청 수준에서 할 수 있는 일이겠습니다만, 그래도 최대한 입찰 과정을 간편하게 하는 것이 보다 많은 회사들의 참여를 유도할 수 있는 방법이겠습니다.

---

2. 한국언론진흥재단의 독점

정부기관 및 공공기관의 경우 광고 제작은 경쟁입찰에 붙이더라도 매체 업무는 과거부터 한국언론진흥재단에서 독점해서 진행하고 있습니다. 과거에는 1972년에 발표된 '정부 광고에 대한 국무총리 훈령 541호'에 근거해서 독점을 했는데 법률이 아닌 훈령이라는 점과 더불어민주당 측에서 과거 보수 정권에서 정부 기관이 한국언론진흥재단을 거치지 않고 언론과 기사 및 광고 직거래를 해온 점과, 보수 일간지에 정부 광고가 편중되어 집행되었다는 점 등을 문제 제기하여[36] 2018년 12월 13일부터 '정부기관 및 공공기관 등의 광고 시행에 관한 법률 (이하 정부광고법)'이 시행되었습니다. 이 정부광고법에서는 문체부 장관이 그 업무를 위탁할 수 있도록 되어 있는데 다시 한국언론진흥재단에 업무를 그대로 위탁하여 이전에 비해서 강력한 법률적 근거로 그 독점적 지위가 강화되었습니다.

한국언론진흥재단은 정부광고의 매체 업무를 대행하고 수수료를 가져가는데 예전에는 매체사가 지급하는 광고대행수수료를 모두 가져가다가, 요즘은 입찰 서류에 광고제작사와 분할하도록 규정할 경우에는 분할을 하기도 했는데 최근에는 그냥 일률적으로 10%를, 그 것도 선금으로 가져간다는 불만을 사고 있습니다.[37]

---

36 [출처] [노웅래 마포갑 국회의원] 정부광고법 제정을 위한 토론회 자료집]

37 정부광고법 시행 5개월, "시어머니가 한 명 더 늘었다" (더피알뉴스, 2019년 4월 15일)

한국언론진흥재단이 이렇게 모은 광고 수수료는 2018년 전체 재단 수익의 94%에 해당하는 728억원으로[38] 전체 광고비의 10% 수익으로 계산하면 7000억원이 넘는 광고 매체 예산을 집행한 셈인데, 제 생각에는 국내 광고주 순위로 5위권 내에는 분명히 들 만한 금액입니다.

이 수익은 재단 운영비 외에도 언론인 연수사업, 뉴스 콘텐츠 인프라 구축사업, 해외언론 지원사업 등 공익적인 목적에 사용하고 있습니다. 정부 광고의 수수료니까 공익적인 목적을 위해 사용하는 것은 일견 문제가 없어 보입니다. 하지만 포털에서 '한국언론진흥재단'을 검색하면 문제점을 지적하는 기사와 폐지를 청원하는 청와대 청원 사이트 내용이 가득합니다.

한국언론진흥재단의 정부 광고 독점이 문제인 이유는 우선 비효율적이고 편파적인 집행을 한다는 합리적인 의심 때문입니다. 한국언론진행재단이 진행하는 매체 업무에 대해서는 지금까지 어떤 경쟁이나 제한, 심사 등이 이루어진 바 없습니다. 정치권에서는 정권이 바뀔 때마다 우호적인 매체사에 광고를 몰아줄 수 있는 수단으로 악용된다고 의심 때문에 정부광고법을 만들었지만 그렇다고 정치권의 입김에 좌우되지 않으리라는 보장도 없습니다. 또한 민간 기업들이라면 광고주로부터 매체비를 절약하라는 압력도 받고 그래서 매체사와 협상도 치열하게 할 텐데, 과연 30년째 독점기업인 한국언론진흥재단이 그런 노력을 굳이 할지 의심스럽습니다.

비효율적인 집행에 대한 또다른 문제는 민간 광고대행사의 정부 광고 영역 진입을 제한한다는 점입니다. 분명 국민의 세금으로 이루어지는 공공기관의 광고는 효율적인 집행을 해야 하는데, 전체 광고 수익의 80~90%가량을 차지하는 매체 업무를 한국언론진흥재단이 독점하다 보니 실력 있는 민간 광고대행사들은 수익성을 이유로 공공기관의 광고 입찰에 잘 참여하지 않습니다. 좋은 광고를 하려면 아이디어를 내면서 매체 아이디어도 같이 내야 하는데, 이런 부분이 이루어지지 않는 거죠. 결국 제작만 담당하는 소규모 제작사들만 주로 참여하다 보니 전체 광

---

[38] "언론재단의 정부광고 대행, 독점 논란은 계속될 것" (미디어스, 2019년 4월 2일)

고 캠페인의 효율이 많이 떨어집니다.

제가 만나본 광고를 담당하는 공무원들 역시 이 부분에 대한 문제 의식이 있었습니다. 광고 홍보 업무를 몇 년 하면서 제작사들은 몇 번 만나면서 고민도 같이 하면서 아이디어를 발전시켜 나갈 수 있지만 한국언론진흥재단 직원은 전화 통화만 할 뿐 한 번도 본적이 없다고 자조하던 담당자도 있었습니다.

이렇게 바꿉시다

과거 법률이 아닌 국무총리 훈령에 근거해서 한국언론진흥재단이 정부 광고를 독점했을 때에는 각 기관장의 판단으로 필요에 따라 민간 광고대행사에 업무를 맡긴 적이 있었는데 저는 가장 최초의 사례를 과거 김문수 도지사 시절의 경기도로 알고 있습니다.

하지만 지금은 정부광고법에 의해 법률로서 한국언론진흥재단의 독점적 지위가 결정되었기 때문에 이렇게 할 수는 없고 당분간 한국언론진흥재단을 통해 진행을 할 수 밖에는 없을 것 같습니다. 이런 상황에서 만일 좀더 민간 광고대행사로부터 보다 효율적인 광고 계획 등에 대한 제안을 받으려면 따로 컨설팅이나 자문 계약 등을 체결하는 방안을 검토하시기 바랍니다.

3. 담당 직원의 비전문성

공무원이나 공공기관들은 보통 순환보직을 하는 경우가 대부분입니다. 즉 한 업무를 맡고 몇 년 있으면 다른 보직으로 가는 거죠. 그렇게 하면 인사의 공평성이나 부정한 청탁 등은 방지할 수 있을 지 모르지만 업무에 대한 전문성은 떨어질 수밖에 없습니다. 즉 한 정부 기관이 광고를 몇 십년 동안 꾸준히 해도 그 경험은 거의 매년 단절되고, 그렇다 보니 효율적인 광고 집행이 될 수 없습니다.

또 이렇게 순환보직을 하다 보니 광고 홍보 업무가 자신의 전문 분야가 되지 않는다고 판단하면 골치 아픈 문제를 만들고 싶지 않은 담당 직원도 그저 '예전에 하던 대로' 합니다. 그래서 나라장터에는 예전 양식을 그대로 쓰다 보니 날짜 등도 안 고쳐진 채 올라온 제안요청서와 입찰공고안들을 쉽게 찾아볼 수 있습니다.

이렇게 바꿉시다

이렇게 순환보직으로 광고 홍보를 담당하게 된 공무원들 모두가 열정이 없는 것은 아닙니다. 저는 실제 이런 담당 공무원들이 연락을 먼저 해서 광고나 홍보 계획서를 보면서 컨설팅을 해준 경우도 몇차례 있습니다. 만일 광고나 홍보 업무를 잘 모른다면 전문가들을 찾아서 궁금한 점을 물어보고 의견을 구하기만 해도 연말에 업무 평가에서 좋은 점수를 받을 수 있는 광고 집행이 가능할 것입니다. 하지만 순환보직 자체로 발생하는 비효율에 대해서는 결국 전문성을 살리는 인사 제도를 운영하는 것 외에는 마땅한 해결책은 없어 보입니다.

4. 책임감 없는 심사위원

공공기관의 입찰에 가보면 광고집행을 고민하고 결정해서 실제 공고를 낸 해당 기관의 실무자들은 '공정성'을 이유로 심사에 참여하지 않는 경우가 많습니다. 대신 대학교수나 지역 유지 등 외부 인사들이 심사위원으로 들어오는데, 문제는 이 심사위원들이 사전에 많은 시간을 들여서 이 입찰의 과제에 대해서 고민하거나 같이 토론해 보는 일 없이 보통 시작 전 30분 전에 모여서 간단히 설명을 듣고 바로 심사에 들어가는 경우가 많다는 겁니다. (심사 자체에 늦어서 사전 설명도 못 듣고 심사를 하는 경우도 상당히 많이 봤습니다) 또 이 외부 심사위원들은 심사가 끝나면 심사 서류를 제출하고 일당 정산을 위한 출석 서류에 서명을 하면 귀가하기 바쁠 뿐, 조금이라도 시간을 내서 심사 결과에 대한 토론을 같이 하는 경우도 별로 못 봤습니다.

자 이렇게 사전 교감이 없이 심사를 하면 우선 심사에 참여하지 않는 담당자들이 심사위원들이 수긍할지 안 할지도 모르는데 과제를 자세하게 설정할 수가 없습니다. (실제 그럴 전문성이 없는 경우가 더 많겠습니다만) 그래서 나라장터에 올라온 제안 요청서에는 20~30페이지에 걸쳐서 입찰 자격, 일정, 제출할 서류, 심사 기준 등에 대해서 폰트 크기까지 놀랍도록 자세히 설명이 되어 있지만, 정작 '어떤 광고가 필요한지'에 대한 과제는 그저 '이미지를 개선해 주세요' 정도로 상식적이고 포괄적인 경우가 99%입니다.

국민의 세금으로 하는 소중한 광고를 기왕에 할 것이라면, 사전에 그 기관에서도 치열한 고민을 하고 그 고민에 따라 구체적인 방향을 제시하면 대행사에서도 좀더 날 서고 차별화된 아이디어를 제시할 수 있을 텐데, 책임감 없는 심사위원 구성 때문에 대행사 입장에서는 결국 당일 모여서 잠깐 고민한 사람들에게나 먹힐 상식적인 광고 아이디어 밖에는 제시하기가 어렵습니다.

광고가 상식적이면 반응이 식상하게 나옵니다. 공공기관 광고를 떠올릴 때 '지금도 기억에 남는 좋은 광고' 대신 '공익 광고 같은… 늘 본 것 같은… 항상 저런 식인…' 이런 기억이 나오는 건 이런 책임감 없는 심사 때문입니다.

이렇게 바꿉시다

가장 좋은 것은 심사위원을 좀더 일찍 구성하고 미리 과제를 논의하는 것입니다. 하지만 만일 그렇게 하는 것이 어렵다면, 적어도 심사 당일 1시간 먼저 소집을 하고, 미리 해당 기관에서 고민하는 점과 원하는 광고의 방향 등을 따로 한 두 장으로 만들어서 나눠주고 간단한 토론을 해서 심사위원들의 이해를 높이는 것도 방법입니다. (보통 많은 경우 공무원들이 따로 심사위원을 위해 무언가를 만드는 건 별로 본적이 없고, 그저 각 회사들이 제출한 서류와 입찰 공고문만 복사해서 주는 것이 일반적입니다) 그리고 대행사의 프레젠테이션이 끝난 후에 심사위원들끼리 30분이라도 남아서 과연 어떤 회사가 해당 기관에서 원하는 광고 방향대로 제시가 되었는지에 대해 토론을 한 후에 최종 점수를 제출하게 하면 좀더 각 회사별 변별력을 높이는데 도움이 될 것입니다.

5. 모든 것을 한 곳에서?

이건 입찰 공고에서 일반적으로 한 회사가 하지 않는 여러 다양한 업무를 섞어서 할 수 있는 회사를 찾는 것인데요, 대표적인 것이 PR업무와 광고 업무를 같이 하는 회사를 찾는 것입니다. 제가 아는 한도 안에서는 이렇게 이질적인 두 업무를 모두 잘하는 회사는 없습니다. 만일 사기업 같으면 당연히 PR 회사 따로 찾고 광고 회사 따로 찾을 텐데 결국 이런 식의 정부 광고에 특화된 회사만이 선정이 될 수 있는 조건입니다. 공무원들에게 물어보니 '이렇게 한 번 입찰하는 것도 힘들기 때문에 여러 번 하지 않고 한 번에 할 수 있는 회사를 선호한다'고 하시더군요.

이런 경우 보통 PR 회사에서 하고 광고는 외주를 줍니다. 입찰 조건에 하도급을 불허한다고 해도 실제 업무에 지장이 있는 것도 아니고 확인할 방법도 없으니 그냥 진행은 됩니다. 하지만 각자를 분리해서 입찰을 한다면 좀더 전문적인 서비스와 효율적인 서비스 진행이 될 텐데 안타까운 일입니다.

또 보면 너무 세세하게 과업을 써 놓은 경우도 있습니다. 가령 과업 내용이 광고 제작이나 PR 외에 방송참여 PPL, 달력 제작, 인쇄물 제작, 행사 진행 등 아마도 해당 기관 내에서 생각했을 때 효율적인 광고 항목을 과제로 넣은 경우도 종종 있습니다. 하고 싶은 광고 항목을 넣는 게 잘못된 건 아니지만, 문제는 전문가들이 보았을 때 그 정도 비용이면 다른 매체나 프로모션 등이 좀더 효과적일 수도 있다는 의견을 받을 수도 있는데 이걸 반드시 집행해야 하는 과제로 넣고 각 과업마다 점수를 넣게 되면, 준비하는 쪽에서도 그런 쪽으로만 파트너를 구해서 입찰에 응해야 하기 때문에 향후에 변경이 어렵습니다.

이렇게 바꿉시다 --

만일 광고와 PR이 모두 필요하다면 각각 입찰을 하는 것이 합리적입니다. 온라인SNS운영과 PR 업무 역시 일부 PR회사는 같이 하지만 온라인SNS 운영과 PR만을 전문으로 하는 회사들이 훨씬 더 많이 있습니다. 만일 불가피하게 여러 업무를 한 곳에서 해야 한다고 한다면 적어도 그 회사에서 모두 진행을 해야 하고 외주를 주면 안된다고 하는 심의 규정을 빼서 각 업무에 전문적인 회사들과 같이 일할 수 있도록 하는 것이 합리적입니다.

만일 향후 대행사가 선정된 후 진행하려고 염두에 둔 여러 업무들이 있다고 하더라도 그 중 꼭 필수적인 업무가 아니라면 과감하게 '참고할 업무' 정도로 하고 이런 세세한 부분에까지 심사 기준에 넣지 않고 대행사에서 자율적으로 제안할 수 있도록 하는 것이 좋습니다. 실제 선정이 된 후에 같이 협의해서 진행을 해도 대부분 큰 문제없이 진행이 가능한 업무들이 대부분이니까 그 회사는 못할 것 같다고 걱정하지 않아도 됩니다.

---

6. 너무 많은 준비 서류: 특히 이행보증보험증권과 용역 이행 실적 증명원

제가 어느 지방자치단체의 광고 입찰을 준비할 때 세 보니 법인 인감 도장만 10번 넘게 찍게 되었습니다. 그런데 가만히 살펴보니 입찰참가신청서와 청렴계약 이행각서, 서약서, 확약서는 사실 신청서의 부대 항목으로 모두 넣어서 처리해도 되고, 입찰서 및 가격 제안서 역시 서로 합칠 수 있는 서류 양식이었습니다. 도장 찍는 게 어려운 건 아니지만 결국 예전부터 내려오던 양식들을 어떠한 문제의식이나 개선의 생각 없이 그냥 'Ctrl+C', 'Ctrl+V' 해서 진행하는 비효율적인 진행을 보는 것 같아서 씁쓸했습니다. 나중에 만나본 공무원 분은 '예전에 이렇게 했던 건 다 무슨 의미가 있어서 그런 거 아니겠냐?' 고 반문하시던데, 합치기라도 하면 어떻겠냐고 물어보니 '일리 있다' 고 하더군요.

그나마 도장 찍는 건 그렇다고 해도 정말 불필요한 서류가 바로 이행보증보험증권을 떼는 일입니다. 이건 원래 건축과 같이 여러 회사들이 동시에 참여할 때 어느 한 회사가 계약을 불이행해서 전체 공사가 지연되는 문제 등을 방지하기 위한 경우에 의미가 있는 보험증권입니다.

그런데 광고 같은 경우는 어차피 한 회사만 선정을 해서 진행을 하고, 진행이 안되는 경우도 거의 없지만, 진행이 안된다 하더라도 그 차점자를 다시 선정해서 진행을 해도 본질적으로 큰 문제가 발생하지 않습니다. 일정상으로 광고 집행이 안된다면 문제가 될 수 있지만 그걸 돈으로 보상 받는다고 해서 결과가 달라지지는 않겠지요. 이렇게 입찰을 진행하는 품목과 산업마다 과연 이 보증보험이 필요한지에 대해서 따져보고 진행을 하면 될 텐데 그냥 모든 입찰에 거의 빠짐없이 첨부를 하게 하니, 보증보험회사만 좋은 일입니다.

이행보증보험도 돈으로 하면 되는 일이니 그렇다 치더라도, 돈이나 자신의 노력으로도 어찌할 수 없는 게 하나 있는데 그게 바로 유사한 광고 실적을 확인하는 '용역이행실적증명원' 입니다. 물론 어느 회사가 들어올지도 모르는 상황에서 얼마나 실적이 있는지를 확인하는 것은 당연하고 중요한 일이지만 문제는 그 광고대행사의 광고주에 가서 서류에 법인 도장을 받아오라고 하는 것입니다. 공무원 사회에서야 이렇게 서류를 제시하고 도장 찍어달라고 하면 금방 될지 모르지만 일반 사기업에서 법인도장을 하나 찍으려면 여러 단계에 걸쳐 결재를 받아야 합니다. 더군다나 그 사기업이 없어졌거나 좋지 않게 헤어졌다고 하면 도장을 받아올 방법이 없습니다. 동시에 지금 좋은 관계를 유지하고 있는 광고주라 하더라도, 광고대행사가 '다른 광고주' 영입하려고 도장까지 찍어 달라는데 좋아할 담당자는 별로 없습니다. 결국 대행사 입장에서는 기존 광고주와의 관계를 훼손할 수 있는 리스크를 감당 하고서야 작성할 수 있는 증명서입니다. 역시 담당 공무원에게 물어보니 '도장을 찍어오지 않으면 위조되었을 때 책임을 내가 져야 하는데, 도장을 찍으면 도장 찍은 사람이 지게 된다'는 명쾌한 대답이 돌아왔습니다.

이렇게 바꿉시다

그냥 '예전에도 이렇게 했으니까 이유가 있겠지…' 라고 생각하지 말고 서류 하나하나마다 왜 필요한지에 대해서 따져보고 진행했으면 합니다. 어차피 제출해야 되는 서류들 중 하나라도 빠지거나 동의하지 않으면 선정이 불가능한데, 그러면 비슷하게 약속하고 보증하는 서류들은 하나로 통일을 하는게 맞다고 생각합니다. 가령 입찰참가신청서와 청렴계약 이행서, 서약서, 확약서, 비밀보장 각서, 가격 제안서는 모두 '입찰참가신청서' 내부의 각 항목으로 넣어서 도장 한 번 찍어서 모두 진행이 가능한 서류 양식들입니다. 도장 찍는 게 번거로운 것 보다는 이렇게 불필요한 서류와 업무를 줄여 나가는 자세 자체를 갖는 것이 행정 업무의 효율화이자 국민 세금 아끼는 길이기 때문입니다.

광고 입찰이라면 이행보증보험은 꼭 생략하십시오. 이게 광고하는데 그렇게 필요한 거라면 삼성이나 현대자동차, 애플 같은 훨씬 더 큰 광고주들은 왜 요구하지 않겠습니까?

용역이행실적원도 다른 광고주의 도장을 찍어오라고 요구하지 말고 지금도 첨부하게 되어 있는 광고대행계약서

사본과 세금계산서 목록, 재무제표로 검증하시기 바랍니다. 만일 위조를 하려면 도장 하나 새로 파서 위조하는 게 편하지 그런 부대 서류를 모두 위조하는 게 편하겠습니까? 만일 그래도 걱정이 되면 '우선입찰대상자'가 된 최종 회사 하나만 검증을 해도 됩니다.

---

7. 불합리한 자격증

나라장터에 광고나 홍보로 검색을 하면 소상공인 중소기업확인서와 직접생산확인증명서 등을 요구하는 경우를 많이 볼 수 있습니다. 중소기업확인서는 대기업보다는 소상공인에게 기회를 준다는 측면에서는 수긍할 수도 있습니다. 그런데 광고제작 및 매체 업무를 같이 하는 광고대행사를 찾는 입찰을 하면서 동영상제작서비스의 '직접생산확인증명서'를 요구하는 것이 문제입니다. 이 증명서를 받으려면

- 사업자등록증에 영상제작이 있어야 하고
- 구청에 신청해서 받은 '비디오물 제작업신고증'이 있어야 하고
- '중소기업제품 공공구매 종합정보' 사이트에 가서 신청을 하면 실제 검수를 나오는데 이때 확인하는 것이 'HD급 카메라'와 '마이크', '녹음기', '영상편집용 컴퓨터'와 녹음실과 편집실, 촬영용 스튜디오가 모두 있는 '사업장'입니다.

상업용 광고를 만드는 광고 프러덕션들은 실제 일을 할 때에는 카메라 촬영, 녹음, 편집을 모두 외부에 있는 전문 팀들에게 의뢰해서 진행을 합니다. 이렇게 실제 촬영, 편집, 녹음을 내부에서 모두 진행하고 수익을 얻는 경우는 홍보 동영상이나 소규모의 영상물 등을 만드는 프러덕션들로 일반적으로 상업용 광고를 만드는 광고 프러덕션 중에서도 위 시설과 증명서가 모두 있는 곳은 단언코 거의 없습니다. 그런데 그 입찰에서는 이렇게 직접 광고를 내부

에서 만들 수 있는 능력과 동시에 자체적으로 매체 집행 능력도 있어야 한다는 점을 요구했습니다.

결국 이 입찰은 광고대행사가 아닌 모 방송국이 선정되었습니다. 이렇게 규격을 정한 담당 공무원께 물어보니 '다른 곳도 이렇게 입찰 규격을 정해서 우리도 따라했다'고 하더군요. 굳이 이렇게 자세하게 정하지 않았다면 더 많은 곳에서 참여를 했을 텐데 말이죠.

이렇게 바꿉시다

이런 불합리한 자격증의 문제는 결국 담당 공무원들이 실무에 어둡기 때문입니다. 나라장터에서 다른 기관에서 올린 입찰 공고문을 참고하는 건 좋지만 그 자격증이 무엇을 의미하는 것이고 꼭 필요한 것인지를 확인하는 건 본인의 몫이자 당연한 업무입니다.

앞에서 설명한 대로 만일 매체 집행은 필요 없고 광고 동영상 등의 소재 제작 하나만 필요하다면 '광고대행사'가 아니라 '프러덕션'을 선택하면 되고 이런 경우에는 중소기업확인서와 직접생산확인증명서을 모두 요구해도 됩니다. 다만 굳이 이런 자격증을 꼭 요구해서 일반 상업 광고 프러덕션이 아닌 소규모 홍보 동영상이나 영상 제작물을 제작하는 프러덕션에만 일을 줘야 하는 것인지에 대해서는 한 번 따져 보시기 바랍니다. 굳이 요구하지 않아서 문호를 넓히면 좀더 많은 회사들이 참여할 것이고 그만큼 수준 높은 결과물을 얻을 가능성이 높아질 것입니다.

사실 '직접생산확인증명서'의 용도는 실제 입찰을 대기업이 딴 이후에 중소기업에 하도급 주는 경우를 방지하고 '직접 생산' 하는 중소기업에 일을 주기 위한 좋은 용도입니다. 그런데 우선 대부분의 상업 광고 프러덕션들이 대기업이 아니기 때문에 굳이 필요 없는 걱정을 한다는 생각이 듭니다. 물론 규모가 큰 회사들도 몇 개 있지만 그런 회사들이 이렇게 제작비 규모가 적은 공공기관 입찰에 참여하지는 않을 것입니다. 또한 만일 입찰에 붙이는 제작비 규모가 1억원이 안된다면 어차피 내부에서 모든 것을 만들 수 있어야 수익이 날 것이기 때문에 여러 가지로 굳이 없어도 되는 규제를 만드는 것이 아닌가 싶습니다.

8. 전담인원

제가 '3-2-1 광고대행사 이익충돌'에서 자세히 써놓았지만, 전담 인원을 두려면 연 광고비 150억원 이상에 2년 이상의 계약을 보장하는 광고주가 아니라면 일반 광고대행사에서도 두기 어려운데, 역시 지금도 나라장터에서 검색을 해보면 딱 1년만 계약을 하고 금액도 2~3억원에 불과한 공공기관에서 전담 직원을 두어야 한다고 규정한 경우가 너무나도 많이 있습니다.

아마도 앞서 이야기한 공무원 사례처럼 '다른 곳에서 있는 입찰 규격'을 참고했거나 혹은 '전임자가 그렇게 해서' Ctrl+C, Ctrl+V 한 경우도 있겠지만, 이걸 강요하면 자칫 요즘 문제되는 '갑질'에 해당되는 점을 명심해야 합니다. 1년만 계약하면서 전담직원을 두라고 하면 1년 후에 그 직원은 어떻게 될 것이며, 이 입찰이 있을지 없을지도 모르는데 미리 몇 달 전에 우리 일을 위해서 정규직원을 뽑아둔 회사만 입찰에 참여할 수 있다는 이야기가 되니까요.

이렇게 바꿉시다

저는 개인적으로는 입찰 공고문을 작성한 공무원들도 전담직원의 의미 자체를 막연히 우리 일을 맡아서 열심히 할 사람 정도로 생각하고, 100% 우리 일만 할 사람이라고 한정하지는 않았으리라 생각합니다. 만일 그렇다면 '담당자' 라고 불러도 됩니다. 더 나가서는 만일 담당자별 비용을 지급하는 Fee 제도가 아니라면 '담당자 2명 이상' 이런 식으로 기준을 둘 필요도 없습니다. 어차피 대행사에서는 일이 돌아가야 돈을 벌 수 있는데 거기서 사람을 몇 명 두고 일하는지가 굳이 광고주 입장에서 무슨 기준이 될 수 있을까요?

앞에서 설명한 대로, 전담직원이 없어도 실제 업무에서 아무런 문제가 발생하지 않습니다. 아마 입찰에 참여하는 대부분의 회사들도 전담직원이라는 말에 정말 전담할 수 있는 사람 이름만 넣지는 않을 겁니다. 결국 필요없는 규제이고, 입찰에 참여하는 대행사들에게는 '공무원들은 역시' 라는 비웃음과 동시에 '혹시?' 하는 부담만 주는 입찰 규정이며, 나중에 '갑질' 같은 사회적 이슈에 휘말릴 위험까지 있는 입찰 규정입니다.

6

<u>자! 이제, 광고는</u>

<u>어떻게</u>

<u>고르면 됩니까?</u>

<u>자! 이제, 광고는</u>

<u>어떻게</u>

<u>고르면 됩니까?</u>

우리 예산으로 할 수 있는 매체가 무엇인지, 우리 브랜드를 잘 서비스해줄 대행사도 선택했다면 그 다음 단계는 대행사와 Creative 시안을 비롯한 캠페인 계획을 잘 협의해서 결정하는 일입니다.
광고 업계에서는 '좋은 광고는 광고주가 만든다'는 속설이 있습니다.

크리에이티브와 캠페인 아이디어는 대행사가 만들겠지만, 그저 손 놓고 '전문가들이 알아서 좋은 광고 만들어 주세요' 라고 한다고 해서 좋은 광고가 나오는 것은 당연히 아닙니다. 광고주가 시장과 브랜드의 상황에 대해 정확하게 전달하는 것은 물론, 사내 의사 결정 과정에 대해서도 잘 이야기를 해주고 협의를 해야 전사적으로 지지를 받는 광고 계획이 나올 수 있습니다. 또한 대행사가 기대하던 것과 다른 과감한 계획을 제시한다면 여기에 대해서 마음을 열고 같이 고민하는 것도 필요합니다.

'딱 보면 어떤 광고 시안이 좋은지 알 수 있지 않나?' 라고 생각할 수도 있습니다. 하지만 제 경험상 시안의 개발 단계에서 좀더 광고주 쪽에서 주도를 한다면 좋을 텐데 하는 경우도 있고 광고 시안의 제시 현장에서는 프레즌테이션에 익숙한 대행사의 쇼에 의해서 대행사 의도에 따라 시안이 결정되는 경우도 많이 있습니다.

사실 Creative 한 광고 아이디어를 내는 것에 대한 책은 많이 있는데 광고주 입장에서 어떤 아이디어를 골라야 하는지에 대한 책은 거의 없었던 것 같습니다. 여기에서는 빅 스몰 광고주에 적합한 아이디어 만드는 법과 고르는 방법에 대해서 설명하도록 하겠습니다.

6-1
아이디어를 만들 때 광고주는 무엇을 해야 하나?

제가 광고 캠페인의 준비를 시작할 때 광고주로부터 많이 들었던 말이 '전문가들이 알아서 잘 해주시겠지요? 믿습니다!' 라는 말이었습니다. 뭐 이정도까지는 덕담이라고 할 수도 있겠는데, '우리가 방향을 제시하면 아이디어가 제한될 수 있으니까, 제한 없이 잘 준비해 주세요'라고 하는 이야기까지 듣게 되면 듣는 대행사 입장에서는 참 갑갑해집니다.

앞에서도 설명했지만 좋은 답을 얻으려면 좋은 숙제부터 내야 합니다. 광고는 마케팅을 실행하는 여러 수단 중 하나에 불과할 뿐이고, 실제 시장과 제품, 소비자에 대한 정보와 앞으로의 회사 계획은 이제 막 대행계약서를 체결한 대행사보다는 그 업을 꾸준히 영위해온 광고주 쪽에 있습니다. 그래서 '알아서 해주세요' 라는 식으로 제대로 숙제를 내주지 않고 대행사에게 답을 내라고 하면 정작 시안을 보는 날에 '어 우리를 너무 모르는 것 같아요' 혹은 '아이디어는 좋은데 실행하기는 어렵네요' 같은 반응이 나오는 낭패를 보는 경우가 많습니다.

여기에 또 빠질 수 없는 주요한 정보는 사내의사결정체계에 대한 부분입니다. 누가 어떻게 광고 계획 및 시안을 보고 결정할 것인지에 대해서 사전에 확인하고 대행사와 공유하는 것은 이런 정보를 꼭 알아야 좋은 광고 아이디어를 낼 수 있기 때문이 아니라 실제 업무에서는 현실적으로 필요하기 때문입니다.

사실 기업의 모든 의사 결정이 가장 합리적인 과정을 통해서 결정되는 것은 아닙니다. 오너 중심으로 신속하게 결정을 내리는 기업도 있고 다른 직원들의 의견을 많이 수렴하기 위해 노력하는 기업도 있는데, 경영학에서도 오너 중심의 경영과 전문 경영인 중심의 경영이 모두 장단점이 있다고 이야기를 합니다. 그래서 광고 계획과 시안의 의사 결정 역시 무엇이 이상적인 결정 과정을 고민하는 것보다는, 어떻게 하면 각 기업이 처한 현실 속에서 경영층을 포함한 전사적인 이해와 지지를 받으면서 광고를 진행할 수 있는지를 고민하는 것이 현실적입니다.

자 그러면 광고 경험은 없어도 광고 전문가인 대행사를 상대로 좋은 숙제를 낼 수 있는 방법부터 살펴보겠습니다.

6-1-1 브리프를 써보세요

60년대 미국 광고계를 그린 미드 '매드맨'에 이런 장면들이 나옵니다. 대행 계약을 맺고 대행사를 방문한 광고주들과 대행사 직원들이 앞으로 어떻게 광고를 할지에 대한 회의를 하고 있습니다. 주인공인 대행사의 크리에이티브 디렉터가 지난 밤 고민했던 이야기를 합니다. 광고주와 다른 직원들이 모두 웃으며 대찬성을 하자 서류 하나를 꺼내서 'Then, sign on it' 하고 건넵니다. 기분 좋게 서류에 서명을 한 광고주들은 악수를 하고 회의실을 떠납니다.

이후 광고대행사는 열심히 고민을 해서 광고 시안을 제시합니다. 하지만 대행사가 제시한 시안을 보고 마음에 들지 않은 광고주가 '이 것도 좋은데, 만일 이렇게 바꾸면 어떻겠소?' 라고 제안을 합니다. 그러자 대행사의 크리에이티브 디렉터가 'But you have already signed on it? (하지만 당신은 이미 여기에 서명을 했잖아요?)'라고 합니다.

여기에서 나온 서류 'it'이 바로 대행사에서 말하는 브리프 (Brief) 입니다.

브리프는 쉽게 말해 광고 시안 제작 전에 어떤 식으로 만들 것인지, 제작 방향을 간결하게 담은 1~2장짜리 서류입니다. 우리나라에서는 대행사의 기획팀에서 쓰지만 유럽이나 미국의 글로벌 광고주들은 광고주가 먼저 쓰고 대행사에 전달합니다. 그러면 대행사에서 이후 자신의 생각과 협의 내용을 담은 수정 브리프를 써서 제시하고 최종적으로 광고주와 합의되면 이후 제작팀에 제시해서 광고 제작의 지침으로 삼습니다.

누가 쓰는지가 크게 중요할까 싶습니다만, 실제 해보면 쓰는 사람의 입장에 따라 우선 세세한 부분까지 그 입장을 잘 반영한 브리프가 만들어지고, 그렇게 되면 자연스럽게 주도권 자체가 넘어가게 됩니다. 경험 많은 글로벌 광고주들은 광고 계획도 큰 틀에서 광고주가 만드는 것이고, 그 중 시안의 개발과 제작을 전문가인 광고대행사가 맡는다는 식으로 명확한 업무 분장에 대한 인식을 갖고 있습니다. 이런 글로벌 광고주들 중에는 회의록(Contact Report)도 광고주가 만드는 경우들이 있는데 마찬가지로 세세한 부분에서도 광고주에 제일 '유리한' 방향으로 문서를 만들고 싶어하기 때문일 것입니다.

이 브리프를 지침 삼아 대행사 내부에서도 아이디어를 만들기 때문에 글로벌 광고주들의 경우에는 대행사들이 시안을 제시하는 회의에서 우선 브리프를 한 번 같이 살펴본 후에 이 브리프 내용을 기준 삼아 시안을 평가하는 것이 정석입니다.

그래서 저는 광고에 경험이 없는 빅 스몰 광고주도 브리프를 만드는 것부터 한 번 해볼 것을 제안합니다. 처음 하는 일이라 어려워 보일지 몰라도 그렇지 않은 것이, 클라이언트가 쓰는 브리프는 크리에이티브하게 광고의 카피를 쓰는 게 아니라 원하는 바를 정확하게 쓰는 게 목적이기 때문입니다. 회사에서 생각하는 광고의 타겟과 메시지, 기대반응, 브랜드의 이미지, 매체, 제작 가이드라인, 이렇게 정말 들어가야 할 내용에 대해서 그냥 간결하게 한두 줄씩 쓰면 됩니다.

그리고 그 브리프를 대행사 기획팀과의 회의에서 제시하고 기획팀에서 그걸 받아서 제작팀에 좀더 도움이 될만한 버전으로 수정해서 제시하게 하면 됩니다. 너무 간결하고 내용이 없어서 도움이 안 될 수도 있겠다고 생각할 수 있겠지만 제 경험상 이런 거라도 주지 않아서 대행사 입장에서는 '맨

땅에 헤딩' 하는 식으로 시작해야 하는 경우가 너무 많습니다.

이렇게 사전에 협의된 지침 없이 광고 시안을 제작하게 되면 시안 제시하는 날 광고주 입장에서 매우 놀랄 수도 있습니다. 생각보다 좋은 시안으로 놀라면 좋은데, 불행하게도 앞서 설명한대로 '우리를 잘 이해하지 못한 거 아냐?' 라는 식으로 놀랄 경우가 더 많습니다.

이렇게 비즈니스에서 예상 못한 놀라움이란 곧 리스크 (Risk)를 의미합니다. 광고주가 브리프를 미리 써서 대행사와 협의한다면 이런 리스크를 줄일 수 있어서 좋지만, 동시에 브리프를 쓰는 과정에서 아무리 광고에 경험이 없어도 머리 속에서 '이런 식의 아이디어가 나오지 않을까?' 하는 시뮬레이션이 되면서 대행사에서 제시하는 아이디어를 좀더 깊게 분석할 수 있습니다.

브리프와 관련해서 가장 중요한 것은 광고주 회사에서 의사 결정 체계에서 할 수 있는 한 가장 높은 사람으로부터 결재를 받아야 한다는 점입니다.

모 거대 전자회사를 오랫동안 담당했던 제 지인이 과거 그 기업의 기업PR캠페인을 만들면서 광고 담당팀과 몇 차례의 수정 제시를 통해 간신히 경영층에 올릴 시안을 만들었다고 합니다. 그런데 그 시안을 광고팀장이 담당 상무에게 보고를 했더니 다시 만들라는 호통을 받고 그 상무가 원하는 대로 새로 시안을 만들어서 보고했더니 그 다음에는 부사장으로부터 마음에 안 든다는 지적을 받았다는 겁니다. 그렇게 부사장이 원하는 시안을 몇 차례의 수정을 통해 만들었는데 정작 사장한테 가져가니 '이런 광고할 때가 아니다' 라는 핀잔과 함께 프로젝트 자체가 취소되었다는 웃지못할 이야기입니다.

사실 이런 일은 지금도 대한민국 회사들에서 광고뿐 아니라 여러 업무에서 부지기수로 일어나고 있을 겁니다. 광고주 입장에서는 시간의 낭비였을 뿐 아니라 방향이 결정되지 않아 계속 헛고생을 한 대행사 입장에서는 그동안 낭비된 시간과 비용에 대해서 반드시 벌충을 하려고 들 터이니 모르는 사이에 비용도 추가로 발생되게 됩니다.

그러니 광고의 경험이 없는 광고주라 하더라도 반드시 브리프를 써보고 그 브리프를 회사의 할 수 있는 한 가장 높은 결재권자하고 미리 협의를 한 후에 대행사에 내려 보내세요. 여러 사람의 수고와 낭비를 덜 수 있고 광고 시안 제시 현장에서 리스크를 제거할 수 있는 가장 효과적인 방법입니다.

6-1-2 빅 스몰 광고주 브리프

브리프는 모든 대행사에서 활용하지만, 그 중 가장 유명한 것은 영국에서 시작한 글로벌 대행사 사치앤사치 (Saatchi & Saatchi)에서 70년대에 제시한 브리프 (The Brief)입니다. 저는 운 좋게 사치앤사치의 국내 지사 역할을 했던 회사들을 다녔었기 때문에 70년대에 나온 브리프와 이후 1990년대 말에 뉴욕에서 만든 새로운 브리프 양식인 '아이디어스 브리프 (Ideas Brief)' 양식을 모두 보고 교육을 받을 수 있었습니다. 그리고 다른 글로벌 대행사들인 베이츠와 오길비, 퍼블리시스의 브리프 및 브랜드 모델에 대한 교육도 운 좋게 받을 수 있었습니다.

하지만 그 어떤 회사의 브리프에 관한 교육에서도 공통적인 것은 '양식에 얽메이지 말아라, 간결해라'라는 두 가지입니다. 특히 광고주가 쓰는 브리프는 앞서 이야기 한 대로 회사로부터 결정을 받은 내용이어야 하고 정확해야 합니다. 이 부분만 명심한다면 사실 브리프를 작성하는 것은 아래 목차에 따라 쉽게 할 수 있습니다.

1. 우리는 왜 광고를 하는가?

저는 개인적으로 이 질문이 가장 중요하다고 생각합니다. '판매 증진을 위해' 혹은 '인지도 제고를 위해' 같은 대답은 어떤 광고든 그저 '돈만 쓰면' 자동으로 예상되는 효과입니다. 이런 일반적인 답을 광고 전문가들과 이야기하는 서류에서 굳이 쓸 필요가 없습니다. 그보다 대행사에 도움이 되는

것은 아래와 같은 솔직한 회사 내부의 고민과 시장, 소비자에 대한 정보입니다

'지금까지 이런 메시지로 광고를 했는데 제품 차별화에 성공적이지 못한 것 같다. 새로운 제품 소구점 개발을 통한 재출시 (Re-launching)가 필요하다'

'기존 제품을 대신한 신제품을 출시하는데 치열한 기존 시장 대신 새로운 틈새 시장에 진입시키기 위해 '

'새로운 기업PR 캠페인으로 향후 출시할 신제품 영업을 지원하기 위하여 신제품 영업에 도움이 될만한 메시지를 해당 타겟 소비자에 노출하는 것이 필요'

우리가 왜 광고를 하는지에 대한 고민에 대해서는 간결할 필요 없이 최대한 많이 쓸수록 대행사에 도움이 됩니다.

2. 무엇을 만들어야 하는가?

'30초 TVC 2편' 과 같이 실제 제작이 되어야할 항목을 쓰면 됩니다.

틀리면 대행사에서 고쳐줄 터이니 '온라인 프로모션 아이디어'처럼 필요한 부분이 있으면 모두 자신 있게 쓰세요.

3. 타겟

'전국 거주 20~30대 남녀'처럼 해당 광고 캠페인에서 노려야 하는 타겟을 써주세요. 그리고 그 타겟에 대해서 우리가 알고 있는 점, 우리가 노리는 이유, 우리가 활용하고 싶은 소비자 인사이트 등이 있으면 모두 적어주세요. 특히 제품의 소비와 관련해서 대행사들이 잘 모르는 사실들을 적어주

면 좀더 도움이 됩니다.

'우리 제품에 대해서 들어는 봤지만 구체적인 제품 특장점에 대한 이해가 부족함'

'가을 결혼 시즌에 결혼을 예정하고 있으며 합리적인 가격과 어느 정도의 브랜드 이미지를 같이 고려함'

'고소득 오피니언 리더로 자신이 타는 차가 자신을 보여준다고 생각하는 Visibility에 대한 고려가 구매의 주요 준거임'

4. 기대반응

기대반응이란 우리 광고를 보고 타겟이 느끼길 원하는 반응을 의미합니다.

사실 브리프를 쓰다 보면 제작팀 등과 협의하기 전에는 메시지를 구체적으로 정하기 어려운 경우들도 있고 실제로 사치앤사치에서 1990년대 말에 새로 나온 아이디어스 브리프에서는 종종 메시지 부분을 'TBD (to be decided)'로 하고 나중에 결정을 해도 좋다는 내용이 있습니다.

이런 경우 기대반응을 우선 결정하는 것이 큰 도움이 됩니다. 이 기대반응을 기술하는 방법은 여러 가지가 있지만, 일반적으로는 아래처럼 간결하게 쓸 수도 있습니다.

'우리 제품의 특징인 경쟁사 대비 더 넓은 공간을 이해한다'

'우리 제품이 자녀를 둔 가장에게 적합하다는 점을 이해한다'

'우리 제품이 가족 여행 외에 출퇴근에도 적합하다는 점을 이해한다'

하지만 저는 아래와 같이 소비자들이 실제 우리 광고를 봤을 때 느끼는 감정과 생각을 직접 서술하면서 동시에 우리가 소비자를 설득하는 과정을 3단 논법으로 쓰는 방법을 많이 사용합니다.

- '그래 우리 나이에는 보험은 들고 싶지만 건강 상태 때문에 가입하기가 어렵지 (소비자 니즈 환기)'
- '어? 그런데 건강검진 없이 무조건 가입이 되는 건강 보험이 나왔다고? (제품 출시 고지)'
- 전화로 간편하게 가입이 된다니 지금 바로 전화해 봐야겠네 (콜투액션)[39]

5. 메시지

각 대행사가 활용하는 브리프 양식에 따라 이 부분이 좀 다릅니다. 가령 예전 베이츠 (Bates)라는 대행사에서는 USP (Unique Selling Point), 즉 '우리 제품이 갖고 있는 유일한 장점이 무엇인가?'를 넣으라고 했고, 사치앤사치의 더브리프에서는 SMP (Single Minded Proposition), 즉 '우리 광고에서 제안하는 단 하나의 약속은 무엇인가?' 를 쓰라고 했습니다. 이후 바뀐 아이디어스 브리프에서는 기대반응을 불러일으킬 '아이디어'를 기술하라고 하더군요.

이런 복잡한 부분은 대행사에 맡겨도 됩니다.

광고주 입장에서 여기에 들어갈 부분은 더 브리프의 SMP 처럼 우리 제품이나 브랜드에 대해서 이 광고에서 전달하고 싶은 단 하나의 약속 혹은 제안이라고 생각하면 쉽습니다. 예를 들어 'XXX 자동차는 가장 저렴한 가격으로 구입가능한 스포츠 세단이다' 혹은 'XXX 브랜드는 세계 최초로 2중 안전장치를 갖춘 안전한 제품이다' 같은 겁니다.

주의할 점은 여기에서 필요한 것은 크리에이티브하고 재미있는 표현이 있는 '카피'가 아니라 카피

---

[39] Call-to-action: "지금 전화해보세요" 처럼 소비자에게 광고 노출 후 행동을 하도록 유발하는 메시지를 의미합니다

라이터가 표현을 만들 '정확한 표현'이라는 점입니다. 재미있게 쓰려고 하지 말고 드라이하고 정확하게 원하는 것을 쓰는 게 필요합니다. 이 메시지 부분에 여러가지 제품의 특징이 들어가면 제작팀 입장에서 그 중 어느 것을 강조할지를 알 수 없기 때문에, 광고주 입장에서 전달하고 싶은 딱 한 가지만 가장 정확한 표현으로 넣는 것이 맞습니다.

제가 예전에 맡았던 자동차 광고주의 경우에는 이런 브리프가 기반이 된 기획서로 상부에 결재를 받는데 이 부분에서 크리에이티브한 표현을 요구해서 골치가 아팠습니다. 가령 저렴한 가격을 강조하는 광고를 만들 계획이라면 그냥 '가장 저렴한 가격'이라고 쓰면 되는데 'Great Price Challenge'처럼 실제 광고 표현에 쓰일 만한 카피처럼 만들어오라고 요구했던 거죠. 어차피 이후에 제작팀에서 새롭게 아이디어를 낼 텐데, 그저 보고에 쓰일 표현을 찾느라 당시 대행사의 기획팀 직원과 광고주 실무진들까지 네이버 사전 등을 찾으며 고생했던 기억이 납니다.

보고를 위해 시간을 투자할 수 있다고 쳐도, 문제는 이렇게 창의적인 표현을 브리프에 쓰면 정확한 의미 전달이 될 수 없어서 제작팀도 나중에 광고 시안을 볼 경영진도 모두 혼란스러워 할 수 있다는 점입니다. 브리프에서 필요한 것은 창의성을 자극할 팩트와 의도의 전달이지 창의성 그 자체가 아니라는 것을 항상 명심해야 합니다.

6. Reason to believe

광고에서 전달할 메시지와 기대반응을 입증할 만한 팩트들입니다. 가령 안전한 제품이라는 메시지를 전달할 거라면, 실제 제품에 있는 안전 장치는 무엇인지, 얼마나 안전한지에 대한 테스트 결과 등입니다. 이런 정보는 아이디어 자체가 그런 팩트에 기반해서 나올 수기 때문에 중요합니다. 또 바디 카피 등에 우리의 주장을 입증하기 위해서도 필요하고 방송협회 등에 심의가 필요할 경우 심의 자료로 활용하기 위해서 필요합니다.

따라서 이 팩트 들은 실제 광고에 노출이 되어도 되는 자료들로 넣어야 하고 그렇지 않을 경우에는 대행사에 이 점을 분명하게 알려야 합니다.

7. Desired Brand Tonality

이 광고를 통해 소비자들이 브랜드에 대해 느껴야 하는 브랜드의 이미지인데 예를 들어 '고급스럽다', '세련되다', '혁신적이다'와 같은 이미지들입니다.

이 브랜드의 이미지를 기술할 때 지켜야 하는 것은 4개 이상을 쓰지 말라는 것입니다. 보통 광고주들의 경우 제품을 자신의 자식같은 애정 어린 눈길로 보기 때문에 전달하고 싶은 이미지가 많이 늘어나는 것이 일반적입니다만, 소비자는 물론 제작팀도 한정된 시간과 지면으로 여러가지 이미지를 전달하기가 어렵습니다.

또 이 부분을 메시지 대비해서 너무 가볍게 상투적으로 쓰지 말아야 합니다. 브랜드 이미지야 말로 메시지 보다 어쩌면 소비자들에게는 더 큰 의미로 다가오는 브랜드의 자산입니다. 이 부분에 대해서 최대한 고민을 많이 해서 대행사와 협의를 해야 광고 제작팀에서도 원하는 이미지를 이해하고 그렇게 연출을 할 수 있습니다. 브리프를 쓸 때는 크게 고민을 안 해도 광고 시안을 선택할 때 의외로 이 부분이 크게 작용하는 경우가 매우 많습니다.

8. 제작 가이드라인

제작을 할 때 꼭 고려해야할 가이드라인입니다.

역시 자유롭게 원하는 것을 쓰되 너무 많이 쓰지 않는 것이 중요합니다. '잘 만들어주세요' 같은 이야기 보다는 '광고에 꼭 넣어야 하는 요소'나, 사내 의사 결정 과정에서 참고하고 필요한 사항들을 넣는 것이 좋습니다. 예를 들어 경영진의 선호 사항들입니다. 시장에서 소비자 반응을 얻기 위해 필요한 것이 아닐지 몰라도, 이 광고가 소비자들에게 보여지려면 지켜야 할 사항이니까요.

9. 매체 계획

원래는 매체 계획에 대해서도 따로 브리프를 쓰는 것이 맞습니다.

다만 많은 부분을 제작 브리프와 공유하기 때문에 매체에 대한 부분을 같이 포함해서 작성하는 것이 좋고 무엇보다도 제작팀에서도 단순한 제작물보다는 미디어를 활용한 아이디어를 생각할 수 있기 때문에 같이 적어서 공유하는 것이 좋습니다.

꼭 들어가야 할 부분은

- Seasonality = 매체 집행의 시기와 기간을 써줘야 하고 특히 제품의 성수기나, 프로모션 계획등이 있다면 이부분도 자세히 써주면 좋습니다.
- Coverage = 매체가 전달되어야 할 지역 혹은 타겟
- Distribution = 제품의 유통 채널을 알면 여기에 맞는 매체를 선택할 수 있습니다.
- Budget = 매체 예산
- Target = 라면이나 시리얼, 노인 전용 보험같이 실제 사용자와 구매자가 다른 경우들이 있습니다. 이렇게 광고 표현에서 고려하는 타겟과 실제 매체계획에서 고려해야 하는 타겟이 다른 경우에는 자세히 설명해주는 것이 좋습니다.

6-1-3 시안 준비 기간

브리프를 써서 대행사와 협의가 끝나면 그 순간부터 아이디어의 제작이 시작됩니다.

보통 인쇄 광고 같은 경우에는 10일이나 2주 정도 시간을 주면 좋습니다. 브리프가 합의되었더라도 기획팀에서 보통 1~2일 정도 보완을 할 터이고, 이후 제작팀에 오리엔테이션을 하면 다른 일정 등을 고려해서 보통 3~5일 후에 제작팀 내에서 첫 회의를 합니다. 그리고 다시 2~3일 후에 두 번째 회의를 해서 안을 확정하면 이후 1~2일 후에 기획팀과 회의를 해서 광고주에 제시할 안을 확정합니다.

TVC처럼 외주처로부터 아이디어를 받는다면 시간이 조금 더 필요해서 보통 2~3주가 필요합니다. 회의를 할 곳이 한 군데 늘다 보니, 오리엔테이션을 하고 리뷰하는데 역시 시일이 조금 더 소요되기 때문입니다.

광고주에 제시할 시안을 만드는 데에도 시간이 소요되는데 인쇄 광고의 경우 1~2일, TVC도 썸네일이나 스토리보드로 만드는 형식이라면 역시 비슷한 시간이 소요됩니다. 다만 이 모든 일정은 해당 대행사의 다른 일정과 연관되어 결정이 될 수밖에 없는 것이 어느 대행사라도 우리 브랜드의 일만 항상 기다리면서 대기하고 있는 건 아니기 때문에 여유를 항상 두어야 합니다.

이렇게 대행사가 아이디어 작업을 하는 2~3주의 시간 동안 광고주는 사실 잘 나오기만을 기도할 수밖에 없습니다. 저와 같이 일을 했던 어느 대기업의 광고주는 '시안이 어떻게 나올지, 매일마다 초조하고 밤에 악몽을 꾸면서 기다린 적도 있습니다' 라고 말을 했던 적이 있습니다.

광고를 항상 집행하는 큰 회사에서도 그런데, 하물며 광고 예산이 당기 순이익의 상당부분을 차지하는 빅 스몰 광고주라면 그야말로 어떤 소재가 나올지에 대해서 기대와 걱정의 감정이 클 수밖에 없습니다. 그 전부터 공들여 광고주를 영입하고 준비 기간 동안 고생하면서 좋은 시안을 만들어야 하는 광고대행사의 부담 역시 말할 것도 없습니다.

몇몇 광고주 분들의 경우 걱정스럽고 기대가 큰 나머지 당초 예정했던 시간 보다 좀 일찍 실무자 수준에서 먼저 보자고 하던가, 혹은 브리프 협의를 하고 나서 '도움이 될 만한 사항이나 새로운 아이디어'를 지속적으로 대행사에 전달하는 경우도 있습니다.

이런 추가적인 정보가 도움이 될 수는 있습니다. 하지만 이미 브리프에서 협의된 방향을 바꾸는 이야기라면 좀 기다렸다가 시안을 보고 고민해보자고 말씀을 드리고는 합니다. 만일 방향을 바꾸는 이야기라면 이미 출발한 열차를 세우고 브리프 협의를 다시 해야 하고, 다시 준비할 시가늘ㄹ 제작팀에 줘야 하는데, 그렇게 하기 보다는 한 번 협의된 방향에서 제작된 시안을 보고 같이 평가하는 게 좀더 효율적인 경우가 많기 때문입니다. 광고 시안이 꼭 한 번 제시해서 만족할 만한 결과가 나오리라 장담할 수는 없는 거니까요.

두 번째로는 좀더 세밀한 이유입니다만, 대행사 직원들, 특히 제작팀의 사기(moral)와 연관이 있습니다.

대행사 직원들도 광고주의 제품을 고민하고 공부하는 동안 보통 애정을 갖게 됩니다. 그런 애정이 없다면 힘든 야근을 하거나 자신의 아이디어를 다른 사람들에게 비판받고도 다시 새로운 아이디어를 낼 만한 에너지가 나오기 힘듭니다. 그런데 방향을 자꾸 바꾸게 되면 그렇게 고생하는 대행사 직원들 입장에서는 그간 낭비한 시간과 노력에 대한 허탈감 및 '그럼 새로운 방향은 정말 맞는 건가?' 하는 의구심이 들게 마련입니다. 제 경험상으로는 브리프가 바뀌면 대략 2~3일 정도는 새로운 방향에 적응하는데 시간이 중복되어 소요되는 것 같습니다.

대행사 직원들의 사기는 겉으로는 보이지 않지만 사실 매우 중요한 문제입니다. 광고주 브랜드를 '내 브랜드다' 라는 애정없이 보는 대행사 직원들은 결코 그 사람이 할 수 있는 100%의 창의성과 노력을 다 기울일 수 없기 때문입니다. 대행사 직원 본인들도 사랑하지 않는 브랜드가 과연 소비자의 사랑을 받을 수 있을까요?

6-2
좋은 아이디어를 고르는 방법

이런 고난한 과정을 거쳐서 광고대행사에서 시안을 가져옵니다.

제가 예전에 있었던 웰콤의 박우덕 사장님은 광고계에서 그야말로 존경받는 원로인데, 그 분은 항상 시안을 1개만 가져 가는 것을 원칙으로 했다고 합니다. 직접 들은 그 분의 지론은 '광고대행사에서 죽을 힘을 다해 생각한 이 세상에서 제일 좋은 안은 1개일 수밖에 없고 그 안 1개만 제시하는 것이 대행사를 믿어준 광고주에 대한 예의다' 라는 것이었습니다.

운 좋게 그 분께 직접 광고를 배운 저는 그 분 말씀이 옳다는 신념을 갖고 있습니다만, 그 분만큼의 실력이 안되기 때문에 제가 생각하는 정답 1개 외에, 제가 틀릴 수 있다는 가정 하에 1개를 더 가져 가는 것을 원칙으로 합니다. 하지만 일반적인 대행사들은 대부분 3~4개의 시안을 제시하는 것이 일반적입니다.

이렇게 1개가 아닌 여러 개의 시안을 처음 제시 받았을 때, 제 경험상 바로 결정을 할 수 있는 광고주는 많지 않았던 것 같습니다. 보통은 가장 높은 CEO들은 바로 결정을 했지만, 광고에 경험이 아주 많은 광고주들도 우선은 '잘 알겠습니다. 검토하고 말씀 드리겠습니다'라고 하고 이후에 연락을 주곤 했습니다.

대행사는 물론 그 자리에서 바로 결정을 해주면 제일 반갑습니다. 시안의 제시 자체도 일종의 쇼(Show)인데, 그만큼 쇼가 잘 되었다는 반증이기 때문입니다. 하지만 광고주 입장에서는 만일 시간적 여유가 있다면 굳이 그럴 필요가 없습니다. 여러 사람의 의견을 들어볼 수도 있고, 대행사가 없는 자리에서 광고주들끼리 좀더 심층적인 토의를 해서 최종 시안을 결정할 필요도 있습니다.

사실 어떤 시안과 아이디어들이 좋은 것인지에 대해서는 각 브랜드마다 회사마다의 사정과 상황이 모두 달라서 일률적으로 이야기할 수는 없습니다. '좋은 광고 아이디어'를 고르는 방법에 대해서만 책을 써도 모자라겠지만, 여기에서는 광고대행사에서 이야기하는 광고의 철학, 글로벌 광고주들이 사용하는 방법, 그리고 지금까지의 제 경험칙 등을 종합해서 빅 스몰 광고주들이 쉽게 이해할 수 있도록 7가지의 원칙을 소개하겠습니다.

6-2-1 우선 '살아남을' 아이디어를 골라라

> 'If your advertising goes unnoticed, everything else is academic'
> (만일 당신의 광고가 눈에 띄지 않는다면, 그 외 어떤 것도 탁상공론에 불과하다)
> - *William Bernbach*

베이시스넷은 우리나라 광고물을 모두 모니터링하는 서비스를 제공하는 유료 사이트입니다. 제가 2011년에 TV 광고란에 올라온 광고를 모두 세어보니 총 4850개였습니다. 기존 광고에서 단순하게 카피나 그림을 수정하거나, 30초를 15초로 만들어도 이 시스템에서는 모두 새로운 소재로 등록되기 때문에 제 생각에 완전 새로운 광고의 숫자는 대략 1,000개 정도로 보면 될 것 같습니다.

그런데 지금은 과거 TV용으로 비싸게 만들어지던 동영상 광고가 인터넷용으로 매우 저렴하게도 많이 제작되고 있습니다. 아마 지금은 1년에 새로 나오는 동영상 광고의 숫자가 2011년의 10배인 1만개는 될 것입니다. 그나마 제작비가 비싼 동영상 광고의 숫자는 이렇지만, 쉽게 제작이 가능한 온라인 SNS의 광고나 마치 공기처럼 늘 접하는 포털에 있는 검색 광고까지 생각하면 소비자가 매일 접하는 광고의 숫자는 얼마나 될지 상상이 어렵습니다.

광고 시안을 고를 때 우리는 바로 앞에 있는 시안 몇 개를 두고 고민하지만 이처럼 소비자들은 늘 다른 광고주가 만든 광고들을 접하며 살고 있습니다. 만일 매체 비용이 충분하다면 소비자들을 교육하듯이 집중적인 노출을 통해 우리 광고 메시지를 전달할 수 있지만 대부분은 그렇지 못합니다.

그래서 저는 광고 시안을 고를 때 가장 최우선으로 생각해야 하는 것은 '어떤 시안이 제한된 광고 예산으로도 이미 다른 광고와 자극으로 복잡한 소비자들의 인식 속에서 살아남을 가능성이 높은가?' 에 두어야 한다고 생각합니다.

처음 광고 시안을 볼 때 우리 제품이 얼마나 오랫동안 크게 나오는지, 혹은 제품명은 몇 번이나 나오는지에 관심을 두지 마십시오. 광고가 다른 광고뿐 아니라 영화나, 드라마, 게임, 혹은 다른 일상의 자극들과 경쟁에서 살아남지 못하면 아무리 우리 제품을 멋있게 오랫동안 보여주려고 해도 이내 소비자들은 채널을 돌리거나 유튜브의 '광고 건너뛰기' 버튼을 누를 것입니다. 혹은 끝까지 보더라도 기억에서 금세 지울 것입니다.

소비자 입장에서는 이제 광고도 컨텐츠의 일종입니다. 사람들이 보고 싶어하는 컨텐츠는 보통 아래 중의 하나입니다.

- 재미있거나,
- 감동을 주거나,
- 공감을 주거나 ('내 이야기구나' 혹은 '내가 좋아하는 것이구나')
- 못보던 근사한 표현으로 시선을 사로잡거나

특히 빅 스몰 광고주라면 많은 타겟에게 자주 우리 광고를 보여 줄만큼의 광고 예산은 없을 것입니다. 이런 경우 전체 광고 예산 집행의 효율을 높이는 방법은 단 한 번이라도 우리 광고를 본 타겟이 오랫동안 인상깊게 기억하도록 만드는 것입니다.

그렇게 하려면 제작비를 아끼지 마십시오. 가령 제작비에 2천만원을 더 투자해서 비싼 배경음악을 쓰거나 징글이나 우리의 상징을 만드는데 사용하거나, Visual Effect를 넣는데 사용한다면 그 효과는 매체비에 2천만원을 늘린 것보다 더 크게 작용해서 전체 광고예산 집행의 효율을 높일 수 있습니다.

또 우리 제품을 멋있게 오랫동안 보여주고 브랜드 명을 여러 번 부르는 것보다 광고가 타겟에게 재미있게 인식되는데 필요한 스토리 혹은 드라마를 구성하는 데 시간과 공간을 할애하는 것에 아까워하지 마십시오. 인상적인 광고라면 브랜드명은 두 번만 불러줘도 사람들은 기억할 것입니다.

지금 우리가 하고 있는 광고가 정말 살아남은 광고인지를 테스트하려면 유튜브에 500만원의 비용으로 광고를 해보십시오. 앞서 '온라인 대행사 리포트 읽는 방법'에서 설명한대로 광고를 집행하고 나면 대행사가 제공하는 리포트에서 우리 광고를 타겟들이 '건너뛰기'를 누르지 않고 끝까지 본 비율을 의미하는 View Through Rate를 찾아보면 됩니다.

타겟과 관심사, 제품군, 그 광고에 유명모델이 나왔는지에 따라 차이가 나기는 하지만 만일 VTR이 20%가 넘어간다면 어느정도 소비자들의 인식에서 살아남은 광고라고 볼 수 있습니다.

6-2-2 위험한 게 안전하다

> 'Safe is risky' (안전한 것이 위험한 것이다)
> - Seth Godin

이 말은 세계적인 경영학자인 세스 고딘이 그의 유명한 책 '보랏빛 소가 온다 (Purple Cow)'에서 한 말입니다. 혁신이 필요한 현재의 비즈니스 상황에서는 변화에 대한 두려움 때문에 과거에서부터 쭉 해오던 '안전한' 방법을 택한다면 그야 말로 회사를 궁극적으로 위험에 빠뜨리게 된다는 거죠. 오히려 위험해 보이는 Remarkable 한 제품과 서비스를 만들어서 이를 열망하는 소수를 공략해야 비즈니스가 성공하는 시대가 되었다는 이야기였습니다.

광고도 이와 비슷합니다. 안전한 광고란, 기존의 광고 문법을 그대로 따라하는 광고입니다. 입증된 현재 인기 있는 유명 모델을 쓰고 (그 모델이 얼마나 많은 광고에 겹치기로 출연하고 있다 하더라도) 제작비도 듬뿍 썼지만 어디선가 '이런 제품의 광고'라면 봤음 직한 카피와 표현을 쓰는 것을 말합니다.

이런 광고도 '히트'는 합니다. 왜냐하면 대중이 좋아하는 요소들이 가득 있고, 무엇보다도 매체비가 많으면 대중들은 언제나 많이 본 익숙한 것을 선호하기 때문입니다. 온라인에서 유일한 광고 평가 사이트인 tvcf.co.kr[40] 에서는 누구나 회원 가입을 해서 광고물을 평가하고 점수를 매길 수 있게 되어 있는데, 실제 현직 광고인들의 경우 평가 상위로 올라간 광고들에 대해서 '과연 저게 올라갈 만한 광고인가?' 하는 이야기를 하는 경우들이 적지 않습니다.

하지만 빅 스몰 광고주들의 경우에는 이렇게 안전한 광고를 만들어도 될 만한 매체비나 제작비가

---

40 www.tvcf.co.kr 에 가시면 확인하실 수 있습니다.

없습니다. 오히려 이렇게 예산과 기존의 명성으로 무장한 다른 광고들과 소비자 인식의 상위에 올라가기 위해 싸워야 하는 처지입니다. 그렇기 때문에 시안을 고를 때에는 무난하고 착한 광고보다는 보는 사람 몇명이 불편하거나 의구심을 가질 수는 있지만 선명한 인식을 남길 수 있는 'Edge' 있는 시안을 고르는 것이 결과적으로는 오히려 더 안전한 선택이 될 가능성이 높습니다.

모든 사람이 좋아하는 '만인의 연인'은 현실에 없다고 했습니다. 그 어떤 브랜드도 광고도 모든 사람을 만족시킬 수 없습니다. 그런 제품과 서비스를 만들 수도 없고 실제 모든 타겟이 좋아할 만큼 광고나 마케팅을 할 재원도 없습니다. 실제 주위를 보면 애플 아이폰을 싫어하는 사람, 삼성전자를 싫어하는 사람도 많습니다. 그래서 모든 소비자 세분시장(Segmentation)중에서 우리가 겨냥했던 타겟 세분시장(Target Segment)만 열광적으로 만족시키면 됩니다. 예산이 없고 기존의 명성이나 인지도가 없는 빅 스몰 광고주라면 타겟 세분시장을 마케팅 재원의 ROI (Return On Investment)[41] 를 만족시킬 수 있는 최소한으로 좁혀서 광고와 마케팅을 시작해야 성공 확률이 높아집니다.

위험한 광고를 고르기 위해서 필요한 것은 이런 현실적인 논리에 대한 이해와, 실제 주변의 불편함과 반대를 무릅쓰고 진행을 할 만한 용기가 필요합니다. 그리고 마지막으로는 대행사에서도 일부 실제 광고 효과보다는 광고제의 상을 받거나 대행사나 혹은 내부 담당팀의 평판을 높이기 위해서 시안을 내는 경우도 있으니 이런 경우를 회피할 수 있는 혜안도 필요합니다. 모든 시안을 '칸 광고제에서 수상할 만한' 시안으로 고르라는 게 아닙니다. 분명히 의도했던 기대반응이 나올 수 있을 텐데, 다만 표현이 너무 날이 서 있는 게 - 엣지 (Edge)있는 게 - 아닌가 하는 경우에 빅 스몰 광고주라면 한 번 용기를 내보라는 겁니다. 보통은 이렇게 용기낼 만한 시안은 광고대행사에서 추천을 할 터이니 못이기는 척 들어줘도 됩니다.

---

41 ROI (Return On Investment)는 투자 대비 수익율을 의미합니다.

슬기로운 이야기 좋은부탄 IMC 캠페인 편

고백하지만 저도 안전하고 착한 광고를 참 많이 만들어봤습니다. 제품에 대한 설명이 중요한 경우나 고지 광고와 같이 이런 '안전한' 표현이 필요한 경우도 있고 제작 시간이나 비용의 한계나 광고주의 고집이나 선호 때문에, 아니면 저나 저희 팀의 능력이 부족해서 그런 광고를 만든 경우도 있습니다. 혹은 모든 광고가 뾰족할 수는 없기 때문에 그런 광고도 만들었다는 변명도 떠올려 봅니다.

또 아직 경력이 미천하던 시절에는 제작팀으로부터 '넌 항상 칸 광고제에서 낼 만한 광고만 달라고 한다'는 이야기도 들어봤습니다. 아직 광고에 대한 안목이 부족하던 시절에 무언가 히트 광고를 내고 싶은 욕심은 높은데 같이 일하는 파트너에 대한 배려가 부족해서 들었던 평가였던 것 같습니다. 그래도 입찰을 준비하거나 새롭게 캠페인을 시작할 때에는 항상 '세상이 놀랄 만한 재미있는 광고를 해봐야지' 하는 다짐으로 시작합니다. 그런 다짐이라도 하지 않으면 광고쟁이가 아닌 그냥 월급쟁이일 뿐이라는 생각 때문입니다.

여기에 있는 광고들은 앞서 설명한대로 시안 제시 때에는 위험하다는 평가를 받았지만 결국 높은 평가를 받았던 사례들입니다. 대행사가 이런 위험한 안을 가져왔을 때 그 시안을 사지는 않더라도 'Creative 하다'는 칭찬이라도 해주면 대행사 직원들 마음 속에는 광고주와 브랜드에 대한 애정이 소록소록 피어날 것입니다.

'저관여 제품은 어떻게 마케팅을 해야 할까?'

2017년 4월의 어느 날 저는 회사 직원과 같이 사무실 근처 식당에서 저녁을 먹으면서도 저희 광고주였던 휴대용 부탄가스 제품 '좋은부탄'에 대해 계속 고민하고 있었습니다.

휴대용 부탄가스는 우리나라가 전세계 생산량의 90%를 차지하는 세계 일류 상품입니다. 그만큼 국내 소비량도

세계 1위일만큼 많습니다. 간혹 뉴스에서 볼 수 있는 부탄가스 폭발 사고는 많은 경우 과대 불판을 쓰거나 스토브 두 개를 연이어 붙여 놓고 사용하는 등 소비자의 과실로 발생하는데, 기존 안전장치는 이런 경우 열을 받은 휴대용 부탄가스 용기가 폭발하기 전에 미리 준비해둔 지점이 찢어지면서 부탄가스를 내보내면서 압력을 줄이게 설계되었습니다. 이렇게 하면 폭발은 방지하지만 새어 나온 부탄가스로 인해 화재가 발생하는 문제가 여전히 남아 있었습니다.

2016년에 개발된 좋은부탄은 세계 최초로 2중 안전장치를 갖춘 휴대용 부탄가스 제품으로 부탄가스 용기가 열을 받으면 가스가 나오는 노즐을 자동으로 막는 TS벨브를 통해 폭발과 화재를 모두 방지하게 만들었습니다. '세계 1위 국가로서 소비자의 과실까지도 미리 생각하는 제품을 만들자'는 취지에서 이렇게 안전한 제품을 만들었다고 합니다.

제품 개발의 취지는 좋았지만, 문제는 휴대용 부탄가스 제품 자체가 소비자 관심이 적은 전형적인 저관여 제품이라는 점이었습니다. 소비자들이 저관여 제품인 휴대용 부탄가스를 살 때 생각하는 구매 준거는 단지 '뭐가 더 싼지', 그리고 '안전한지'의 두 가지 점이었는데 각각 원조이자 강력한 B2B 마케팅을 통해 시장을 장악한 썬연료와 2006년 업계 최초로 광고를 통해 '안터져요'라는 메시지로 B2C 마켓을 공략한 맥스부탄이 굳건하게 차지하고 있었습니다. 각각 업계 최초와 안전성+광고 최초라는 First Mover Advantage를 잘 누리고 있는 사례입니다.

혁신적인 안전성을 준비했지만 두 선발주자 대비 뒤늦게 경쟁에 뛰어든 좋은부탄은 거기에다 두 경쟁사보다도 높지 않은 수준의 광고비로 보다 효율적으로 싸워야 했습니다. 결국 해답은 Eating The Big Fish[42]에서 이야기 한 대로 좋은부탄만의 인식의 사다리를 만들어 아직 잠식되지 않은 시장에서부터 팬을 만들면서 차근차근 실력을 쌓는 방법밖에 없었습니다.

썬연료와 맥스부탄은 모두 재미있게도 10년 동안 소재 교체 없이 동일한 광고 소재를 라디오에만 무려 양사 합쳐서 160억원이나 집행했습니다. 그래서 좋은부탄에서는 경쟁사가 없는 TV광고 및 온라인 광고에 집행을 해서 해당 매체에서 Share Of Voice[43]를 높이기로 했습니다.

문제는 메시지였습니다. 아무리 안전성이 좋아도 경쟁제품에 비해서 어떻게 더 안전한지를 3D 이미지 등을 통해 차근차근 설명하는 것은 저관여 제품으로서 소비자들의 관심을 끌 만한 가능성이 적어 보였습니다. 설명을 잘하기 보다는 재미있어야 관심을 끌 수 있을 것 같았고, 관심이 생겨야 비로소 특징을 이야기할 기회라도 얻을 수 있을 것 같았습니다.

그런데 직원과 저녁식사를 같이 하던 저의 눈에 북한의 핵실험과 미사일 발사 뉴스가 들어왔습니다.

옆 테이블에서는 '아, 이러다 전쟁나는거 아니에요?' 라는 걱정 어린 대화가 들렸지만, 제 머리속에서는 지금까지 고민하던 '터지지도 불 나지도 않아서 안전한 좋은부탄'과 북한의 도발이 묘하게 연결되기 시작했습니다. 그 때부터 2주간 가장 화제의 인물이던 김정은과 관심 적은 제품인 좋은부탄을 연결시키기 위해 고민하다가 나온 아이디어가 바로 아래의 '어떠한 도발에도 터지지 않는다'는 좋은부탄의 페이스북 프로모션입니다.

---

42 "Eating The Big Fish: How Challenger Brands Can Compete Against Brand Leader" (Adam Morgan)

43 Share Of Voice는 해당 산업의 각 매체별 혹은 타겟별로 GRP나 집행 횟수 등의 기준으로 광고의 총량을 따져서 각 브랜드 별 점유율을 따지는 것입니다.

그림 9 좋은부탄 '어떠한 도발에도 터지지 않는다' 크리에이티브

이 아이디어를 내고 가장 많이 받은 질문이 '이렇게 해도 돼?' 였습니다. 사실 남의 사진을 광고에 함부로 쓰면 당연히 안되죠. 저의 대답은 '전지현 사진을 그냥 썼을 때보다는 위험부담이 적습니다' 였습니다. 그래도 이 시안을 본 사람들마다 '독침 맞는거 아냐?' 라는 걱정 아닌 걱정이 많았습니다.

독침 맞는 걱정보다는 실제 제작과 집행에서 예상 못한 어려움 때문에 고생을 많이 했습니다. 우선 김정은 사진을 빌리기 위해 Stock 회사에 연락을 했을 때 '뉴욕 본사에 물어보고 진행을 결정 하겠다'는 대답을 받았습니다. 국내 매체사들 중 옥외 매체사와 포털의 경우에는 집행을 거절했습니다. 물어보지는 않았지만 아마 신문이나 TV 쪽에서도 거절할 가능성이 높았을 겁니다. 정말이지 전에는 너무나도 당연하던 절차들이 갑자기 모두 문제가 되니 중간에 '계속해야 할지'에 대한 고민이 생기더군요.

하지만 좋은부탄 광고주의 고민이야 말로 당연히 저희의 고민보다 심각했습니다. 저희의 제안은 이런 파격적인 아이디어로 좋은부탄의 페이스북 채널 런칭 프로모션을 진행해서 최대한의 관심과 팔로워를 모으자는 것이었습니다. 처음 광고주 사무실에서 시안을 제시했을 때 저는 21년 광고하면서 가장 열광적인 반응을 보았지만, 이후 흥분이 가라앉은 후 좋은부탄의 광고주인 OJC에서는 실제 이런 파격적인 아이디어를 진행 했을 때 과연 기대하던 반응만 나올지, 아니면 정치적인 이슈의 상업적인 이용에 대한 반감이나 정치적인 비난은 없을지에 대한 고민을 하지 않을 수 없었습니다.

이런 고민에 대략 2개월 정도의 시간이 소요되었지만 마침내 좋은부탄 광고주는 용감한 결정을 내렸고 소비자 관심이 적은 저관여 제품이었지만 이 광고의 반응은 폭발적이었습니다. 우선 클릭율 (CTR, Click Through Rate)은 미디어렙의 예상보다 22배가 높은 1.54% 였고 일간 기준으로 최고 CTR은 77배가 높은 4.94%가 나왔습니다. 좋아요 수는 3만3천개에 댓글 수는 3,400개였는데 우려했던 부정적인 댓글이나 반응은 전체의 0.1% 미만이었습니다.

페이스북 및 커뮤니티 등에 올라온 소비자들의 반응 역시 매우 좋았습니다. '이 무슨 용기 있고 시의적절한 신박한 마케팅이란 말인가' 같은 반응이 많았고 외국인들도 몇 분이 무슨 광고인지 물어봤는데 다른 분들이 올린 해석을 보고 이해를 하던 일이 기억이 납니다.
'핵공포 위협해도 한국에선 CF 스타 김정은 (중앙일보)', '김정은 부탄가스 나왔다 (아주경제)', '세계 1위는 우리, 부탄가스 3사 마케팅 화력전쟁 (시사위크)' 등 언론 보도도 이어졌는데 부탄가스 업계에서 광고를 주제로 언론 보도가 이렇게 된 것은 처음이 아닐까 싶었습니다.

그림 10 좋은부탄 페이스북 캠페인을 보도한 언론사들

광고가 관심을 끄는 것만큼 중요한 것은 없겠지만, 관심만 끌고 정작 마케팅 계획에 기여하지 못하면 문제가 되겠지요. 좋은부탄은 인상적인 광고로 페이스북 페이지 런칭을 성공적으로 진행한 후 일관되게 재미있고 시의적절한 아이디어의 컨텐츠 제작을 통해 당초 계획했던 대로 라디오와 TV 매체 접촉이 낮고 부탄가스에 대한 관심은 더 적은 20~30대 페이스북 유저들에게 접근하고 있습니다. 이렇게 집행된 아이디어 중 하나가 '김정은' 프로모션 1년 후에 집행된 '좋은차 좋은부탄' 캠페인 입니다.

2018년 여름에 사회적으로 가장 큰 주목을 끈 이슈 중 하나가 바로 BMW 차량의 화재였습니다. 전세계적으로 가장 고급차량인 BMW에서 거의 매일마다 화재가 발생하여 분노한 차주들이 소송을 하고 이 과정에서 BMW가 과연 적절한 대응을 하였는지, 외국과 대비하여 한국 소비자들을 차별하고 있는 것은 아닌지 등에 대한 보도가 잇따랐습니다. 거기에 일부 지하주차장 등에서 BMW 차량의 주차를 거부하는 안내문을 부착하자 BMW 차주가 아닌 사람들의 일상에도 영향을 미치는 사회적 이슈가 되었습니다.

BMW 차량 화재 사고 역시 늘 브랜드의 문제인 '관심'을 받기 위해 시중에 화제를 모으고 있는 이슈와 시의 적절하게 좋은부탄을 연결하는 아이디어를 고민하는 저희의 과제가 되었습니다. 시작은 '저렇게 좋은 차도 불이 나는구나… 좋은부탄은 불이 안 나는데…' 라는 생각이었고, 이런 메시지를 실제 BMW 차량에 부착하고 운행을 하면 어떨까 하는 생각으로 발전하였습니다.

그래서 나온 캠페인이 아래에 있는 '좋은 차도 불이 납니다. 좋은부탄은 불이 나지 않습니다' 프로모션입니다.

그림 11 좋은부탄 '좋은 차 좋은부탄 캠페인' 차량 이미지

저희는 실제 BMW 차량에 이런 랩핑을 하고 서울 시내에 운행을 하자는 제안을 했습니다. 위 차량이 저희 회사 차량이었기 때문에 랩핑에 소요된 30만원만 소요되었지만 4주간 차량을 운행하고 나니 각 커뮤니티 등에 올라온 게시물의 조회수만 합쳐도 2만 회가 넘었습니다. 동시에 좋은부탄 페이스북 에서는 신청만 하면 추첨을 통해 위 차량과 운전자가 직접 가서 귀가를 도와주는 '안전한 좋은부탄이 안전한 귀가를 도와드린다'는 프로모션을 같이 펼쳤습니다.

이 프로모션은 별도의 광고비를 집행하지 않았지만 좋은부탄 페이스북 컨텐츠 중 가장 높은 참여율과 좋아요를 기록한 사례 중 하나가 되었습니다. 실제 저희가 3주간 모셔 드린 신청자 중 아래 사연의 경우 남자분이 면목동,

여자분이 인천에 사는데 데이트를 위해 중간 지점에 있는 부천역까지 모셔드린 경우인데 당시 금요일 저녁이어서 차가 너무 밀렸지만 오히려 전철 타고 가는 것보다 훨씬 편해서 좋다고 하셔서 기억에 많이 남습니다.

그림 12 좋은부탄 '안전귀가' 캠페인 당첨자

6-2-3 KISS, 심플한 광고가 낫다

> 'Keep it simple, stupid!'
> (심플하게 해, 이 바보야!)
> - 미국 해군

이 말은 1960년대 미국 해군에서 업무 디자인의 원칙으로 이야기한 것이라고 합니다. 아마도 해군에서 이런 이야기를 할 때에는 큰 배와 함대 등을 운영하고 지휘하면서 얻은 지혜일 것입니다.
그런데 광고에서도 이 KISS의 법칙이 적용됩니다. 카피도 긴 것보다는 짧은 편이 좀더 눈에 들어오겠지만, 이런 카피의 양보다도 보통 한 광고에 너무 여러가지 정보를 넣으려고 할 때 KISS 원칙을 떠올리게 됩니다. 가령 한 광고에 '자매품 XXX도 있어요!'라거나 혹은 '영업사원 모집', 혹은 '이벤트 안내' 등을 넣는 경우입니다.

제가 같이 일했던 외국 광고대행사의 직원들은 이런 한국 광고를 보여주면 '이런 광고가 효과가 있는지?'에 대해 매우 신기해더군요. '뭐 같은 회사인데', 혹은 '같은 상품 광고인데 조그맣게 넣는 게 어때서?'라고 생각할 수 있지만, 실제 Direct Response 광고처럼 광고를 보고 콜을 통해 효과를 확인해보면 그렇게 추가로 들어간 내용에 대한 반응은 별로 없는 편입니다.
문제는 추가로 들어간 내용만 반응이 없는 것이 아니라, 전체적으로 메시지와 그림이 복잡해지고, 광고하려던 제품에 할애해야 하는 공간과 시간이 줄어들면서 광고 목적 자체도 해치게 된다는 것이 문제입니다. 그 이유는 우리 광고를 보는 소비자들이 한꺼번에 처리할 수 있는 자극의 숫자와 정도에는 당연히 한계가 있기 때문입니다.

그래서 광고의 카피와 그림을 구성할 때도 한 가지 메시지만을 담아서 그 메시지와 자극이 최대한 잘 전달되도록 하는 것이 그 광고가 살아 남는 데에도 중요하고, 그 광고를 보고 기대했던 반응을 불러일으키는데도 매우 중요합니다. 하지만 시안 개발이 진행될수록 제품에 대한 애정이 많은 광고주들이 보통 이 것도 넣고 저 것도 넣어 달라고 요청하는 경우가 많습니다. 광고대행사 입장에서는 어차피 큰 아이디어가 딸린 상황에서 굳이 광고주의 심기를 거스르고 싶지 않으니 이러한 요구에 타협하는 경우가 많습니다.

심플한 디자인과 마케팅이라면 전 세계에서 가장 유명한 사람은 아마도 애플 (Apple)의 스티브 잡스 (Steve Jobs)였을 것입니다. 그와 같이 애플 광고를 진행했던 경험을 쓴 '미친듯이 심플'의 저자 켄 시걸 (Ken Segall)에 따르면 그런 스티브 잡스 조차도 자신의 제품을 너무 사랑했던지 iMac의 광고 아이디어를 이야기하다가 갑자기 30초 광고에 4~5개의 메시지를 넣어야 한다고 주장했다고 합니다.

전설적인 애플의 광고 '1984'부터 애플 광고를 만들었던 역시 전설적인 크리에이티브 디렉터인 리 클로우 (Lee Clow)가 그런 스티브 잡스에게 회의 중 갑자기 노트를 한 장 찢어서 종이 공을 만들더니 'Here, Steve. Catch (스티브, 이거 받아 보시오)' 라고 던졌다고 합니다. 스티브 잡스는 당연히 그 공을 쉽게 잡았는데, 리 클로우는 그걸 보고 'That's a good ad (그렇게 하면 좋은 광고지요)' 라고 하더니 이번에는 스티브 잡스가 원하는 대로 5개의 공을 한꺼번에 던지면서 'Now catch this (자 이것도 잡아보시오)'하더랍니다. 스티브 잡스는 단 하나도 잡지 못했는데 리 클로우는 그걸 보면서 'That's a bad ad (그렇게 하면 나쁜 광고가 됩니다)' 라고 했답니다.
책에 따르면 스티브 잡스가 바로 그 자리에서 자신이 잘못 생각했다고 인정하지는 않았지만 리 클로우의 주장을 이해하고 결국 훨씬 심플한 메시지로 시안이 결정되었다고 합니다. 우리나라에서도 비슷하게 원로 광고인 중 한 분이 이렇게 프레젠테이션에서 광고주에게 탁구공 세 개를 던졌다는 이야기를 들은 적이 있습니다.

하지만 실제로 그렇게 전체 광고의 목적부터 메시지까지 핵심만 남겨놓고 나머지를 빼서 단순하게 만드는 것은 훈련된 사람들에게도 어려운 일입니다. 그렇게 하기 위해 제가 즐겨 쓰는 방법은 '주연과 조연을 가려라' 입니다.

이 세상 어떤 영화에도 주연만 있을 수 없습니다. 스토리가 이어지고 드라마가 완성되려면 반드시 주연이 있어야 하고 이를 도와주는 조연이 있어야 합니다. 광고대행사 직원들도 광고주 제품에 대한 애정을 갖고 프로젝트를 시작하기 때문에 처음에는 여러 아이디어가 나오고 여러 메시지가 나올 수밖에 없습니다. 하지만 회의를 거듭하면서 그 중 가장 쎈 건 무엇인지, 가장 재미있는 건 무엇인지를 토론하면서 1등과 2등을 자꾸 가려냅니다. 그러면서 버리다 보면 진짜 주연과 조연의 옥석이 가려지는 거죠.

어느 사람에게나 세상의 모든 제품 중에 내 제품이 제일 좋고, 세상의 모든 아이디어 중에서는 내 아이디어가 제일 재미있고 좋은 것 같습니다. 그래서 내 제품에 대한 아이디어는 100개도 낼 수 있고 마치 100개 모두 내 손가락인 냥 어느 하나 놓치기 싫은 것이 똑같은 사람의 심리입니다. 하지만 정작 힘든 것은 그 중에서 제일 쎈 것, 가장 주연이 될 만한 하나의 우선순위를 가리는 일입니다.

그래서 광고계에서는 흔히 '버릴수록 좋아진다'라고 합니다. 이 말을 다른 말로 표현하면 '선택과 집중' 입니다. 이 세상에서 '선택과 집중'을 하지 않는 브랜드도, 인생도 없다고 저는 믿습니다.

> **슬기로운 이야기**　현대그룹 무언 (無言)편

2006년 당시 현대그룹은 내우 외환의 위기에 처해있습니다. 2000년대 초반 현대그룹이 분할되고 거기에 주력사인 현대건설이 법정관리 되면서 외형도 많이 줄어들었지만, 당시 진행하던 대북사업 때문에 사옥 밖에서는 매일마다 시위가 벌어지고 있던 상황이었습니다. 하지만 이런 어지러운 상황에서도 향후 예상되는 현대건설 인수전을 준비하기 위해 그룹의 이미지를 개선할 필요가 있다는 판단 하에 기업PR캠페인의 진행이 결정되었습니다.

경쟁입찰에서는 오랫동안 현대그룹의 계열사였던 광고대행사에서는 'New 현대'로 새롭게 이미지를 포지셔닝하자는 제안을 했습니다. 현대그룹이 과거 중후장대하고 다소 고루한 이미지였는데 마침 새로운 경영진이 취임한 만큼 좀더 젊고 좀더 세련되고 온화한 이미지로 포지셔닝을 하자는 것이었습니다.

하지만 저희 쪽의 판단은 이러한 작업 자체가 불가능하다는 것이었습니다. 현대그룹이 그때까지 쌓아 올린 이미지 자산이 얼마나 막대한데 이 것을 얼마 안되는 TV 광고 예산으로 바꾸겠다고 시도하는 것 자체가 비현실적이라는 생각이었습니다. 실제 간단한 여론 조사를 해보았더니 여전히 많은 수의 국민들은 재계순위 20위의 현대그룹을 그간 어려움과 문제가 많았지만 여전히 2위의 대그룹으로 생각하고 있었습니다.

과거 계열사였던 현대건설 인수를 위한 이미지 개선이라는 목표를 생각하면 이런 국민들의 오해를 해소할 필요 없이, 여전히 예전처럼 대한민국 경제계를 주름잡던 'The Same Old Great 현대'로 포지셔닝할 필요가 있다는 제안을 했고 현대그룹 경영진은 저희의 생각에 동의했습니다.

처음에는 안전한 광고의 초식대로 현대그룹의 계열사들의 모습을 하나 하나씩 야경의 멋있는 그림으로 보여주고 웅장한 배경음악과 함께 마지막에는 한반도의 인공위성 사진으로 끝나는 그림과 함께 보여줬습니다. 광고를 본 시청자들은 '또 하나의 그저 그런 늘 보던 기업 광고' 정도의 정말 초라한 반응을 보였습니다. '문제 많은 그룹' 이라는 싸늘한 시선을 의식하지 않고 나간 '안전한' 광고가 오히려 국민들에게는 그나마도 공감 받지 못하는 반응으로 돌아온 것이었습니다.

그 다음 광고에서는 첫 광고의 실패를 만회할 만한 무언가 새로운 것이 필요했습니다. 저희는 예전과 같은 현대그룹이 아직 존재하고 있다는 인식을 계속 강조해야 했지만, 동시에 어려움이 있었다는 사실을 인정해야 앞으로 더 나아질 거라는 희망의 메시지가 전달되지 않을까 하는 생각을 하게 되었습니다.

그러다 찾은 아이디어가 무언 (無言)편이었습니다. 이 광고에서는 국내 최초로 TV 광고 15초 동안 아무런 자막이나 나레이션이 없이 나갔던 거친 한 밤의 폭풍우 속에서 마치 꺼질 듯 꺼지지 않고 흔들림없이 불빛을 내보내는 등대의 모습만 나옵니다. 처음 그 동영상을 봤을 때 지금의 어려움 속에서도 지난 세월 대한민국 경제발전을 이끌었던 모습을 잊지 않고 앞으로 더 나은 모습을 보여주겠다는 현대그룹의 처지와 각오를 웅변하는 것 같았습니다.

당시 현대그룹의 광고담당 임원은 1990년대말 현대증권의 유명한 '바이 코리아' 캠페인을 이끌었던 노치용 전무님이었습니다. 당시 연간 300억원을 투여했던 캠페인을 여러 해 이끌었던 광고 베테랑이었던 노치용 전무님도 저희가 제시한 여러 시안 중에 '무언 (無言)' 편을 바로 선택했지만, 제시했던 우리와 마찬가지로 처음 해보는 광고 형식이 과연 예상한대로 좋은 결과를 가져올지에 대해서 고민을 하지 않을 수 없었습니다. 그래서 처음에는 보름만 한 번 틀어보자는 식으로 진행을 하기로 했고 저희도 사실 카피를 한 줄 넣은 안, 나레이션을 넣은 안 등을 여러 개 준비해 놓고 계속 주위 사람들에게 보여주면서 테스트를 했던 기억이 납니다.

이 광고가 나가고 처음에 들었던 피드백은 'TV가 고장난줄 알았다' 였습니다. 보는 시청자 입장에서는 아무런 나레이션이 안 나오고 검은 밤바다의 그림만 나오는데 소리도 비바람 소리였으니 그렇게 생각할 법도 했습니다. 실제 제가 가장 걱정했던 것도 방송상의 문제가 있는 것처럼 오인하게 해서는 안된다는 방송광고 심의 규정이었습니다.

하지만 이렇게 처음 보는 형식의 광고에 대해 호평이 이어졌습니다. 현대그룹 광고를 보도한 12개 매체 중 연합뉴스는 '등대 이미지를 제시한 이 광고는 올 한 해 현대중공업그룹과의 경영권 분쟁과 북한 핵위기 등 높은 파도를 헤쳐 왔고, 앞으로도 남북경협을 이끌어 나가며 험난한 고비를 계속 넘어야 할 현대그룹의 운명을 느끼게 해준다'고 보도했습니다.[44] 한겨레21은 '현대그룹 광고에 네티즌들은 '광고를 만든 사람도 대단하지만 광고를 선택한 광고주는 더 대단하다'는 반응을 보였다. 광고를 만드는 일도 중요하지만, 광고를 선택하는 일은 더욱 중요하다. 이렇게 광고의 수준은 광고주가 결정한다. 광고가 세련되어지는 진리는 이토록 심플하다.'고 평가했습니다.[45]

그림 13 현대그룹 무언편

---

[44] "현대그룹 無음 이색광고 눈길" (연합뉴스 2006년 11월 30일)
[45] "감동이 필요한 당신, 광고를 보라!" (한겨레21, 2007년 1월 16일)

6-2-4 Best 말고 Different 라고 말한 광고를 골라라

> **'Different is better than better'**
> (다른 편이 더 나은 편보다 낫다)
> - Sally Hogshead

위 말은 '당신을 보는 세상의 관점 (How the world sees you)'의 저자 샐리 호그셰드가 한 말입니다. 저는 이 말에도 100% 동감하지만 광고를 만들면서 느낀 제 경험을 담아 수정하자면 아래와 같이 될 것입니다.

'Different is better than best'

만일 당신의 광고에서 Best와 Different 중 한 단어만 쓴다면 무엇을 선택하겠습니까? 아마도 '당연히 Best 아니야? 제일 좋다는데 그거 쓸 수 있으면 써야지, 뭐 하러 다른 말로 광고를 해?' 라고 생각하시는 분이 많을 것 같습니다.

맞습니다. 예를 들어 경차에서 가장 중요한 경제성 같이 소비자가 가장 중요하게 여기는 구매 준거인데 입증 가능한 팩트라면 당연히 써야 합니다. 문제는 실제 마케팅 상황에서 이렇게 명쾌하게 Best라고 쓸 수 있는 경우는 별로 없다는 점입니다. 또 이러한 팩트들은 경쟁자의 개선 제품 개발 등에 따라서 얼마든지 뒤집힐 수도 있다는 점 역시 고려해야 합니다.

저는 한 20년 전에 모든 병을 보장하는 AIG 생명의 '퍼펙트 의료보험' 이라는 제품을 광고하면서 '모든 질병'이라는 단어 보다는 구체적인 숫자를 쓰고 싶었습니다. 그래서 질병분류코드를 통계청에서 받아 '국내 최대 1,100여종의 모든 질병을 보장 합니다'라고 신문 광고 카피를 만들었습니다. 그런데 그 다음 주에 경쟁사에서는 '5,932가지 모든 병' 이라는 카피로 광고를 하더군요. 사실 두 보험 상품은 모두 같은데 질병 분류 코드에서 질병을 구분하는 기준을 얼마나 세분화해서 계산 하느냐에 따라 숫자가 다르게 나오는 것이었습니다. 결국 당시 금융당국에서 이런 식으로 '모든 질병'의 숫자를 내세운 광고를 금지시키면서 양사 모두 광고를 수정해야 했습니다.

이렇게 개별 팩트가 일관된 마케팅 노력에 의해 마침내 그 브랜드의 자산으로 인식이 되는 것은 참 어려울 뿐 더러 행운도 따라야 합니다. 그런데 안타깝게도 소비자들은 '우리가 최고다' 혹은 '더 낫다' 라는 말을 쉽게 믿어주지 않습니다. 광고에서 나오는 말을 사실이라고 잘 안 믿지 않습니까? 오히려 '과장이겠지' 라는 생각에 그냥 지나치기까지 합니다.

왜냐하면 대부분의 소비자들은 오늘날처럼 개별 상품간 차별점이 뚜렷하지 않은 시대를 생활하면서, '다들 자기가 제일 좋다고 광고는 많이 하는데 실제로는 별거 없구나'라는 점을 체험에 의해 이미 명확하게 인식하고 있기 때문입니다. 가령 요즘 가장 많은 광고비를 투여하는 스마트폰이나 자동차 같은 제품들을 보더라도 눈에 보이는 디자인과 감성적인 가치 외에 제품간 물리적인 차이는 크게 다르다고 말할 수 없는 수준입니다.

반면 '우리는 다릅니다 (Different)' 라는 메시지는 Best나 Better에 비해 '광고겠지?' 하는 소비자들의 경계를 덜 끌면서 '뭐가 그렇게 다른데?'라고 주의를 끄는 효과가 있습니다. 이렇게 '다르다'는 가치는 보통 객관적인 기준에 의해 양적인 수치로 나오는 '최고 (best)'에 비해서 경쟁사의 노력에 의해서 바뀔 수 있는 영역이 아닐 뿐 더러 경쟁사와의 차별점으로 바로 작용하기 때문에 장기적이고 일관된 브랜드의 노력에 의해 브랜드 자산으로 만들 수 있는 영역이기도 합니다.

결론적으로 저는 일반적인 빅 스몰 브랜드들처럼 충분한 소비자 인지도가 없거나, 1위에 도전하는 브랜드 들의 경우에는 '최고 (Best)'라고 이야기하는 것보다는 '다르다 (Different)'고 이야기하는 편이 소비자의 반응이나 향후 브랜드 자산의 가능성 측면에서 승률이 높다고 생각합니다.

또한 경험상 보면 빅 스몰 브랜드들이 주장하는 개발한 제품 특성 중 '최고 (Best)'라고 할 수 있는 부분이 정말 소비자 주요 구매 준거에서 가장 중요한 근거 중 하나인지를 냉철하게 따져 봐야 할 필요가 있는 경우가 적지 않습니다. 보통은 그렇지 않은데 '소비자들을 이렇게 생각하게 하겠다'라거나 '시장이 앞으로 이렇게 흘러갈 것이다'라고 좀 심하게 말하면 아전인수 (我田引水) 격으로 생각하는 경우가 적지 않기 때문입니다.

그렇다고 해서 '다르다 (Different)'라는 주장을 아무 브랜드나 할 수 있는 것도 아닙니다. 단지 보여지는 디자인이나 일부 상품의 스펙이 다르니까 '다르다 (Different)'고 주장하면 소비자들은 그게 아니라 단지 조금 개선된 '좀더 낫네 (Better)' 로 인식합니다. '좀더 낫네 (Better)'도 좋지만 그 정도로는 브랜드의 차별점으로 인식될 만한 자산이 될 수 없습니다. 그보다는 기본적으로 '철학과 생각이 달라서 (different)' 아예 다르게 만들었다고 주장할 수 있어야 소비자의 관심을 끌만큼의 '차이 (difference)' 가 만들어집니다.

소비자들은 Different 라고 말하는 제품을 바로 Best 라고 인식하지는 않습니다. 하지만 소비자들의 만족도는 구매 준거의 중요성은 공감대가 있을지 언정 각자 구매시의 기준과 가중치가 서로 다르기 때문에 Different라고 말하는 제품을 사고 Best만큼 만족을 합니다. 그리고 그 만족하는 팬이 만들어지면서 'Eating The Big Fish'[46]에서 이야기한 'Lighthouse Identity', 즉 1위 브랜드와 현격하게 다른 Identity를 자랑하는 2등 브랜드가 만들어집니다. 그래서 현실적으로도 Different라고 이야기하는 것이 Better나 Best라고 이야기하는 것보다 낫습니다.

---

46 "Eating The Big Fish:How challenger brand can compete against brand leader" (Adam Morgan) 는 보기드물게 2위 브랜드가 어떻게 1위와 경쟁해야 하는지에 대해서 쓴 책입니다. 저자는 유럽 TBWA 에 근무했던 Account Planner 입니다.

슬기로운 이야기 — Different 로 성공한 브랜드들

언젠가 지나가면서 모 대형건설사에서 짓고 있는 건물의 외벽에 붙은 'Best and Different' 라는 회사 슬로건을 보게 되었습니다. 과연 지나가는 사람들은 이 슬로건을 보고 무슨 생각을 했을까요? 저는 best 면 best고 different 면 different 지, 두 개를 합쳐서 '최고면서 다르다'라는 말을 누가 이해했을까 싶습니다. 아마도 좋은 말만 넣고 싶은 과욕이 부른 실수라고 생각합니다.

국내에서 Different를 이야기했던 사례로는 우선 'it's different' 라는 슬로건을 썼던 SK텔레텍의 Sky 브랜드가 있습니다. 피처폰 시대를 주름잡던 삼성의 애니콜이나 LG의 싸이언 사이에서 SK텔레콤에만 공급되었던 제품이었지만 고급스러운 디자인과 항상 차별화된 제품 특장점을 들고 나와서 당시 소비자들에게는 초기 스마트폰 시대의 애플 아이폰처럼 '간지 나는 핸드폰'으로 선호가 높았습니다. 즉 모두에게 인기가 있었던 애니콜이나 싸이언이 아니었어도 그 이상의 프리미엄한 존재감이 있었던 브랜드였습니다.

그림 14 SKY 광고 사례

외국 사례로 유명한 것은 Windows PC에 밀려서 고전 중이던 애플에 스티브 잡스가 복귀한 후 iMac을 새로 내놓기 전에 했던 'Think different' 캠페인일 것입니다. 당시 새로운 제품을 내놓으면서 'Think best'라고 한 게 아니라 '다르게 생각해라' 라고 헤드라인을 썼지만 실제 카피를 읽어보면 '세상을 바꿔온 것은 다르게 생각한 천재들이다' 라는

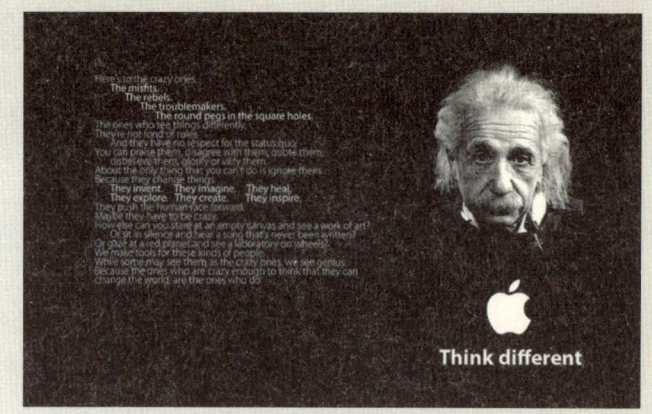

그림 15 애플의 Think different 캠페인 사례

내용으로 애플의 새로운 제품과 브랜드를 바라보는 새로운 시각을 제시한 캠페인입니다. 결국 'Different is best' 라는 주장을 'Think different' 라는 헤드라인으로 제시한 주장입니다. 소비자들은 이런 주장을 보고 실제 나온 정말 다른 iMac에 열광했고 'different'에 공감한 팬들이 모여 지금의 IT 리더 애플의 두터운 팬이 형성되었습니다. 앞서 설명한 대로 스펙의 다름이 아니라 '다른 철학과 생각으로 처음부터 다르게 만들었다'를 입증한 전형적인 사례입니다.

사실 이렇게 보면 카피나 슬로건 등에서 Different 라는 말을 쓰지 않아도 실제 Different를 주장한 전설적인 캠페인들은 많습니다. 가령 1960년대 DDB에서 진행한 Avis 렌터카의 'We are only No. 2, so why go with us?' 캠페인을 보면 '우리는 단지 2등인데 왜 우리를 선택하시나요? 그것은 우리가 좀더 노력하기 때문입니다. 가장 크지 않으면 어쩔 수 없지요. 우리는 깨끗하지 않은 재떨이나 절반이 빈 기름통을 그대로 둘 수 없습니다. 다음에 한 번 이용 해보시죠. 우리 쪽 대기줄이 훨씬 짧습니다'라고 이야기하는데 단지 Different라는 말을 쓰지 않았을 뿐 'Different is Better'를 역설적으로 표현한 캠페인입니다.

이런 식의 광고의 시초는 역시 같은 DDB에서 동시대에 진행했던 폭스바겐 비틀 'Think Small' 입니다. '우리 차는 더이상 싸구려 장난감이 아닙니다. 비틀에 한 번 익숙해진다면 1갤론으로 32마일을 가거나 4만마일을 가는 타이어 같은 걸 당연하게 여기게 되니까요. 다시 생각해보세요' 라는 카피로 역시 새로운 'different'에 대한 시각을 제시하는 광고였습니다. 비틀이 나온 건 1930년대였으니 다른 생각으로 만든 차라고 이야기할 수는 없지만 큰 차가 미덕이던 시절에 'Small = bad' 라는 인식을 'small = different' 라는 인식을 동해 Different = Better로 연결해서 단지 스펙의 차이가 아니라 '전혀 다른 차인데 좋은 차야'라고 설득한 사례입니다.

그림 16 Avis의 We're only No.2 캠페인 사례

그림 17 폭스바겐 Think small 캠페인 사례

이런 식으로 different 라고 직접적으로 이야기하지 않아도 그렇게 느끼게 하는 것은 사실 이런 DDB 광고 이후 광고의 일반적인 전형이 되었습니다. 가령 쉬운 예로 대림산업의 이편한세상 아파트의 광고에서는 아파트 고려 시에 중요한 소비자 구매 준거인 설계의 차이점에 대해서 설명하면서도 '우리가 이러이러하기 때문에 설계를 최고로 잘한다' 이렇게 설득하지 않고 '진심이 짓는다'라고 하는 'Different한 생각과 철학이 있어서 다르다'라고 제시합니다. 단지 같은 사실을 두고도 설명하는 방식의 Difference가 실제로 브랜드 자산의 Difference를 만든 사례입니다.

그림 18 대림산업 이편한세상 캠페인 사례

6-2-5 반응 말고 자극을 골라라

> '광고는 자극과 반응의 게임이다'
> - 금강기획 The Game Brief

가령 라면 광고를 만든다고 가정해보죠. 원하는 기대반응은 당연히 우리 라면 광고를 보고 '아 맛있겠다' 라는 반응을 만드는 것입니다. '먹고 싶다'는 기대반응도 원하겠지만, 광고로 허기를 느끼게 만들기 보다는 허기를 느낄 시간에 '맛있겠다'는 감탄이 나오는 광고를 집행하면 좀더 효율적으로 '먹고 싶다'는 기대반응을 불러일으킬 수 있습니다.

사실 광고를 잘 만드는 기본 원리가 바로 여기에 다 있습니다. 그런데 이렇게 쉬워 보이는 원리에도 불구하고 우리가 보는 광고 중에 많은 수가 기대반응을 불러일으키지 못하고 '에이, 광고니까…'라는 기대 반응이 나오는 이유는 '맛있어 보인다'는 '자극'과 '맛있다'는 '반응'을 구별하지 못하기 때문입니다.

즉, 라면 광고에서 카피와 그림, 소리로 집중해야 하는 표현은 '맛있어 보이게' 하는 자극을 주는 것인데, 자꾸 광고에서 '맛있다'라는 소비자가 느껴야 할 반응을 직접 이야기 하면 소비자들은 '에이, 광고니까… 과장이겠지'라고 돌아서게 되는 것입니다. 이렇게 자극을 줘야 하는 광고에서 정작 올바른 자극을 줬을 때 나오는 반응을 자꾸 말하는 이유는 사실 제품을 사랑하는 광고주의 주장 때문인 경우가 많습니다.

광고의 기본 원리를 이해하지 못하고, 자식처럼 사랑하는 제품의 장점을 한 번이라도 더 이야기하면 소비자들도 자신처럼 제품을 사랑하게 될 것이라는 자기 중심적인 사고를 하는 거죠. 오너가 회사의 의사결정 과정의 중심이 되는 것은 당연하지만 너무 권위주의적이어서 다른 전문가들이 이런 결정에 이의를 제기할 수 없는 그런 분위기의 회사이거나, 관공서의 광고나 일부 기업PR 광고처럼 아예 소비자의 반응보다는 윗 사람이나 윗 부처에 보여주기 위한 광고인 경우에 보통 이런 불상사가 발생합니다.

스낵 광고에서 맛있다는 나레이션이 없어도 됩니다. '너무 맛있어 보여서 훔쳐먹는' 재미있는 컷 하나 있으면 설명이 다 됩니다.

멋있는 스포츠카 광고에서 멋지다는 카피가 없어도 됩니다. '너무 멋있어서 다른 경쟁차를 탄 사람들이 흘깃흘깃 보는' 컷 하나면 역시 설명이 다 됩니다. 필요하다면 마지막에 슬로건이나 태그라인에 자극을 잘 마무리하면서 기억에 남기는 목적으로 '멋지다'는 말 하나 넣으면 됩니다.

그런데 광고에 우리 제품이 '맛있다', '멋지다'를 자꾸 직접 이야기하면 어느새 자극이 아니라 설명이 되고 광고가 아니라 홍보동영상이 됩니다. 홍보동영상은 필요한 사람이 찾아보거나 회의장에서 '못 도망간 상태'에서 강제로 보여주는 목적이지만 광고는 재미없으면 0.5초 내에 채널을 돌리고 신문 페이지를 넘길 냉정한 소비자들에게 보여주기 위한 목적입니다. 기업이나 제품을 설명하는 홍보동영상 중에 재미있는 동영상이 몇이나 있었나요? 홍보동영상을 광고로 착각하면 제작비의 몇배가 되는 매체비가 낭비됩니다.

슬기로운 이야기 — 광고는 Hi-Fi Audio 다?

언젠가 광고대행사에 신입사원으로 입사하면서 '광고란 무엇이라고 생각하나?'라는 질문을 받았다는 이야기를 듣고 '나도 아직 잘 모르겠는데, 하루도 일하지 않은 사람이 어떻게 저런 큰 질문에 대답을 할 수 있을까?' 하는 생각을 한 적이 있습니다.

'광고는 무엇이다!'라고 단순 명쾌한 철학을 갖고 있는 것도 좋겠지만, 저는 광고를 모르는 사람에게 광고를 만드는 기능들과 과정을 설명하는 가장 쉬운 방법으로 하이파이 오디오(Hi-Fi Audio)를 사례로 설명하고는 합니다. 요즘에는 스마트폰을 블루투스로 연결해서 헤드폰 등으로 많이 들어서 하이파이 오디오라는 단어가 좀 낯설지도 모르지만 오디오의 기본적인 원리는 눈에 보이지 않을 뿐 동일합니다.

1. 'Garbage in, Garbage out'

음악을 들으려면 우선 음원이 필요합니다. 요즘 많이 듣는 MP3 파일이라면 USB, 스트리밍 뮤직이면 와이파이, 블루투스를 통해서 오디오에 신호를 전달하게 됩니다. 전체 오디오 시스템에서 음원에 대한 비용이 큰 건 아니지만 저음질의 음원을 넣으면 몇 억원대의 고급 하이파이 오디오라도 저음질의 음악이 나올 수밖에 없고, 락 음악을 넣었는데 발라드가 나오길 기대할 수는 없습니다.

이 음원은 광고에서 광고의 방향과 기대반응 등을 규정하는 브리프와 마찬가지입니다.

어떤 광고를 원하는지에 대해서 정확하고 아이디어가 잘 나올 수 있도록 처음에 브리프에서 규정되지 않으면 이후 단계에서 아무리 훌륭한 제작팀이 작업을 한다 한들 원하는 광고가 나올 수 없습니다. 반면 음원과 마찬가지로 브리프를 만드는 과정이 이후 제작과 집행 과정과 비교하면 가장 시간과 비용이 덜 소요됩니다. 그래서 가장 저렴한 비용으로 완성된 광고의 품질을 보장할 수 있는 단계이기도 합니다. 이 단계에서는 광고주와 기획팀이 브리프를 주로 만드는데 완성도를 높이는데 시간과 노력을 아끼지 말아야 합니다. 가령 필요하다면 외국 대행사에서 상식화되어 있는 소비자 조사를 하는 것이 필요하다는 이야기입니다.

2. 'Converting'이 중요하다

MP3나 스트리밍 음원은 모두 디지털 신호로 되어 있어서 우리가 들을 수 있는 아날로그 신호로 바꾸는 과정이 필요한데 이 것을 오디오에서 DAC (Digital Analogue Converter) 라고 하는 부품이 담당합니다. 일반인들은 잘 모르는 이 부품은 작게는 몇 백원짜리 칩 하나이지만 크게는 일반적인 덱 모양의 기 백만원짜리 제품도 있을 정도로 오디오 전문가들은 중요하게 생각하는 부품인데 그 이유는 귀에 들리는 음향 자체를 결정하는 제품이기 때문입니다.

광고에서도 비슷하게 전환의 단계가 필요합니다.

누구나 다른 사람의 이야기가 반드시 내가 듣고 싶어하는 이야기는 아닙니다. 마찬가지로 내가 하는 이야기를 듣는 사람들이 모두 좋아하는 것은 아닙니다. 이걸 착각하면 보통 '재미없는 사람', '자기 이야기만 하는 사람'이라는 평가를 받게 되지요.

흔히 업계에서는 광고주가 소비자에게 이야기하고 싶은 제품의 장점 등을 메이커 보이스 (Maker Voice)라고 합니다. 일상생활과 마찬가지로 이런 메이커 보이스가 상대방인 소비자 입장에서 꼭 듣고 싶은 이야기는 아닙니다. 그

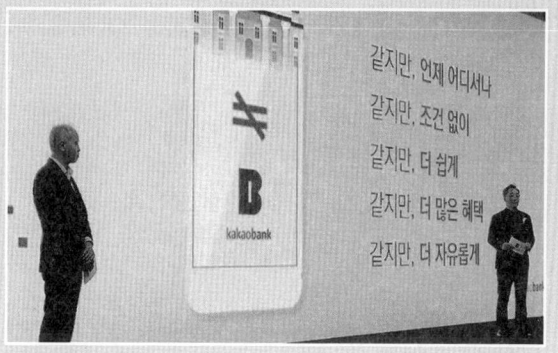

래서 광고에서는 메시지를 결정하면서 이런 메이커 보이스를 소비자가 듣고 싶어하는 이야기로 관점을 전환하는 과정을 거치게 되는데 보통 브리프의 메시지를 결정하는 과정에서 시작해서 제작팀의 표현물로 마무리됩니다.

가령 카카오뱅크의 슬로건인 '같지만 다른 은행'은 광

고주가 말하고 싶어 하는 '일반 은행 서비스보다 더 좋은 뱅킹 서비스'라는 주장을 '건물에 들어간 지점과 창구가 있는 은행'에 익숙한 소비자들이 최초의 온라인 뱅크에 대해 가질 수 있는 불안감을 해소하면서 잘 전환시킨 사례입니다. 현대차의 아반테에서 내놓은 'Super Normal' 이라는 슬로건 역시 '역대 가장 잘 만든 준중형차'라는 광고주의 주장을 '아무나 타는 아반테' 라고 소비자가 바라보는 시각에서 변환시켜서 '일반적인 차지만 그 중에 최고, 혹은 그렇게 무난한 게 역시 최고야'라고 느끼게 만드는 정말 잘 만든 사례라고 생각합니다.

오디오에서 DAC에 따라 음색이 많이 바뀐다고 하는데, 광고에서도 이런 전환의 단계가 잘 이루어지지 않으면 메이커 보이스가 그대로 전달되면서 마치 홍보동영상을 보는 느낌이 납니다. 보고 싶은 광고를 만들어도 볼까 말까 한 세상에서 보고 싶지 않은 홍보동영상 같은 광고를 만들면 당연히 효과는 반감될 것입니다.

3. 'Amplifier' 증폭이 필요하다

그 다음 단계는 증폭입니다. 음원에서 나와 DAC를 거친 신호는 매우 미약하기 때문에 흔히 아는 앰프 (Amplifier)를 통해 소리를 증폭시킨 후에 스피커에 전달하게 됩니다. 아주 옛날의 진공관이나 트랜지스터 등이 모두 앰프에 관련한 기술들로 현대 오디오 발전의 역사는 앰프 기술의 발전과 같이 한다고 이야기할 정도입니다.

광고에서 이 '증폭'의 단계가 중요한 단계는 바로 크리에이티브 개발의 단계입니다.

관점의 전환을 통해 우리가 전달하고 싶은 메시지를 결정했다 하더라도 이 메시지를 광고의 홍수 속에서 소비자들이 보고 싶은 자극으로 바꾸려면 관심을 증폭시켜야 하기 때문입니다. 이렇게 관심을 증폭시키는 기제 중 하나가 바로 공감 (共感)입니다.

공감 (共感)을 네이버에서 검색해보면 '남의 감정, 의견, 주장 따위에 대하여 자기도 그렇다고 느낌. 또는 그렇게 느끼는 기분' 이라고 나오는데 광고에서는 '아 맞아, 저건 내 이야기네'라고 느끼게 만드는 것을 의미합니다. 가령 2018년 대한민국 광고대상 TV 광고 부분에서 은상을 수상한 정관장 추석 캠페인 중 "모녀" 편을 보면 안성기씨가 딸을 대신해서 엄마에게 아래와 같이 이야기하는 장면이 나옵니다.

'엄마 집에서 같이 살 땐 몰랐는데 결혼하고 나니까 되게 잘 보여. 우리 엄마 나이 드는 거. 근데 너무 빨리 늙지 말아요. 나 엄마 오래 오래 보고 싶어'

아마도 비슷한 처지에 있는 딸들이 이 광고를 봤다면 '그래, 나도 엄마 보면 그런 생각 들더라' 라는 생각이 들면서 그 다음에 나오는 '이번 추석에는 마음을 주세요, 당신께 만큼은 정관장' 이라는 세일즈 메시지가 좀더 마음 속에 큰 울림으로 전달되었을 것입니다.

이런 광고가 대표적인 공감을 이끌어내는 사례라고 할 것입니다. 이런 공감을 통해 브리프 상에서 메시지 형태로 존재하던 주장이 비로소 소비자들에게 울림 있고 기억될 수 있는 크리에이티브의 형태로 전달됩니다. 이렇게 소비자들의 반응을 이끌어낼 수 있도록 매시지를 증폭을 시키는 기제에는 공감도 있지만, 재미도 있고, 보험이나 대출 광고 같은 경우에는 탐욕 (Greed), 공포 (Fear) 와 같이 인간 심리에 동기부여하는 다른 감정 혹은 기제들도 있습니다.

광고에 이렇게 소비자들의 반응을 증폭시키는 기제가 부족하게 되면 똑같은 매체 예산을 집행해도 '소리'가 작아집니다. 즉 광고가 실제 시장에서 다른 광고 및 자극과의 경쟁에서 질 수밖에 없기 때문에 소비자의 인식에 도달도, 기억도 되지 못하게 되는 것이죠. 매체 예산이 제작비용의 몇 배를 쓰는 것이 일반적이기 때문에 이 단계에서 역시 비용과 시간을 쓰는 것 역시 전체 광고 캠페인의 효율을 높이는 방법이 됩니다.

재미있는 것은 우리나라 광고인들은 공감이라는 말을 정말 많이 쓰는데 정작 외국사람과 일을 해보면 공감에 해당하는 'Sympathy' 라는 말을 이해는 하지만 그렇게 많이 사용하는 경우를 못 봤습니다. 아마도 공감을 이끌어 내는 방법에 좀더 촛점을 맞춘 대화를 하거나, 혹은 우리나라 광고들이 정서적인 어필에 좀더 초점을 맞춘 때문이 아닐까 싶기도 합니다.

4. 'Speaker' 결국엔 전달이다

오디오에 관심이 없는 사람들에게 물어봐도 가장 비싸 보이는 부품으로 손꼽는 것이 스피커일 것입니다. 가장 비싼 스피커 중 하나인 스위스 골드문트의 '아폴로그 애니버서리'는 6억 5천만원, 삼성의 이건희 회장이 소유한 것으로 유명한 프랑스 명품 스피커인 포칼은 2억원대일 정도로 비싼 스피커들도 많이 있습니다.[47] 결국 뭐니 뭐니 해도 귀까지 전달하는 것이 제일 중요하다는 것이겠지요.

그런데 스피커를 고를 때 중요한 것은 비싸다고 다 좋은게 아니라 자신이 선호하는 음악의 장르나 음질에 맞는 제

---

[47] "스피커 한 대에 6억 5천만원, 억소리 나는 고급 취미" (서울경제 2018년 6월 15일자)

품을 골라야 한다는 점입니다. 가령 대중적인 스피커 브랜드인 보스(Bose)는 콘서트 장에서 듣는 소리 중 11%만 악기에서 직접 나오는 소리이고 나머지 89%는 벽에 부딪쳐서 간접적으로 울리는 소리라는 계산에 따라 스피커가 뒤쪽으로 향한 제품을 출시하기도 했습니다. 또한 본인이 갖고 있는 앰프 등 다른 부품들과 궁합도 매우 중요해서 오디오 매니아들은 수시로 스피커와 다른 부품들을 바꿔가면서 본인이 원하는 음색을 찾기 위해 고민하기도 합니다. 오디오가 가장 비싼 취미 생활 중 하나로 꼽히는 것은 이런 이유들 때문입니다.

제가 생각할 때 스피커는 광고에서 매체와 같은 역할입니다. 소비자의 귀에 마지막으로 신호를 전달한다는 점이나 가장 비싸다는 점에서 그렇습니다. 또한 비싸다고 (=돈을 많이 쓴다고) 원하는 효과가 보장되는 것은 아니지만 동시에 그래도 돈을 많이 쓰면 쓴 만큼의 효과가 나온다는 점에서도 비슷합니다.

그래서 가장 비싼 비용이 소요되는 매체에 대해서 가장 신경을 쓰고 그 효과에 대해서 사전, 사후에 정확하게 체크를 하는 것이 중요하지만, 실제로는 크리에이티브보다는 관심을 덜 갖는 경우가 많습니다. 광고 매체도 표준화가 되어 광고주가 실제로 조정할 수 있는 여지가 별로 없는 것도 있습니다만, 이 책의 매체 대한 설명을 보시고 어느 부분에서 좀더 신경 쓰고 물어봐야 하는지에 대한 좋은 아이디어를 얻었으면 합니다.

6-2-6 일관된 상징을 만들어라

> '모든 광고는 상징의 복합체인 브랜드 이미지에 대한 기여로 고려되어야 한다'
> (Every advertisement should be thought of as a contribution to the complex of symbol which is the brand image)
> - David Ogilvy

상징 (Symbol)을 네이버에서 검색하면 '사물을 전달하는 매개적인 역할을 하는 모든 것' 이라는 매우 어려운 말이 나옵니다. 저는 개인적으로 상징을 '일관된 커뮤니케이션에 의해 그 브랜드를 차별적으로 떠올리게 하는 모든 것' 이라고 생각합니다. 흔히 로고 같은 경우가 우선 상징으로 생각되지만 가령 어느 브랜드 하면 떠오르는 모델이 있거나, 색깔이나, 슬로건, CM송 뿐만 아니라 브랜드 이미지 자체도 모두 상징으로서 작용합니다.

이렇게 어떤 브랜드의 상징이 되려면 오랜 시간을 들이거나 혹은 막대한 비용을 들여서 일관되게 커뮤니케이션되는 방법 밖에는 없습니다. 바꾸어 말하면 모든 상징은 비용을 써서 만든 일종의 투자된 이미지 자산이기 때문에 당연히 나중에 이 상징을 바꾸려고 하면 그 동안의 투자를 매몰 비용으로 처리하고 다시 시작해야 하는 낭비가 발생합니다.

이런 상징 체계를 만들 때 주의할 점은 대행사와 외부 전문가들에 의해 상징 체계를 만드는 작업이 대부분 주도된다는 점입니다. 브리프에서 브랜드가 가져야할 이미지를 결정할 수는 있지만, 위에서 거론한 상징들인 모델, CM송, 슬로건, 광고의 톤 등 모두 대행사에서 준비해서 제시하는 것들입니다. 광고주로서 결정을 해야 하지만, 광고에 경험이 없는 입장에서는 과연 앞으로 쭉 가져갈 수 있는 상징들로 좋은 결정을 내렸는지 확신을 갖기 어렵습니다. 그러다 보니 경쟁입찰을 진행해서 그 다음 대행사가 또 새로운 시안을 가져오면서 그럴듯한 설명을 하면 기존에 내렸던 결정에 대해서도 흔들리게 됩니다.

이럴 때에는 어떻게 하면 좋을까요?
각 브랜드의 상황과 경우가 다르기 때문에 일반화하기는 어렵지만, 저는 처음 광고 시안을 결정할 때부터 브랜드의 상징을 어떻게 만들 것인지에 대해 광고대행사에 '전문가니까…' 라는 생각으로 맡기지 말고, 최대한 자세한 요구할 것을 추천합니다. 가령 프러덕션 감독이나 외주처를 정할 때에도 그 사람이 어떤 방식의 표현물을 잘 만드는지를 물어보십시오. TV광고의 PPM[48]을 할 때에는 세트나 모델의 의상 느낌, 라이브러리 음악의 배경음악 등을 '너무 구체적이니까 맡기겠습니다'라고 넘어가지 말고 고민하고 머리 속으로 이런 이미지가 앞으로 계속 우리 브랜드가 유지할 이미지인지를 상상하고 확신이 들지 않으면 꼭 물어보고 확인하십시오

그리고 그 이후에는 과감하게 첫번째 내렸던 결정을 최대한 유지하십시오. 아마 주위에서는 '지난번 광고에 이런 개선점이 있습니다'라고 성화를 낼지 모릅니다. 하지만 그 때도 확신이 없었다면 한 번 광고했다고 그 확신이 생기리라는 법이 없지 않습니까?

---

[48] Pre-Production Meeting의 약자로 TVC 제작 전에 프러덕션의 감독이 구체적인 촬영 콘티와 계획, 일정 등을 가져와서 협의하는 미팅입니다.

특히 빅 스몰 광고주들에게는 이미 투자한 비용을 매몰하고 새로 시작할 여유가 없으니 '터무니없는' 결정도 유지하면서 재원이 생기면 조금씩 고쳐서 쓴다는 생각으로 일관성을 유지하면 적어도 투자 가치만큼의 차별화된 브랜드 자산으로 돌아올 것입니다. 이미 1960년대에 미국에서 켈로그 광고를 오랫동안 했던 어느 베테랑 광고인은 '지난 10년간 내가 유일하게 잘했던 일은 매년 슬로건을 바꾸자고 제안하는 광고주들을 막아낸 일이다'라고 했습니다.

단 여기서 일관성을 유지한다는 것이 똑같은 광고소재를 계속 쓰라는 말이 아닙니다. 적정한 광고 빈도에 관한 설명을 보시면 아시겠지만, 소비자들이 광고를 이해하고 기억하려면 몇 번 반복해서 노출이 될 필요는 있지만 너무 많은 횟수가 노출되면 이후에는 익숙한 자극이기 때문에 무시해버리게 됩니다. 실제 신규 소재를 제작할 여유가 없거나 B2C 시장에서 경쟁이 치열하지 않은 일부 부탄가스 광고의 경우 10년 넘게 동일한 광고 소재를 사용하고 있습니다. 간혹 이런 광고를 '히트 광고'라고 착각하는 경우도 있습니다만, 제 생각에는 너무 익숙해진 광고들이 보통 받는 오해일 뿐입니다. 이미 충분히 노출된 똑같은 소재만을 계속 활용하면 다양한 다른 마케팅 주장을 역시 보다 넓은 타겟에 전달할 기회와 매체 비용을 잃어버릴 뿐입니다.

한 소재를 오랫동안 쓰지 않고 현명하게 일관성을 유지하는 것은 같은 상징 체계를 다양한 크리에이티브 아이디어를 통해 무시되지 않도록 전달하는 것입니다. 소비자들이 이렇게 다양한 광고 속에서도 꾸준히 일관성을 유지하는 모습을 볼 때 비로소 일관된 상징 체계에 의한 브랜딩이 이루어질 수 있습니다.

슬기로운 이야기 — 일관된 상징: KT와 하이마트의 사례

[KT]

아시다시피 KT는 원래 공기업인 한국통신이었는데 2002년 민영화하면서 KT로 사명을 바꾸었습니다. 그런데 새로운 회장이 취임하고 나서 2009년 7월 기업 슬로건을 올레 (Olleh KT)로 바꾸었습니다. 제가 그 때 섭했던 정보로는 소비자 조사 결과 공기업의 낡은 이미지가 SK텔레콤과의 경쟁에서 약점이라는 조사 보고서 이후에 바꾼 것으로 알고 있습니다만, 그보다는 최고 경영자의 의지가 좀더 강하게 작용한 것으로 알고 있습니다.

당시 3G 무선 서비스 브랜드였던 쇼 (SHOW)처럼 유선 서비스에 쿡 (QOOK)이란 이름을 처음 달았고 유무선 통합 서비스는 쿡앤쇼 (QOOK & SHOW)라는 브랜드를 만들었습니다. 그렇다가 나중에는 KT를 떼고 올레 (Olleh)만 가져가려고 하더군요.

그런데 요전에 회장이 바뀌고 나서 슬그머니 올레 (Olleh)가 없어지고 다시 KT만 남았습니다. 야심차게 출범시켰던 쿡 (QOOK)도 없어졌고 이후 '기가 (GIGA)'라고 하는 브랜드를 새로 내놓고 있습니다. 상품 브랜드야 시장과 기술의 발달에 따라 바뀔 수는 있지만 사명을 이렇게 자주 바꾼데 대해서 KT에서 합리적인 설명을 내놓은 적이 없어서 주주총회에서는 주주들이 '그동안 몇 천억의 광고비를 썼던 브랜드들이 없어졌는데 너무 광고 판촉비의 낭비가 심한 것 아니냐?'는 항의가 빗발쳤습니다.

많은 언론에서는 이를 전임 회장의 그림자 지우기로 해석하고 있는데, 그렇다면 정말 시장과 소비자 상황에 대한 합리적인 분석에서 나온 판단이라고 보기 어려울 것입니다. QOOK이 나오던 시기부터 5년간 KT 광고도 만든 적이 있던 저로서는 우리나라 마케팅 사상 가장 큰 낭비였다는 아쉬움을 갖고 있습니다.

[하이마트]

하이마트'하면 '하이마트로 가요~'라고 하는 징글 (Jingle)을 기억하는 분들이 많으실 겁니다.[49]

하이마트 광고는 1999년 1월 1일에 시작되었지만, 이 징글은 2002년 2월에 시작한 '유준상' 편부터 시작되었습니다. 2002년 대한민국 광고대상에서 수상을 한 '유준상'편은 특히 익숙한 노래의 가사를 개사하여 전체를 CM송으로 구성하는 하이마트 광고의 시초가 되어 2008년까지 일관된 크리에이티브 형식의 광고들이 집행되었습니다.

이런 CM송 형식의 광고는 사실 카피가 상대적으로 잘 안 들려서 보험 등의 직접반응광고 (Direct Response) 광고에서는 흔히 사용하지는 않지만, 대신 여러 번 노출되어도 질리지 않고 친숙하고 흥겨운 이미지를 전달할 수 있기 때문에 전자제품을 파는 양판점이라는 유통 채널의 광고에 적합한 광고 형식이라고 볼 수 있습니다.

아마도 6년 동안 39편이나 되는 TVC를 만들면서 이런 동일한 포맷의 광고를 유지한 사례는 제가 기억하는 한 우리나라 광고 역사상 거의 유일할 것으로 생각됩니다. 하이마트에는 감독 출신의 전문 광고인이 운영하던 인하우스 대행사인 커뮤니케이션 윌이 있었는데, 계열 광고대행사를 운영하는 유일한 장점이 이런 안정적이고 일관성 있는 집행이 아닐까 싶습니다.

이런 광고가 얼마만큼 하이마트의 매출과 기업 가치에 기여했는지를 정확하게 계량화하기는 어렵겠지만, 저는 적어도 그저 그런 유통 업계 광고 중에서 단연 용감하고 슬기로운 광고운영을 했던 사례로 하이마트의 사례를 꼽으면서, 회사 매각 후 이런 포맷이 바뀐 점에 대해서는 좀 아쉬운 생각을 갖고 있습니다.

---

49 광고 업계에서 징글은 간단히 몇 단어 정도를 노래처럼 만든 5초 내외의 짧은 CM송을 의미합니다.

6-2-7 결정을 잘하는 법: 영업에 맡기지 말고 혼자 결정하지 말고 대행사의 추천을 존중하라

> 'If you want to understand how a lion hunts, don't go to the zoo. Go to the jungle.'
> (사자가 어떻게 사냥하는지를 알고 싶다면 동물원에 가지 말고 정글로 가라)
> - Jim Stengel

시안을 결정하는 자리에 가보면 각 회사의 문화를 알 수 있습니다.

가령 제가 참석했던 국내 굴지의 금융그룹의 경우에는 전국 지점에서 뽑은 직원들 40명이 심사를 했습니다. 일반인 관점에서 이해가 잘 되는지, 뭐가 반응이 좋은지를 알 수 있는 좋은 기회일지는 모르지만 아직 완성되지도 않은 시안과 그 시안을 제작한 광고 전략과 마케팅 제안 등을 비전문가가 여럿 모여서 살펴본다고 가장 좋은 전문가들을 선정할 수 있을까요? 이런 현장에서는 대부분 심사위원들 간의 토의도 거의 없고 각자의 채점표를 제출하고 돌아가기 바쁜 것이 일반적입니다. 더군다나 이 직원들이 소비자들을 객관적으로 대표한다고 보기도 어렵습니다.

또 일부 회사의 경우 영업팀에 결정을 맡기는 경우도 종종 있습니다. 영업 조직은 분명 소비자와 직접 대면하면서 소비자의 니즈나 반응을 잘 파악하고 있는 점에서는 도움이 됩니다만, 여전히 마케팅과 브랜드의 전문가들은 아닙니다. 그보다는 그야말로 고객과 Face To Face로 접촉하고 유통채널 등의 관리에 전문인 집단입니다. 그래서 영업 조직에서 광고를 운영하면 보통 메시지가 많아져서 주연(主演)과 조연(助演)이 분명하지 않은 광고, 장기적인 브랜드 관점에서 일관성 있는 광고 보다는 시즌과 상황에 따라 자주 바뀌는 광고가 나오게 됩니다. 매체의 경우에도 광고를 했다고 바로 매출과 연결되지 않은 점을 기다릴 수 없기 때문에 해당 기간의 비용 대비 실적 개선을 위해 보통은 중간에 중단되는 경우가 많습니다.

그래서 어느 회사에서도 마케팅과 영업 조직을 구분하는 이유는 단순한 업무량의 차이뿐 아니라, 이렇게 광고를 투자로 보는 브랜드의 관점과 비용으로 간주하는 매출의 관점이 서로 다르기 때문에 그렇습니다. 영업팀도 당연히 의견을 내야 하고 그 의견이 존중 받아야 하지만 광고의 결정을 주도해서는 안됩니다.

저는 광고의 결정을 주도할 사람은 최고 경영자와 광고를 담당할 광고팀 혹은 마케팅 팀이라고 굳게 믿습니다. 광고를 브랜드를 만드는 투자의 관점에서 장기간 운영할 사람들이 직접 어떤 광고가 나가야 할지를 심사하고 결정해야 합니다. 앞서 설명한대로 광고와 마케팅에 대해서 '숙제를 낼 사람'과 '검사할 사람', '그 후로 같이 공부해 나갈 사람'이 모두 일치해야 책임감 있게 일관된 브랜딩 구축이 가능하고 광고대행사와 효율적인 파트너 관계를 구축할 수 있기 때문입니다.

그 중에서도 최종 결정권자는 당연히 위로 올라갈 수록 좋지만 반면 CEO나 오너가 혼자 결정하는 것에 대해서는 경계를 해야 합니다. CEO나 오너가 마케팅과 광고의 전문가인 경우가 별로 없을 뿐더러 객관적으로 소비자를 이해하는 경우보다는 자사의 제품과 서비스에 대한 당연한 애정을 듬뿍 갖고 있는 경우가 많기 때문입니다. 하지만 실제로 보면 직원을 30~40명씩 쭉 앉혀 놓고 자신만 이야기하고 주위 의견도 구하지 않고 결정하는 경우도 종종 보는데 꼭 광고 업무만 그렇게 진행하지는 않고 기업 문화 자체가 오너가 독단적인 결정을 내리는데 익숙해서 그럴 겁니다.

제일 좋은 것은 CEO나 오너, 혹은 광고 마케팅 담당 임원과 실무팀이 자유로운 분위기에서 광고대행사와 토론하면서 결정하는 것입니다. 광고대행사의 제시가 끝나면 이중 어떤 안을 추천하느냐? 고 한 번 물어보세요. '다섯 손가락 깨물어서 안 아픈 손가락이 없듯이 저희는 다 좋아서 가져왔습니다' 라는 판에 박은 이야기를 하면 아직 광고주와 신뢰 관계가 구축되지 않았거나, 대행사 내부에서도 컨센서스가 이루어지지 않은 것입니다.

만일 광고대행사에서 추천한 시안이 있다면 좀더 중요하게 고려할 것도 추천합니다. 대행사는 해당 광고를 만드는데 있어서 가장 오랫동안 고민을 했고 광고를 만들고 집행한 후 결과를 지켜본 경험이 많은 전문가들이기 때문에 이들이 추천하는 데에는 분명 합당한 이유가 있을 것입니다. 물론 광고대행사의 이해를 위해 주장을 할 수도 있지만, 일반적으로는 광고대행사도 좋은 광고를 만들어서 주위에서 인정도 받고 싶은 욕심이 있기 때문에 만일 광고주 본인의 결심이 잘 서지 않는다면 광고대행사의 추천안을 집행하는 것도 좋은 방법이라고 생각합니다.

그래도 확신이 서지 않는다면 반드시 시안 제시 회의에서 결론을 내릴 필요가 없습니다. 대행사에서 제시한 시안을 주위 여러 사람에게 보여주고 의견을 구해보십시오. 만일 시간과 비용이 충분하다면 소비자 조사를 진행할 수도 있습니다. P&G와 같은 글로벌 소비재 브랜드들은 모든 광고를 집행 전 소비자 조사를 통해 일정 점수를 넘은 시안만 집행을 합니다. P&G나 유니레버 같은 방식은 컬러로 채색한 컷들에 녹음을 해서 애니매틱 동영상을 만들어서 조사를 하기 때문에 다소 비용이 소요되지만 전체 광고 예산의 효율성을 생각해보면 이 정도 조사 비용은 충분히 감당할 수 있는 경우가 생각보다 많이 있습니다.

글을 마치면서

가장 마지막에 제가 하고 싶은 이야기를 하겠습니다. 제가 21년간 광고를 하면서 만나본 다양한 산업의 광고주들과 일을 하면서 '광고주 입장에서 정말 좋은 광고대행사 와의 관계는 무엇인가?'에 대한 이야기입니다.

당연히 광고주가 주는 수익보다 광고대행사가 더 많은 노력을 하고 '쪼거나' 윽박지르지 않더라도 자발적으로 우리 브랜드를 위해 수준 높은 아이디어를 들고 와서 제안하는 그런 관계가 모든 광고주가 바라는 관계일 것입니다. 저는 이렇게 광고대행사를 운영하는 광고주들을 '여우같다'라고 표현합니다. 그 광고주와 무슨 친척이나 지인 관계도 아닌데 마치 홀린 것처럼 그 브랜드를 위해 시키지도 않은 노력을 하게 만드는 재주가 있는 '영리한' 광고주들이기 때문입니다.

저도 이렇게 여우에 홀린 것처럼 일을 한 적이 몇 번 있습니다. 가령 앞서 설명한 좋은부탄의 '김정은'과 'BMW'를 활용한 캠페인 아이디어들은 모두 광고주의 요청 없이 대행사에서 먼저 생각해서 '이런 걸 해보면 어떨까요?'라고 낸 아이디어들이었습니다.

그런데 여우에 홀린 것처럼 일할 때가 광고대행사 입장에서는 제일 행복하고 재미있습니다. 그 브랜드의 문제가 남의 일이 아니라 진정 내 일이라고 생각되고, 그 브랜드를 사지 않는 소비자들이 미워지고 답답해집니다. 항상 그 브랜드가 머리 속에 자리잡고 있어서 '어떻게 하면 더 좋은 광고를 할 수 있을까?' 하는 고민이 늘 돌아가고 눈에 보이는 모든 자극과 생각들이 모두 그 브랜드와 한 번씩 머리 속에서 짝지어지면서 '이런 건 어떨까?' 하는 아이디어가 침대 위에 누워서도 떠오릅니다. 정말 여우에 홀린 것 같은 상태가 되지요.

이렇게 광고대행사를 휘어잡는 방법은 놀랍게도 예산이 아닙니다. 물론 예산이 많은 광고주를 하는 것이 광고대행사 담당자에게 큰 도움과 자랑이 되기는 하지만, 사람을 저렇게 행복하게 홀리게 할 정도는 아닙니다. 오히려 개인적으로는 이렇게 큰 광고주들은 대부분 다른 대행사에서도 호시탐탐 노리고 있어서 항상 불안했고, 광고주 본인들도 광고에 대한 경험이 많아서 제가 없어도 그 브랜드는 잘 돌아갈 것이기 때문에 그냥 외주업체로서 끌려간다는 느낌을 받은 적이 많았던 것 같습니다.

사실 광고를 만드는 사람들은 자신이 만든 광고가 주위에서 인정받고 소비자로부터 원하던 기대 반응을 받아서 마침내 시장을 움직이는 것을 보고 싶어서 일을 하는 사람입니다. 그래서 저는 광고를 만드는 사람들은 (어느 정도는) 관심을 끄는 것을 좋아하는 '관종'의 기질이 있다고 생각합니다. 동시에 그들은 트렌드에 민감한 전문가라고 하는 자부심도 높은 사람들이지만 최근 들어 광고 업계가 위축되면서 과도한 경쟁 속에서 전문가로서의 위상이 추락하고 있는 점에 대해 상처를 받은 사람들이 많습니다.

이런 상처받은 '관종'을 홀리는데 필요한 건 사실 '배려'와 '신뢰' 입니다.

우리 브랜드를 위해 좋은 광고를 만들어줄 전문가이자 앞으로 꾸준히 브랜드를 같이 키워 갈 파트너로서 배려하고 신뢰하는 모습을 보여주는 것이 바로 이런 '관종'들을 시키지 않아도 우리 브랜드를 위해 신나게 움직이게 만드는 기반입니다.

너무 상식적이라고 생각하실 수 있지만 안타깝게도 이런 상식적인 관계가 업계에서는 그리 많은 것 같지 않습니다. 가령 제가 5년간 담당했던 어떤 광고주는 항상 광고 의뢰를 금요일 오후에 하고는 '시간이 없기 때문에' 그 다음 주 목요일이나 금요일에 첫 시안 제시를 해달라고 요청을 했습니다. 심지어는 추석 연휴가 끝난 그 다음 날 오전 10시에 제시를 해달라고 한 적도 있습니다. 한 두 번이야 불가피한 상황이 있을 수 있지만 이런 일이 계속되면 '광고대행사는 쉬지도 말라는 말이구나' 하는 서운한 감정이 들게 마련입니다.

제작비 등을 너무 과도하게 삭감하는 경우에도 상처를 받습니다. 비용 절감이야 당연히 해야 하지만 40~50%를 삭감하자는 말을 들으면 광고대행사에서는 '아 우리가 처음 작성한 견적서는 사기라는 거구나' 하는 생각이 들고 반발감이 생길 수밖에 없습니다.

이런 배려를 못 받을 때에도 있지만 전문가로서 신뢰를 받지 못하는구나 라고 느낄 경우도 많습니다. 광고가 계산하면 딱 나오는 산수도 아니고 광고주와 대행사간의 의견이 다른 건 얼마든지 가능한 일입니다. 문제는 이런 견해 차이를 광고주의 권위로 누르고 광고주 의견에 따를 것을 요구할 때입니다. 돈 받고 일하는 대행사 입장에서야 광고주 면전에서 '저희 생각은 이랬는데, 이런 측면에서는 광고주 말씀이 옳습니다' 같은 외교적인 언사를 통해 의견을 바꾸면 되겠지만, 전문가로서의 식견이 무시당했다는 생각을 갖고 계속 그 브랜드에 애정을 갖고 일하기는 참 힘든 일입니다.

거꾸로 '전문가가 다 알아서 해주세요' 라고 하는 경우도 많이 봤습니다만, 실제 광고대행사 직원들은 이럴 때 쓰는 '전문가' 라는 말을 좋아하지도, 본인들이 신뢰받는다고도 생각하지 않습니다. 광고와 브랜드는 같이 만들어 가는 것인데, '전문가가 다 알아서 해주세요' 라는 말은 자칫 광고주가 골치 아픈 책임의 문제에서 빠지려고 하는 경우에 보통 쓰는 말이기 때문입니다.

그보다는 전문가를 자임하면서 잘난 척하기 좋아하는 광고대행사 사람들과 일을 할 때에는 그들보다 더 영리한 여우가 되어 다뤄주십시오.

- '쪼아야 살하는 거 아냐?' 라는 유혹에 넘어가지 말고 때때로 기다려도 주십시오. '아는 만큼 보인다'고 익숙해질수록 더 좋은 아이디어가 나옵니다.

- 대행사가 실수하면 당연히 책임을 묻더라도 인격적으로 이야기해 주십시오. 그 사람들도 실수하면 다 미안해하고 다음에 꼭 잘해서 만회하겠다는 생각을 하게 마련인데, 잘못하면 '역시 돈이나 벌면 되지'하고 체념하게 됩니다.

- 대행사의 작업이 기대에 못 미치면 같이 일을 하는 파트너로서 무엇이 문제인지를 이야기하자고 하십시오. 결국 광고주와 대행사 모두 같이 브랜드를 만들어 가고 나온 결과물 역시 같이 책임져야 할 공동 운명체 입니다.

- 광고주가 가장 잘할 수 있는 일은 직접 광고 아이디어를 내는 것이 아니라, 광고를 만드는 대행사들이 일을 잘 하도록 여건을 만들어주는 것이라는 점을 항상 염두에 두십시오. 광고주가 아이디어를 내는 순간 대행사들은 그 아이디어 대로 만들고 편하게 일을 끝내고 싶은 유혹에 빠지게 됩니다.

- 광고대행사가 제안을 마치면 언제나 격려의 박수를 쳐주시고 회의를 시작해 주십시오. 별거 아닌 거 같아도 가장 빨리 대행사의 호감을 사는 방법입니다.

- 퇴근 후 저녁이나 주말에 연락을 하게 되면 '쉬는데 미안하다'는 말을 해주십시오. 대행사 직원의 머리 속에는 그런 말을 안 하는 광고주들 보다 더 먼저 우선순위 광고주가 되어 있을 것입니다.

- 광고대행사가 물어보는 것은 바로 답변을 해주십시오 답변을 주는데 걸리는 시간과 대행사가 프로젝트에 대해서 광고주가 얼마나 진지한지 느끼는 정도, 그리고 얼마나 본인들이 존중을 받는지 느끼는 정도가 정확하게 반비례합니다.

- 일정이나 비용을 이야기할 때에는 대행사에 먼저 '당신 쪽 상황은 어떤지' 물어봐 주십시오. 물어본다고 '갑-을' 관계가 바뀌는 것도 아니고, 대행사 의견대로만 되는 것도 아니지만 역시 존중한다는 인상을 주면 일정이나 비용 모두 좀더 광고주에 유리하게 들어올 겁니다. 또 그렇게 제시된 일정이라 비용을 대행사가 바꾸자고 하는 경우도 훨씬 더 덜할겁니다.

- 대행사가 잘한 건 '정말 잘했고 고맙다'고 크게 이야기해 주십시오. 칭찬은 고래도 춤추게 한다는데, 하물며 사람들이야 더 효과가 크겠지요.

저를 영리한 여우처럼 홀려서 눈 뜨는 시간 내내 그 브랜드를 생각하게 만들고 그 어떤 야근도 행복하게 일하게 만든 광고주들은 위와 같이 저를 대했습니다. 이 책을 읽은 당신도 따라하면 어느덧 광고 전문가들을 여우처럼 홀려서 열심히 일하게 만드는 슬기로운 광고주라는 평가를 받게 될 것입니다.

국민 세금으로 운영하는 관공서 광고마저도 독점이 있고

비광고인 사장이 운영하는 계열 광고대행사가 태반인

광고마케팅만 유독 반시장주의가 상식인 나라에서

누구의 아들, 누구의 친척, 누구의 친구도 아니면서

용감하게 아이디어 하나로 오늘도 뛰고 있는

빅 스몰 광고대행사 동지 여러분께

뜨거운 경의를 표합니다.

슬기로운 광고 생활 1

초판 1쇄 인쇄일 2019년 5월 20일
초판 1쇄 발행일 2019년 5월 24일

지은이 강준구
펴낸이 조준철
펴낸곳 도서출판 빅애플
주소 경기도 수원시 팔달구 권광로 142번길 43-21, 301호
전화 02-544-2010
홈페이지 www.BigA.co.kr
출판등록 제 377-25100201000022호

ISBN 979-11-6400-000-5

* 본 책은 저작권법에 따라 무단 전재 및 배포할 수 없으며
  책 내용의 전부 또는 일부를 이용할 시 저자와 도서출판 빅애플에
  서면 동의를 받아야 합니다.
* 책값은 뒤표지에 있습니다.

* 이 책에 쓰인 제목 서체는 (사)세종대왕기념사업회에서 개발한 문체부 쓰기 정체입니다.